교정 작업을 맡아주었다. 또한 본서를 강의교재로 활용하면서 많은 피드백을 주신 선후배 및 동료 교수님들께 감사드린다. 그분들께 앞으로도 지속적인 격려와 조언을 부탁드린다.

2016년 1월

저자 일동

제 3 판 머리말

저자들은 초판에 이어 제 2 판을 출간하고도 항상 부끄러움을 갖고 있었다. 왜냐하면 본서에서는 다소의 오류가 발견될 뿐만 아니라 상당 부분의 내용이 부족하거나 미미한 채로 남겨져 있었기 때문이다. 그럼에도 불구하고 많은 독자들이 격려와 조언을 주셨는데, 그분들께 지면을 빌려 진심으로 감사드린다. 제 3 판은 저자들이 본서를 처음 집필할 때 의도했던 쉬운 경제학 이야기의 범주에서 벗어나지 않으면서 오류와 부족한 부분을 보충하기 위해서 발간하게 되었다.

기본적으로 제 3 판은 제 2 판과 비교해 큰 차이는 없지만, 자료의 업데이트와 함께 시의성이 부족한 내용이나 읽을거리를 새롭게 대체하였다. 또한 제 3 판에서는 많은 독자들이 지적해주신 "생산자 균형"과 관련된 간단한 내용을 첨가하였다. 아울러 제 3 판에서는 기존의 연습문제 중에서 본서의 내용과 괴리되는 어려운 문제들을 새로운 문제들로 대체함으로써 본문의 내용과 연습문제 간의 연관성을 증가시키려 노력하였다. 저자들은 이상의 작업을 통해 본서가 조금이나마 발전되었을 것으로 기대한다.

이상의 수정·보완 작업은 많은 사람들의 도움으로 가능하였다. 특히 저자들의 제자이자 한남대학교 대학원생인 김동근 군은 자료 수집은 물론 많은 내용의

제3판

경제학 등대지기

김의섭 / 민완기 / 박상진 / 송태복
정명기 / 황진영

도서출판 學林

머리말

경제학을 가르치는 교수들이라면 누구나 한 번쯤 경제학개론서를 써 보고 싶은 욕망을 갖게 된다. 경제학을 처음 공부하는 학생들이 쉽게 읽을 수 있는 좋은 책을 써서 경제학에 흥미를 느끼고 관심을 가질 수 있게 된다면, 이는 경제학자로서 큰 보람이면서 동시에 강의를 맡은 교수로서 책임을 이행하는 길일 것이다. 이 책의 공동 저자들도 과거 오랜 기간 동안 경제학개론서를 집필하고 싶은 마음을 지녀왔었다. 그러나 기본개념에 충실하면서 학생들이 흥미를 느낄 수 있는 좋은 책을 쓴다는 것이 쉽지 않아서 여러 번 망설이다가 결국 이 책을 쓰기로 결정을 하였다.

지금까지 기존의 경제학개론서를 사용하여 강의할 때 느끼는 문제점은 많은 책들이 경제학을 처음 공부하려는 학생들에게 너무 어렵고 그 분량도 너무 많다는 것이다. 따라서 학생들은 경제학을 쉽게 이해하기 힘들고 비현실적인 학문이라고 지적하였다. 이와 같은 어려운 문제는 한 교수의 노력으로 극복되기 어려울 것 같고 여러 교수들이 협력하여 각자의 세부 전공을 살려 보다 현실적이고 깊이 있는 책을 쓰는 것이 필요하다고 생각되었다. 이에 한남대학교 경제학과 교수들이 분야별 전공에 따라 집필진을 구성하였고, 각자 그동안 연구와 강의를 통해 준비하였던 자료와 현실적인 사례를 모아 정리하기로 하였다.

이 책을 쓰게 된 가장 중요한 목표는 경제학을 배우는 학생들에게 쉽게 읽을 수 있도록 하며 기본 개념을 잘 정리하고 전달하는 데 있다. 경제학을 처음 공부하는 학생들이나 비전공자들도 흥미를 갖고 읽을 수 있도록 하기 위해 되도록이면 쉽게 풀어서 설명하려고 노력하였다. 각 장에 주제와 관련된 다양한 읽을거리를 제공하여 경제이론의 현실에 대한 다양한 적용 사례를 들었다.

또한 복잡한 수학의 사용을 줄였고 그래프도 핵심 내용을 이해하기 위해 필요한 정도만 포함시켰다. 경제학에 처음 입문하는 학생들은 강의 시간에 어려운 수학과 너무 많은 그래프들이 사용되는 것을 보고 경제학이 어려운 학문이라고 생각하게 된다. 따라서 이 책은 기초 개념을 이해하기 위해 필요한 최소한의 그래프만을 포함시켰으며, 언론매체 등에 보도된 실제 사례들을 인용함으로써 경제학의 현실 적용 능력을 높이려 하였다.

이 책의 또 다른 특징은 한 학기용 교과서로 경제학을 공부할 수 있도록 간략히 핵심 내용을 간추려 서술하였다는 점이다. 이 책은 경제학 입문서로서 총 분량을 약 350페이지 정도로 국한하여 한 학기 강의 교재에 적합하게 쓰여졌다. 즉 경제학의 기본 개념을 이해하는 데 초점을 맞추어 핵심 내용을 중심으로 정리하였으며, 되도록 적은 분량을 유지함으로써 기존 경제학개론서와 차별화를 시도하였다.

이 책을 완성하기까지 많은 사람들의 노력과 도움이 있었다. 과거 2년여 동안 여섯 명의 집필자들이 협력하여 이 책을 만드는 과정에서 어려웠던 점은 전체적인 일관성과 통일성을 유지하는 문제였다. 전체적으로 일관성이 있는 책이 되기 위해 그동안 수 차례의 편집회의를 가졌고 관련된 주제의 원고를 작성하는 교수님들 간에 의견 교환이 있었다.

또한 대학에서 경제학원론 강의를 담당하고 있는 김현기 박사, 권병욱 박사, 장송자 박사, 김은숙 박사, 박정민 박사들은 이 책의 각 장을 읽고 많은 도움말을 주었다. 학부생인 최미나 양과 김영준 군은 여름방학 동안 무더위에도 불구하고 매일 작성된 초안을 읽고 원고 교정에서 그래프를 그리는 수고를 아끼지 않았다. 이들의 수고와 노력으로 이 책이 완성되어 출판될 수 있었으며, 이들 모두에게 감사를 드린다.

저자들의 능력의 한계로 여러 가지 부족한 점이 많이 있지만 이 책이 경제학을 공부하는 사람들에게 조금이나마 도움이 되었으면 한다. 초판을 출판하며 앞으로 좀더 좋은 개정된 책이 될 수 있도록 격려와 조언을 부탁드린다.

2007년 1월

오정동 연구실에서

저자 일동

목 차

제 1 편 경제학의 기초

제 2 편 시장경제의 이해

제 3 장_수요·공급의 이론

제 4 장_합리적인 소비자의 선택

제 5 장_기업의 합리적인 생산활동

제 3 편 시장의 유형 및 특징

제 6 장_완전경쟁시장

제 7 장_독점시장

제 5 편 시장실패와 정보경제

제 6 편 국민소득 결정이론

제 7 편 실업과 인플레이션

제16장_실 업

제17장_인플레이션

제18장_필립스 곡선

제 8 편 화폐와 금융

제 9 편 경제안정화정책

제10편 새로운 경제학의 모색

제 1 편

경제학의 기초

제 1 편

경제학의 기초

PART I

제 1 장 경제학이란?

사회과학의 기초가 되는 경제학은 우리들의 눈앞에 전개되고 있는 경제 현상들을 연구대상으로 하는 학문이다. 예를 들어 우리는 매일 저녁 9시 뉴스를 통해 종합주가와 환율을 접할 뿐만 아니라 어느새 인플레이션·부동산 가격 폭등·실업·빈곤·경제성장·국제수지 등의 경제용어에 익숙해져 있다. 그러므로 경제행위는 우리 생활의 일부분이 되었으며, 경제학은 일상생활에 가장 필요한 학문으로 자리잡고 있다. 본 장에서는 경제학이 왜 필요한지 알아보고 몇 가지 기초적인 개념에 관해서도 공부한다.

1. 경제학은 꼭 필요한 학문인가?

우리가 일상의 삶 속에서 경제행위를 하지 않고서는 생존할 수 없다. 사회적 관계 내에서 살아가는 인간은 생활을 영위하기 위해 재화와 용역을 획득하고 이를 소비하는 경제행위를 한다. 인간이 생존하는 데 필요한 경제적 욕구를 충족시키기 위해서는 재화나 용역이 제공되어야 하고, 누군가는 이를 생산해야만 한다. 그리고 인간들은 사회적 관계 속에서 일정한 질서를 가지고 이러한 재화와 용역들을 소비하게 된다. 이처럼 인간들은 사회적 관계 속에서 일정한 질서와 규칙을 가지고 재화와 용역의 생산·소비·분배 활동을 끊임없이 수행하게 된다.

따라서 우리가 경제학을 공부하는 이유는 복잡한 사회적 관계 내에서 경제활동을 영위하고 있는 사람들의 행동원리가 무엇이며, 이것들의 상호관계가 사회에 어떠한 영향을 미치는지 파악하기 위해서이다. 그리고 경제학은 경제주체의 바람직한 경제활동과 합리적 경제인의 기본자세를 살펴봄으로써 경제활동을 위한 합리적 의사결정을 돕는다. 다시 말해 경제학은 현실경제와 경제주체들의 경제원리를 이해하는 데 초점을 두고 있다.

더욱이 현대사회의 모든 영역은 경제와 밀접한 관계를 맺고 있기 때문에 사회에서 발생하는 문제를 정확히 이해하고 이러한 문제를 해결하여 보다 나은 사회를 만들기 위해서도 경제학은 매우 중요하다. 예를 들어 부동산·교육·국방·교통·사회복지 등과 관련된 문제들을 이해하고, 그 해결책을 마련하기 위해서도 경제학의 학문적 지식이 요구된다. 그러므로 경제학은 오늘날 꼭 필요한 학문이다.

2. 선택의 학문: 희소성과 기회비용

경제학(economics)은 "경제주체들이 경제행위와 관련해서 어떠한 선택을 하며, 그 선택이 자원의 배분과 사용에 미치는 영향을 연구하는 학문"으로 정의된다. 물질에 대한 인간의 욕망은 시간과 장소를 가리지 않고 끝이 없다. 그러나 무한한 욕구를 충족시켜 주는 경제적 자원은 제한되어 있기 때문에 사람들이 원하는 만큼의 재화를 생산하거나 소비할 수 없다는 근본적 한계를 지니고 있다. 따라서 인간의 물질적 욕망은 언제나 채워질 수 없는 상태로 남아 있을 수밖에 없다. 그러므로 인간의 무한한 욕망과 자원의 희소성(scarcity)은 경제학 연구의 출발점이 된다. 즉 경제학은 "인간의 물질적 욕구를 충족시키기 위해 희소한 자원을 어떻게 효율적으로 배분할 것인가를 연구하는 학문"이다.

경제학 연구의 출발점: 인간의 무한한 욕망과 자원의 희소성

이러한 희소한 자원을 효율적으로 사용하기 위해서는 선택(choice)의 문제에 직면하게 된다. 선택에는 비용이 지불되게 마련이며, 이와 관련된 비용을 정확히 파악해야만 경제행위에 대한 합리적 선택이 가능해진다. 일반적으로 경제학적 비용은 크게 회계비용(accounting cost)과 기회비용(opportunity cost)의 합으로 계산된다. 회계비용이란 우리가 상식

적으로 생각하는 비용으로서 "어떤 경제행위를 위해 실제 지출된 명목적 비용"을 일컫는다. 그러나 경제학에서는 회계비용 이외에 기회비용을 고려한다. 기회비용이란 "무엇을 선택하기 위해 포기해야만 하는 다른 행위(혹은 활동) 중에서 최선의 행위(활동)에 부여하는 가치"를 의미한다.

경제학적 비용=회계비용+기회비용

어느 유명한 가수가 레스토랑을 개업하기 위해 건물임대료와 인테리어 비용 등을 지출하였다면, 이는 회계비용이 된다. 그러나 경제학적 비용은 기회비용을 고려하기 때문에 회계비용보다 더 커진다. 이 가수는 레스토랑을 개업하기 위해 많은 시간을 투자함으로써 그 시간에 콘서트를 열어 얻을 수 있는 수익, 즉 기회비용을 잃게 된다. 따라서 기회비용을 포함한 보다 넓은 경제학적 비용 개념을 이해해야만 경제활동에서 합리적 의사결정을 할 수 있게 된다.

또 다른 예로 대학생활의 회계비용은 등록금·책값·하숙비 등이 될 것이며, 기회비용은 대학 진학 대신에 갈 수 있는 최고 직장의 예상수입으로 산정할 수 있다. 물론 이 경우 대학생활로 잃게 되는 최선의 행위를 직장 수입으로 가정한 경우이다. 한편 대학생활의 편익은 대학 졸업과 함께 얻게 되는 기대소득과 기타 프리미엄 등으로 가정하자. 만약 합리적 경제인이라면 편익이 경제학적 비용(회계비용+기회비용)보다 큰 경우에만 대학 진학을 선택할 것이다.

기회비용과 함께 합리적 선택 과정에서 중요한 역할을 하는 또 다른 비용 개념으로 매몰비용(sunk cost)이 있다. 매몰비용은 "일단 지불된 후에는 다시 회수할 수 없는 비용"을 말한다. 화려한 영화 포스터의 선전문구와 인기 있는 주연배우들을 보고 입장권을 사서 영화관에 들어갔지만 영화의 완성도가 떨어지고 재미가 없어서 중간에 극장을 나왔다고 가정하자. 이때 입장료를 돌려받을 수 없게 되는데, 이것이 바로 매몰비용이다. 이러한 매몰비용 때문에 많은 관객들은 재미 없는 영화를 끝까지 보겠다는 의사결정을 하기도 한다. 이러한 경제학적 비용 개념은 흔히 우리가 생각하는 비용 개념과는 큰 차이가 있다.

이처럼 인간의 경제활동은 희소한 자원의 제약 때문에 합리적으로 이루어질 수밖에 없다는 기본가정을 채택하고 있다. 경제학에서 설정하고 있는 인간은 합리적으로 행동하는 '경제인'(homo economicus)을 전제로 하기 때문에 이들이 결정한 선택은 합리성에 기반을 두고 있음을 의미한다. 따라서 인간의 경제적 선택행위는 합리적 선택이며, 이는 경제학에서 추구하는 올바른 선택의 전제조건이 된다. 인간은 합리적 선택과정을 통해 희소한 경제적 자원을 자신의 욕망을 충족시키는 데 효율적으로 사용하게 된다.

3. 세 가지 기본 과제

우리는 희소한 자원을 사용하여 경제적 선택을 함에 있어 세 가지 기본 과제를 해결해야 한다. 경제학에서 희소한 자원의 최적 배분으로 집약되는 기본 과제는 무엇을(what)·어떻게(how)·누구를 위하여(for whom)

그림 1-1 생산가능곡선

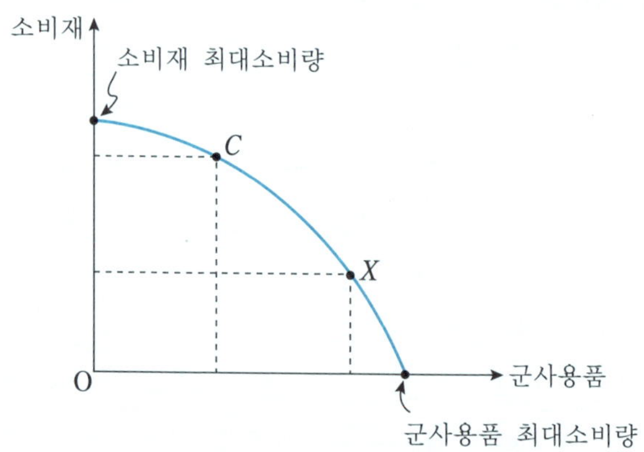

생산할 것인가의 문제를 의미한다.

첫째, "무엇을 생산할 것인가?"라는 문제는 인간의 욕망을 충족시킬 수 있는 재화나 용역을 생산하고 그렇지 않은 재화나 용역의 생산을 포기해야 함을 의미한다. 만일 어느 국가나 사회에서 주어진 자원을 가지고 소비재와 군사용품이라는 두 가지 재화만을 생산한다고 가정하자. 이러한 두 가지 재화 가운데 어느 것을 최우선적으로 생산해야 할지를 결정해야 한다. 국방이 최우선시된다면 당연히 자원의 대부분은 군사용품을 생산하는 데 배분될 것이고, 그 결과 당연히 소비재의 생산은 축소될 수밖에 없다.

이러한 관계는 [그림 1-1]에 나타난 생산가능곡선(production possibility curve)을 통해 쉽게 이해된다. 생산가능곡선은 "특정 국가나 사회가 주어진 자원으로 최대한 생산할 수 있는 여러 가지 가능한 조합들을 나타내는 곡선"이다. 이러한 생산가능곡선은 생산요소가 주어진 상황에서 한 생산량을 증가시키기 위해서는 반드시 다른 생산량을 감소시켜야 하므로 우하향하는 형태를 취한다.

[그림 1-1] 곡선상의 한 점을 선택하는 것은 소비재와 군사용품의 조합을 선택한다는 것을 의미한다. 이러한 선택은 특정 국가나 사회가 소비재를 더 중요하게 생각하는지 아니면 국방을 더 중요시하는지에 따라 달라진다. 예를 들어 어느 사회에서 소비재가 더 중요하다고 생각한다면 *C*점을 선택할 것이고, 반대로 국방을 중요하다고 생각하면 *X*점을 선택하게 된다. "무엇을 생산할 것인가?"라는 문제의 해결은 바로 이상의 선택이 이루어졌음을 의미한다.

경제성장의 방법론

생산가능곡선을 밖으로 확장시킬 수 있는 방법을 생각해 보자. 만약 생산요소인 자본·노동 등의 투입량이 증가한다면 생산량의 증가로 이어지게 된다. 혹은 동일한 생산요소를 가지고도 기술이 발전하면 효율적으로 생산요소를 사용할 수 있으므로 생산량이 증가한다.

이와 같이 한 국가경제 전체의 생산량의 증가, 즉 생산가능곡선이 밖으로 확장되는 것을 경제성장(economic growth)이라 한다. 그러므로 한 국가가 지속적인 성장을 추구하기 위해서는 자본·노동 등과 같은 생산요소를 증가시키거나 끊임없는 기술발전을 통해 경제적 효율성을 제고시켜야 한다.

둘째, "어떻게 생산할 것인가?"라는 문제는 재화나 용역의 생산방식과 관련된 과제이다. 예를 들어 자본을 노동보다 더 많이 사용하는 방식으로 생산할 것인지(자본집약적 생산방식), 아니면 노동을 자본보다 생산과정에 더 많이 투여하는 방식(노동집약적 생산방식)을 사용할지 선택해야 한다. 이상의 두 방식 가운데 어느 것을 선택할 것인지는 국가마다 주어진 경제 환경에 의해 결정되어진다.

중국처럼 인구가 많고 상대적으로 자본과 기술이 부족한 국가에서는 노동집약적 생산방식을 선택하는 것이 국민경제에 유용할 수 있다. 그러나 서구의 산업화된 국가들은 임금수준이 상대적으로 높고 자본이 풍부하기 때문에 자본집약적 생산방식을 선호하게 된다. 여기서 우리가 간과해서는 안 될 중요한 전제는 어떤 생산방식을 선택하든지 주어진 자원을 최대한 효율적으로 활용하는 방법을 모색한다는 사실이다.

셋째, "누구를 위해 생산할 것인가?"라는 문제는 생산된 재화나 용역이 국민들 모두에게 공정하고 효율적으로 분배되어야 함을 의미한다. 만약 그렇지 못하다면 부유층과 저소득층 간의 갈등이 커지고 자원배분도 비효율적으로 이루어진다. 결국 경제 전체적으로 비효율성이 높아지고 사회가 불안정해지게 된다. 따라서 국민들의 다양한 선호를 고려해 생산된 상품을 적절하게 분배하는 것은 건전한 국민경제를 위해 매우 중요한 과제이다.

4. 세 경제주체

경제활동을 담당하는 기본 단위는 개인이지만 이들 모두를 분석대상으로 설정할 경우 너무 광범위하기 때문에 세 부문의 경제주체로 단순화하여 분석한다. 즉 소비주체인 가계(household)·생산주체인 기업(firm)·소비와 생산주체인 정부(government)로 나누어 세 부문이 각각 어떤 경제활동을 하는지 파악함으로써 국민경제의 전반에 대한 이해를 쉽게 할 수 있다. 왜냐하면 국민경제에서 일어나는 경제활동은 재화나 용역을 생산·소비·분배하는 행위로 요약되기 때문이다.

모든 재화와 용역의 교환은 시장(market)에서 이루어진다. 다시 말해 생산자인 기업이 생산한 상품은 소비자인 가계에 직접 판매되는 것이 아니라 시장에서 거래되는데, 이러한 경제체제를 시장경제라고 한다. 시장경제는 경쟁적이기 때문에 개인 혹은 가계는 자신의 욕망을 충족시키기 위한 선택을 하게 된다. 기업은 이윤을 얻기 위해 소비자들이 원하는 상품을 다른 경쟁자들보다 값싸게 공급해야만 한다. 이처럼 기업이 이윤극대화를 위해 서로 경쟁하게 됨으로써 소비자는 이득을 보게 된다. 따라서 시장경제를 통해 세 가지 기본적인 경제문제, 즉 무엇을 어떻게 누구를 위해 생산할 것인가를 해결한다.

시장경제는 가계와 기업 간의 교환을 중심으로 이루어진다. 가계는 상품을 기업으로부터 구매하고 기업은 가계로부터 노동을 구입하여 다른 생산요소와 함께 상품을 생산하여 시장에서 판매한다. 이처럼 기업은 생산활동을 위해 노동을 노동시장에서 구입하고 생산요소를 구입하기 위한 자본을 자본시장에서 조달한다. 이렇게 조달된 생산요소를 생산과정에 투입하여 생산된 상품을 가계에 판매하는데, 이를 생산물(혹은 상품)시장이라 한다.

연 | 습 | 문 | 제

1. 최근 신문을 읽고 우리나라에서 나타나고 있는 경제문제 가운데 중요한 세 가지의 예를 제시하라.

2. 어떤 사회사업가가 3년 전 5,000만원을 주고 매입한 토지 10,000㎡를 자선단체에 무상으로 기부하였다. 현재 이 땅의 현재가치가 1억원이라면, 그 사회사업가가 행한 기부의 경제적 비용은 얼마인가?

3. [그림 1－1]의 생산가능곡선을 이용해 다음의 물음을 답하라.

   (1) 한국과 북한은 C점과 X점 가운데 각각 어느 재화의 배합에 더 가까울 것인가?

   (2) 한국이 북한보다 빠른 경제성장을 기록한 이유는 무엇인가? 한국과 북한의 생산가능곡선의 이동을 이용해 설명하라.

4. 국민경제가 안고 있는 세 가지 기본과제는 무엇인지 설명하고, 그 안에서 가계라는 경제주체가 주로 수행하는 경제적 역할에 대해 설명하라.

5. 경제학이 필요한 이유는 무엇인가? 합리적 선택은 왜 중요한 문제가 되는가? 또한 합리적 선택을 위해 고려해야 할 사항은 무엇인가?

제 2 장 경제학의 연구방법 및 분류

경제학은 정교한 과학적 방법론을 사용하여 사회문제를 다루는 학문이다. 현실 세계에서 발생하는 경제현상들을 보다 정확히 이해하기 위해서 우선적으로 경제현상들을 유발하는 변수 간의 관계를 단순화하여야 한다. 즉 경제학은 변수 간의 관계를 밝히고 경제이론을 규명함으로써 하나의 이론으로 정식화하는 과학적 방법론을 사용한다. 또한 이론은 일련의 가정으로부터 출발하여 이를 검정하는 과정을 통해 구성된 논리적 체계이다. 본 장에서는 경제학의 연구 방법론과 관련된 몇 가지 개념과 경제학의 연구대상에 따른 분류에 대해 살펴본다.

1. 경제 모델

경제학자들은 경제이론을 활용하여 미래의 경제현상을 예측한다. 예를 들어 경제학자들은 "시장이자율이 떨어지면 생산주체인 기업은 더 많은 상품을 생산하기 위해 투자를 확대하고 소비주체인 가계는 저축보다 소비를 더 선호하게 되어 생산량은 증가하고 경제는 빠르게 성장하게 된다"라고 생각한다. 이처럼 경제학은 이론을 전개하여 경제현상에 대한 원인과 결과를 설명하는데, 이를 위해 객관적이고 정형화된 경제 모델(economic model)이 요구된다.

경제현상은 인간의 사회적 행동의 산물이기 때문에 이를 이해하고 그들이 앞으로 어떻게 행동할지 예측하는 것은 결코 쉬운 일이 아니다. 그럼에도 불구하고 경제학자들은 경제현상을 나타내기 위해 언어나 수식을 사용하여 경제모델을 만든다. 이는 자연과학자들이 자연현상을 통제하여 일정한 규칙성을 발견하는 것과 유사하다. 그러므로 경제이론은 일반적으로 경제 모델로 표현된다.

경제 모델은 현실 경제의 다양한 현상을 추상화할 뿐 아니라 단순하게 축소하여 경제가 어떻게 움직여 나가는지 알기 쉽게 만들어 놓은 것이다. 예를 들어 교통지도가 낯선 도시의 모든 지리 정보를 담고 있지는 않지만, 자동차 운전자는 낯선 도시에서 목적지를 찾기 위해 교통지도의 도움을 받는다. 이와 같이 경제 모델 역시 모든 경제현상을 담고 있지는 않지만 현실경제가 어떻게 움직이고 있는지 알 수 있게끔 한다.

구체적으로 소비자 행동에 관한 경제 모델의 예를 들어 보자. 다음 장에서 공부하겠지만, 상품가격이 상승하면 그 상품에 대한 소비자의 수요량이 감소한다는 경제 모델을 설정할 수 있다. 그러나 현실적으로 상품의 가격이 상승하였음에도 불구하고 소비자들은 그 상품의 수요량을 증가시키는 경우가 있다. 예를 들어 명품은 가격이 상승할수록 수요량이 증가하는 경우가 종종 나타난다. 그렇다면 소비자 행동에 관한 경제 모델이 틀린 것인가? 소비자가 상품가격의 상승에 대해 어떻게 반응하는지 설명하기 위한 모델에서 경제학자들은 단지 '그 상품의 가격만이 변화한다면'이라는 가정을 설정함으로써 특수한 경우는 분석의 대상에서 제외시킨다.

만일 '다른 조건이 일정하다면'(ceteris paribus)이라는 가정을 하지 않는다면, 소비자 행동에 영향을 미치는 모든 변수에 대한 설명이 필요하게 된다. 이는 결국 아무것도 설명할 수 없으므로 이론이 추구하는 목적을 달성할 수 없게 된다. 따라서 경제학자들은 복잡하고 다양한 경제현상을 단순화하고 이를 설명하기 위해서 '다른 조건이 일정하다면'이라는 가정을 설정하여 경제 모델을 구성한다. 결국 경제학자들은 다양한 현상을 경제 모델로 추상화하며, 이를 이용해 경제행위를 예측한다.

경제 모델의 조건: 단순성·현실성·예측성

2. 상관관계와 인과관계

경제 모델은 일반적으로 어떤 현상과 다른 현상 간의 관계를 기술하기 위하여 귀납적 또는 연역적 서술방법을 사용하거나 수학의 엄밀한 논리를 적용해 수식으로 표현한다. 경제학자들은 경제현상을 측정하고 설명하기 위해 변수(variable)를 사용하게 되는데, 가격·임금·이자율·국민소득·판매량 등이 경제 모델에서 자주 사용되는 변수들이다. 만일 어떤 변수들 사이에 체계적인 관계가 형성된다면, 우리는 두 변수 사이에 상관관계(correlation)가 있다고 말한다.

경제학자들은 단순히 두 변수 사이의 상관관계에 만족하지 않고 인과관계(causation)를 밝히는 데 더 많은 관심을 가지고 있다. 왜냐하면 인과관계는 "두 변수 사이에 원인과 결과가 존재하는 관계"를 의미하므로 변수 사이에 상관관계가 존재한다고 해서 반드시 인과관계를 전제하지 않기 때문이다. 예를 들어 에어컨 판매량과 아이스크림 판매량 사이에는 상관관계는 존재하지만 에어컨 판매량 증가로 말미암아 아이스크림 판매량이 늘어난다고 보기는 어렵다. 이처럼 변수들 사이에는 상관관계는 존재하지만 인과관계는 존재하지 않는 경우가 많다.

경제 분석은 바로 경제변수 사이의 인과관계를 규명하는 데 초점을 맞추고 있다. 그러나 어떤 경우에는 인과관계의 방향이 불분명한 경우도 있다. 예를 들어 수입차의 판매증가가 국산차 판매부진의 원인인가? 아니면 국산차의 판매부진이 수입차 판매증가의 원인인가? 혹은 외제 고급승용차에 대한 부정적 시각이 많이 사라지게 되면서 고소득층이 외제차를 구매하였기 때문일 수도 있다. 따라서 어떤 설명이 타당한지 판단하기 위해서는 보다 정확한 분석이 요구된다. 경제 분석은 자료에 대한 통계분석과 이론적 추론을 통해 변수들 사이의 인과관계를 파악하고 명제 혹은 가설의 형태로 구체화된다. 그리고 명제나 가설이 현실과 부합되는지 검정 과정을 거쳐 새로운 경제이론이 탄생하게 된다.

경제이론의 표현방법

경제이론을 표현하는 데에는 서술적·기하학적·수리적 방법의 세 가지 형태가 존재한다. 예를 들어 가격과 수요량의 관계를 서술적으로 표현하면, "가격이 상승하면 수요량이 줄고 가격이 하락하면 수요량이 증가한다"로 표현할 수 있다. 이를 기하학적 방법으로 나타내면, 수학에서 흔히 사용하는 가로축과 세로축을 이용하여 그래프로 표현한다. 이때 가격과 수요량이 반대로 움직이기 때문에 우하향하는 형태의 곡선이 그려진다. 마지막으로 수리적 표현은 수학을 이용하여 경제법칙을 간결하게 나타낸다. 만약 P를 가격, Q_D를 수요량으로 정의한다면, $Q_D=f(P)$, $f'(P)<0$로 표현된다. 즉 이상의 수식은 수요량이 가격의 함수(f)이며, 그 일차 도함수가 영(0)보다 작으므로 가격과 수요량은 반대로 움직인다는 사실을 의미한다.

많은 학생들이 경제학을 난해한 학문으로 생각하는 데에는 기하학적 표현과 수리적 표현에 익숙하지 못하기 때문일 것이다. 이러한 기하학적 및 수리적 표현은 경제학을 어렵게 만들려는 의도가 아니라 보다 간결하고 쉽게 이해하기 위해서 사용된다. 본서는 경제학의 기초를 다루기 때문에 되도록 서술적 표현방법에 집중한다. 그러나 때로는 기하학적 표현이나 수리적 표현이 이해를 증진시키는 데 도움을 주기 때문에 한정된 범위 내에서 사용하고자 한다.

3. 미시경제학과 거시경제학

경제학은 연구대상에 따라 미시경제학(microeconomics)과 거시경제학(macroeconomics)으로 크게 나누어진다. 우리가 숲을 바라 볼 때 나무만을 보는 방법이 있고 나무는 보지 않고 숲만 바라보는 경우가 있다. 미시경제학은 나무만을 보는 것처럼 개별 경제주체, 즉 가계와 기업의 경제행위를 주요 연구대상으로 한다. 가계의 기본 구성원인 개인은 주어진 소득에서 어떤 원리에 의해 자신의 욕망을 최대한 만족시킬 수 있는 선택행위를 하고, 생산주체인 기업은 주어진 생산비용에서 어떤 원리에 의해 이윤극대화를 추구하는지 분석한다. 또한 미시경제학은 개별 경제주체들의 행위가 구체화되는 시장에서의 가격결정 원리도 연구대상으로 한다.

한편 거시경제학은 숲 전체를 바라보는 것처럼 경제 전반의 움직임을 연구대상으로 한다. 다시 말해 경제의 전체 현상을 나타내는 국민총생산·물가·고용·이자율·환율 등과 같은 총량적인 경제지표를 분석대상으로 하고, 이러한 변수들 사이의 상호관계에 대해 연구하는 분야이다.

연구대상에 따라 경제학이 미시경제학과 거시경제학으로 구별되었지만, 이 두 분야가 서로 분리되어 있는 것은 아니다. 우리가 숲도 보고 나무도 보아야 모두를 정확히 알 수 있는 것처럼 경제현상을 보다 정확히 이해하기 위해서는 두 분야의 경제이론이 상호 보완적인 역할을 해야 한다.

우리는 자동차 엔진이 어떻게 제작되었는지는 모르지만 자동차를 운전할 수 있으며 완전히 엔진을 분해하지 않고도 운행하는 방법을 알고 있다. 브레이크가 고장나거나 엔진이 정지된다면 우리는 그 작동원리를 알아야만 고장을 수리할 수 있는데, 이러한 개별 부품에 대한 분석은 미시경제학적 원리와 유사하다. 한편 가속페달과 브레이크를 이용한 자동차 주행은 거시경제학적 원리와 유사하다. 그러므로 미시경제학과 거시경제학은 서로 유기적 관계를 가지고 있어야 한다.

미시경제학: 개별 경제주체의 경제행위를 분석
거시경제학: 경제 전체의 총량적 변수의 움직임을 분석

4. 실증경제학과 규범경제학

경제학은 가치판단의 유무에 따라 실증경제학(positive economics)과 규범경제학(normative economics)으로 구분된다. 실증경제학은 "경제현상을 있는 그대로 묘사할 뿐만 아니라 경제가 작동하는 방식을 설명하는 학문 체계"이다. 그러므로 실증경제학은 경제현상들 사이의 인과관계를 규명함으로써 경제현상의 변화를 예측한다. 그러나 경제학자들 간에도 경제 모델의 설정 및 경제변수 사이의 상호 영향의 정도에 의견의 불일치가 종종 발생한다.

규범경제학은 "주관적인 가치판단이 개입되어 어떤 경제 상태가 바람직하고 어떤 경제 상태는 바람직하지 않은지를 설명하는 데 초점을 두는 학문체계"이다. 일반적으로 규범경제학은 실증경제학을 활용한다. 외제차 수입 제한과 관련된 논쟁을 예를 들어 규범적 측면과 실증적 측면을 생각해 보자.

실증경제학은 다음과 같이 설명할 수 있다. 소비자는 더 비싼 가격으로 품질이 떨어지는 국산차를 구매해야 하고 자동차 회사는 판매가 증가해서 고용과 이윤이 늘어날 것이다. 그러나 국내자동차 회사가 경쟁의 약화로 인해 기술개발에 소홀하게 된다면 국제경쟁력이 떨어져 수출이 줄어들게 된다.

이와는 반대로 외제차 수입의 제한은 국내자동차 회사를 보호하게 되어 기술개발의 유인을 제공할 수 있다. 그렇다면 외제차 수입을 계속 제한해야 하는가? 이러한 점은 개인의 가치관이 개입되는 규범적인 문제이다. 또한 규범경제학은 정부의 경제정책의 당위성과 그 정책 목표의 선택 등과 같은 문제와도 관련되어 있다.

연 | 습 | 문 | 제

1. 경제이론의 세 가지 표현 방법의 장점과 단점을 비교하여 설명하라.

2. 경제적 현상을 상관관계와 인과관계를 예를 들어 설명하라.

3. 다음의 예가 미시경제학에 속하는가? 아니면 거시경제학에 속하는가?

(1) 대전 지역 공단에 있는 반도체 기업에서 판매량을 늘리기 위해 생산량을 증가시켰다.

(2) 조류독감의 영향으로 닭 소비량이 크게 줄어들고 닭고기 값이 폭락하였다.

(3) 겨울철이 되면서 아이스크림의 판매량이 크게 줄어들었다.

(4) 청년실업, 실망노동자가 증가하면서 우리나라의 실업률이 높아졌다.

(5) 한국은행에서 물가안정을 위해 통화량을 긴축시켰다.

4. 다음의 사례가 실증경제학 혹은 규범경제학에 속하는지 구별하라.

(1) 소주 세율의 인상이 소주 소비량을 감소시켰다.

(2) 자동차·반도체 등의 수출이 증가하여 경제성장률이 5%로 높아졌다.

(3) 환경 오염의 방지를 위해 환경 오염세를 실시하여야 한다.

(4) 최근 양극화 문제 해결을 위해 정부가 사회 복지비를 증가시켜야 한다.

(5) 청소년의 흡연을 줄이기 위해 담배 값 인상이 불가피하다.

5. 경제학자들이 '다른 조건이 일정하다면'(ceteris paribus)이라는 가정을 즐겨 사용하는 이유를 설명하라.

제 2 편

시장경제의 이해

제 2 편

시장경제의 이해

PART II

제 3 장 수요·공급의 이론

"앵무새도 수요와 공급을 말할 줄 알면 경제학자이다."라는 유명한 이야기가 있다. 이는 경제학에서 수요와 공급이 매우 중요하다는 사실을 단적으로 말해준다. 현실에서 전개되는 대부분의 경제현상들은 수요와 공급의 상호작용으로 설명할 수 있으며, 거의 모든 경제이론들은 수요·공급의 이론을 기본으로 삼고 있다. 그러므로 수요·공급의 이론은 그 중요성을 아무리 강조해도 지나치지 않는다. 독자들은 수요·공급의 이론을 공부함으로써 소비주체인 가계와 생산주체인 기업의 핵심적인 경제행위를 이해하게 되고, 이를 통해 시장경제의 흐름을 파악할 수 있을 것으로 기대된다.

1. 수 요

수요는 상품을 구매하는 소비자가 일상생활을 통해서 반복적으로 행하는 것이기 때문에 우리에게 아주 익숙한 현상이다. 여기서는 수요를 경제학적으로 이해하기 위해 수요의 개념·수요함수와 수요곡선·수요량의 변화와 수요의 변화·수요의 탄력성을 공부한다.

1. 1 수요의 개념

수요(demand)는 "일정기간 동안에 소비자가 어떤 재화나 용역을 구매하고자 하는 의도된 욕구"를 의미한다. 수요량(quantity demanded)은 "일정기간 동안에 소비자가 구매하려는 어떤 재화나 용역의 양"을 일컫는다. 이러한 수요 및 수요량의 개념을 이해할 때 다음의 몇 가지 유의할 사항이 있다.

첫째, 수요는 유량의 개념이다. 일반적으로 경제 변수의 크기는 유량(flow) 혹은 저량(stock)의 개념으로 나타낸다. 여기서 유량은 일정기간(혹은 특정기간)을 밝혀서 표시하는 수량이며, 저량은 일정시점(혹은 특정시점)을 밝혀서 표시하는 수량을 일컫는다. 예를 들어 소득은 일정기간 동안의 임금·이자·배당·임대료 등으로 그 양을 측정하기 때문에 유량이라고 부르는 반면, 한 가구가 소유한 재산의 총액은 일정한 시점을 기준으로 그 양을 측정하므로 저량이라고 부른다. 그러므로 수요 및 수요량은 일정기간 동안 측정된 유량의 개념이다. 즉 1일·1주일·1개월 등과 같은 일정기간의 설정에 따라 수요 및 수요량의 크기는 달라진다.

둘째, 수요량은 실제로 구매된 양이 아니라 구매하고자 의도된(intented) 최대 수량을 의미한다. 예를 들어 1주일 동안 소비자들이 사과 100개를 구매하려고 의도하였지만 시장에서 사과가 부족하여 실제로 50개밖에 구매하지 못했을 때, 사과의 수요량은 50개가 아니라 100개이다.

셋째, 수요는 개별수요와 시장수요로 구분된다. 개별수요는 어떤 한 소비자의 수요이며, 시장수요는 여러 소비자들의 수요를 합한 것이다. 일반적으로 수요를 분석할 때 시장수요를 중심으로 사용한다.

1. 2 수요함수와 수요곡선

수요함수(demand function)는 "수요에 영향을 미치는 요인들(독립변수)과 수요(종속변수) 사이에 존재하는 함수관계"를 의미한다. 그렇다면 어떤 재화나 용역의 수요를 결정하는 요인들은 무엇인지 알아보자.

독립변수(혹은 설명변수): 다른 수의 변화와는 관계 없이 스스로 변하는 변수
종속변수(혹은 피설명변수): 독립변수의 변화에 따라 변하는 변수

첫째, 해당 재화의 가격이다. 만약 합리적 경제인을 상정한다면 가격과 수요량은 반대 방향으로 작용한다. 예를 들어 다른 조건이 일정할 때 사과 가격이 상승하면 사과의 수요량은 감소하고, 반대로 사과 가격이 하락하면 사과의 수요량은 증가한다.

둘째, 관련 재화의 가격이다. 소비에 있어 사과와 배가 대체 가능하다고 하자. 만약 사과의 가격은 변화 없이 배의 가격이 상승한다면 소비자들은 비싸진 배 대신에 사과에 대한 수요를 증가시킬 것이다. 반대로 사과의 가격은 변화 없이 배 가격이 하락한다면 소비자들은 사과 대신 상대적으로 값싼 배를 먹으려고 하기 때문에 사과 수요는 감소한다. 이와 같이 관련 재화의 가격 상승(하락)이 해당 재화의 수요 증가(감소)로 이어지는 두 재화를 대체재(substitute goods)라고 한다.

한편 커피를 마실 때 항상 설탕을 넣어 마시는 소비자를 생각해 보자. 만약 커피의 가격은 변화 없이 설탕 가격만 상승할지라도 소비자들에게 커피 가격이 상승한 것과 동일한 효과가 나타나기 때문에 커피 수요는 감소하고, 반대로 커피의 가격은 변화 없이 설탕 가격만 하락할지라도 소비자들의 커피 수요는 증가할 것이다. 이와 같이 관련 재화의 가격 상승(하락)이 해당 재화의 수요 감소(증가)로 이어지는 두 재화를 보완재(complementary goods)라고 한다.

셋째, 소비자의 소득수준이다. 소비자들의 소득수준이 증가함에 따라 수요가 증가하는 재화를 정상재(normal goods)라고 한다. 반대로 소비자들의 소득수준이 증가하면 수요가 감소하는 재화가 있는데, 이를 열등재(inferior goods)라고 한다. 예를 들어 소득수준이 매우 낮아 쌀과 보리를 섞어서 식사를 해야 하는 소비자들이 있다고 하자. 이들의 소득수준이 증가하면 보리를 조금 섞거나 쌀만으로 식사를 해결하려 할 것이기 때문에 보리 수요는 감소한다. 이 경우 보리는 열등재이다.

대체재: 관련 재화의 가격 상승(하락) ⇒ 해당 재화의 수요 증가(감소)

보완재: 관련 재화의 가격 상승(하락) ⇒ 해당 재화의 수요 감소(증가)

정상재: 소득 상승 ⇒ 수요가 증가하는 재화

열등재: 소득 상승 ⇒ 수요가 감소하는 재화

넷째, 소비자의 기호이다. 최근 많은 소비자의 기호가 햄버거나 스파게티와 같은 서구식 음식을 선호하는 형태로 바뀌었다. 이에 따라 우리나라에서 햄버거나 스파게티의 수요는 증가하였으나 쌀의 수요는 감소하였다.

다섯째, 인구 수이다. 인구가 증가하면 일정 지역 또는 우리나라 전체의 수요는 증가할 것이고, 인구가 감소하면 전체 수요는 감소할 것이다.

이상과 같이 어떤 재화의 수요를 결정하는 요인으로는 해당 재화의 가격(P), 관련 재화의 가격(P_r), 소득수준(Y), 기호(T), 인구 수(N) 등이 있다. 이들은 어떤 재화의 수요(D)에 영향을 미치는 독립변수들이고, 이들과 종속변수인 수요 사이에는 다음과 같은 수요함수로 나타낼 수 있다.

$$D=f(P, P_r, Y, T, N)$$

위의 수요함수에 따르면 수요를 결정하는 요인은 해당 재화의 가격·관련 재화의 가격·소득수준·기호·인구 수이다. 이들 중에서 가장 중요한 요인은 해당 재화의 가격이다. 즉 사과 수요에 가장 큰 영향을 미치는 요인은 사과 가격이다. 따라서 사과 가격 이외에 관련 재화의 가격·소득수준·기호·인구 수 등 다른 요인들은 일정하다고 가정하자. 그러면 사과의 수요함수는 다음과 같은 단순화된 형태가 된다.

$$D=f(P)$$

이러한 수요함수는 해당 재화의 가격과 수요량 사이에 존재하는 함수관계, 즉 각 가격수준에 대응하여 소비자들이 일정기간 동안 구매하려는 재화의 수량을 나타낸다. 어떤 재화의 가격과 수요량의 관계를 구체적 수치로 나타내면, [표 3-1]의 수요 표와 같다. 이 표는 어느 한 소비

| 표 3-1 | 사과의 수요 표

사과 가격(원)	사과 수요량(개/1주일)
30	1
20	2
10	4
5	6
2	10

그림 3-1 사과의 수요곡선

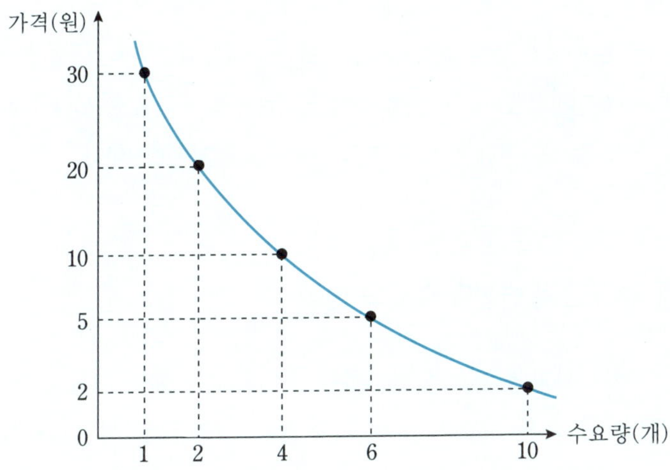

자가 각 가격수준에서 구입하려는 사과의 양을 나타낸다. 예를 들어 소비자는 사과 가격이 2원일 때 1주일 동안 사과 수요량이 10개인 것을 알 수 있다. 만약 사과 가격이 5원으로 상승하면 소비자는 사과 수요량을 6개로 감소시키며, 다시 사과 가격이 10원, 20원, 30원으로 상승하면 소비자의 사과 수요량은 각각 4개, 2개, 1개로 감소하게 된다.

위에서 본 것처럼 사과 가격이 상승하면 사과 수요량이 감소하고, 사과 가격이 하락하면 사과 수요량이 증가하게 된다. 이와 같이 "재화의 가격이 상승하면 그 재화의 수요량이 감소하고, 재화의 가격이 하락하면 그 재화의 수요량이 증가하는 것"을 수요의 법칙(law of demand)이라 한다.

[표 3-1]과 같은 사과의 수요 표를 그림으로 나타내면 사과의 수요곡선을 유도할 수 있다. 세로축(Y축)에 사과 가격, 가로축(X축)에 사과의 수요량을 나타내어 사과의 수요곡선을 그리면 [그림 3-1]과 같다. [그림 3-1]에서 보는 것처럼 사과의 수요곡선은 우하향하는 형태를 가진다. 그 이유는 재화 가격이 상승하면 그 재화의 수요량이 감소하고, 재화 가격이 하락하면 그 재화의 수요량이 증가하는 수요의 법칙 때문이다.

수요의 법칙은 다른 요인이 일정할 때 가격이 하락하면 수요량이 증가하고 가격이 상승하면 수요량이 감소하는 가격과 수요량의 역의 관계를 의미한다. 그래프상에서 *Y*축에 가격, *X*축에 수요량을 나타내면, 수요곡선은 우하향하는 형태를 갖는다. 일반적인 수학적 논의에 의하면 *X*축에 독립변수(즉 가격), *Y*축에 종속변수(즉 수요량)를 나타내지만, 경제학의 오랜 관행으로 말미암아 가격을 *Y*축에, 수요량을 *X*축에 표시한다.

1. 3 수요량의 변화와 수요의 변화

어떤 재화의 수요를 결정하는 요인으로는 해당 재화의 가격·관련 재화의 가격·소득수준·기호·인구 수 등이 있음을 공부하였다. 또한 수요곡선을 도출할 때 해당 재화의 가격 이외에 다른 요인들은 일정하다고 가정하고 해당 재화의 가격과 수요량의 관계로 단순화하여 나타내었다.

해당 재화의 가격이 변화하는 경우 [그림 3－2]에서와 같이 수요곡선상에서의 점의 이동으로 나타난다. 이를 수요량의 변화라고 한다. 즉 사과 가격이 10원에서 20원으로 상승하면 사과 수요량은 4개에서 2개로 감

그림 3－2 수요량의 변화와 수요의 변화

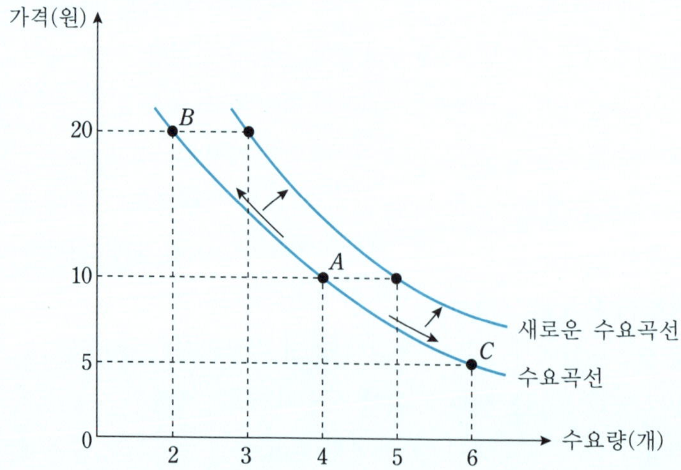

소하여 A점에서 B점으로 이동하게 된다. 또한 사과 가격이 10원에서 5원으로 하락하면 사과 수요량은 4개에서 6개로 증가하여 A점에서 C점으로 이동하게 된다.

그러나 일정하다고 가정한 요인들이 변화하면 어떤 현상이 나타날까? 예를 들어 일정하다고 가정하였던 소득수준이 증가하면 모든 가격수준에서 소비자들의 사과 수요는 증가할 것이다. 예를 들어 어떤 소비자의 월 소득이 2백만원에서 3백만원으로 증가하면 사과 가격이 10원일 때 사과의 수요는 4개에서 5개로 증가하고, 사과 가격이 20원일 때 사과의 수요는 2개에서 3개로 증가한다. 이렇게 일정하다고 가정한 소득수준이 증가하면 수요곡선상에서의 점의 이동이 아니라 수요곡선 자체가 오른쪽으로 이동한다. 반대로 소득수준이 감소하면 수요곡선 자체가 왼쪽으로 이동한다.

이와 같이 해당 재화의 가격 변화에 따라 주어진 수요곡선상에서 점이 이동하는 것을 수요량의 변화라고 한다. 또한 일정하다고 가정한 요인이 변화함에 따라 수요곡선 자체가 이동하는 것을 수요의 변화라고 한다.

수요량의 변화: 해당 재화의 가격 변화(수요곡선상에서 점의 이동)
수요의 변화: 해당 재화의 가격 이외의 요인 변화(수요곡선 자체의 이동)

1. 4 수요의 탄력성

우리는 수요함수를 통해 재화의 가격이 변화하면 수요량이 변화한다는 사실을 공부하였다. 그런데 여기에서 한 걸음 더 나아가 재화의 가격이 변화할 때, 그 재화의 수요량은 몇 % 변화하는지에 대해 관심을 가질 수 있다. 예를 들어 기업의 생산자는 재화 가격이 100% 변화할 때 그 재화의 수요량이 몇 % 변화하는지에 대해 큰 관심을 가질 수 있다. 이러한 문제의 해답은 수요의 탄력성(elasticity of demand)에서 찾을 수 있다.

수요의 가격탄력성은 “어떤 재화의 가격변화에 대응한 수요량의 변화를 측정하는 척도"이다. 즉 수요의 가격탄력성은 수요량의 변화율을 가격의 변화율로 나눈 값으로 다음과 같이 정의된다.

$$\text{수요의 가격탄력성} = \left| \frac{\text{수요량의 변화율}}{\text{가격의 변화율}} \right| = \left| \frac{\frac{\Delta Q_D}{Q_D}}{\frac{\Delta P}{P}} \right|$$

여기서 P는 원래의 가격, ΔP는 가격의 변화분, Q_D는 원래의 수요량, ΔQ_D는 수요량의 변화분을 나타낸다. 한편 수요의 가격탄력성에 절대값의 부호를 붙인 이유는 수요의 법칙에 의하여 가격과 수요량이 반대 방향으로 움직이기 때문에 절대값을 붙여 수요의 가격탄력성을 양(+)의 값으로 나타내기 위함이다.

수요의 가격탄력성을 [표 3-1]의 예를 이용하여 설명해 보자. 사과 가격이 5원일 때 사과 수요량은 6개이다. 사과 가격이 10원으로 상승하면 사과 수요량은 4개로 감소한다. 이 경우 P는 5원, ΔP는 5원, Q_D는 6개, ΔQ_D는 −2가 된다. 이들 값을 위의 식에 대입하면 $\left| \frac{(-2\text{개})/(6\text{개})}{(5\text{원})/(5\text{원})} \right| \fallingdotseq \left| \frac{-0.33}{1.0} \right| =$ 0.33이 된다. 수요의 가격탄력성이 0.33이라는 것은 사과 가격이 100% 변화할 때, 사과 수요량은 33% 변화함을 의미한다. 보다 정확하게 표현하면, 사과 가격이 100% 상승한다면 사과 수요량은 33% 감소한다.

만약 수요의 가격탄력성이 1이라면, 가격이 1% 증가할 때 수요량이 1% 감소한다. 이를 단위탄력적이라 한다. 또한 수요의 가격탄력성이 0과 1 사이의 값이면, 수요량의 변화가 가격의 변화보다 작기 때문에 비탄력적이라고 하며 생필품을 예로 들 수 있다. 반대로 가격탄력성이 1보다 클 경우, 수요량의 변화가 가격의 변화보다 크기 때문에 탄력적이라고 하며 주로 사치품이 여기에 속한다. 극단적으로 수요의 가격탄력성이 0이면 가격이 변화해도 수요량에는 영향을 미치지 못하므로 완전비탄력적이라 한다. 또한 수요의 가격탄력성이 무한대(∞)이면 가격이 조금만 변화해도 수요량이 무한히 변화하기 때문에 완전탄력적이라 한다.

다음으로 수요의 소득탄력성에 관해 알아보자. 수요의 소득탄력성은 소득의 변화에 대한 수요의 변화를 측정하는 것으로 어떤 재화의 수요의 변화율을 소득의 변화율로 나눈 값이다.

$$\text{수요의 소득탄력성} = \frac{\text{수요량의 변화율}}{\text{소득의 변화율}} = \frac{\frac{\Delta Q_D}{Q_D}}{\frac{\Delta I}{I}}$$

여기서 I는 원래의 소득, ΔI는 소득의 변화분을 나타낸다. 수요의 소득탄력성을 이용하여 정상재와 열등재를 구분할 수 있다. 먼저 정상재의 수요의 소득탄력성을 구해 보자. 사과는 소득수준이 증가하면 수요가 증가하는 정상재이다. 소비자들의 월 소득이 200만원일 때 사과 수요는 4개이다. 소비자들의 월 소득이 300만원으로 증가하면 사과 수요는 5개로 증가한다고 하자. 이 경우 I는 200만원, ΔI는 100만원, Q_D는 4개, ΔQ_D는 1개이다. 따라서 사과에 대한 수요의 소득탄력성은 $\frac{(1\text{개})/(4\text{개})}{(100\text{만원})/(200\text{만원})} = \frac{0.25}{0.5} = 0.5$이다. 그러므로 정상재는 수요의 소득탄력성이 0보다 큰 양(+)의 값을 갖는다.

이제 열등재의 수요의 소득탄력성을 구해 보자. 보리는 소득수준이 증가하면 수요가 감소하는 열등재이다. 소비자들의 월 소득이 200만원일 때 보리 수요는 5kg이다. 소비자들의 월 소득이 300만원으로 증가하면 보리 수요는 3kg으로 감소한다고 하자. 이 경우 I는 200만원, ΔI는 100만원, Q_D는 5kg, ΔQ_D는 −2kg이다. 따라서 보리에 대한 수요의 소득탄력성은 $\frac{(-2\text{kg})/(5\text{kg})}{(100\text{만원})/(200\text{만원})} = \frac{-0.4}{0.5} = -0.8$이다. 이와 같이 보리와 같은 열등재는 수요의 소득탄력성이 0보다 작은 음(−)의 값을 갖는다.

마지막으로 수요의 교차탄력성은 어떤 재화의 가격이 변화할 때, 해당 재화의 수요가 반응하는 정도를 측정하는 척도이다. 이는 어떤 재화의 수요의 변화율을 타 재화의 가격의 변화율로 나눈 값이다.

$$\text{수요의 교차탄력성} = \frac{X\text{재 수요량의 변화율}}{Y\text{재 가격의 변화율}} = \frac{\frac{\Delta Q_X}{Q_X}}{\frac{\Delta P_Y}{P_Y}}$$

위 식에서 Q_X는 X재의 원래 수요량, ΔQ_X는 X재 수요량의 변화분, P_Y는 Y재의 원래 가격, ΔP_Y는 Y재 가격의 변화분이다.

수요의 교차탄력성은 대체재와 보완재를 구분하는 데 유용하게 사용된다. 많은 사람들에게 커피와 녹차는 대체재일 수 있다. 녹차 한잔의 가격이 200원일 때 소비자들의 커피 수요는 40잔이라 하자. 녹차 가격이 300원으로 상승하면 소비자들의 커피 수요는 44잔으로 증가할 수 있다. 왜냐하면 커피와 녹차를 대체재로 인식하는 사람들이 녹차의 가격상승으로 녹차 대신 커피를 마시기 때문이다. 이 경우 Q_X는 40잔, ΔQ_X는 4잔, P_Y는 200원, ΔP_Y는 100원이다. 따라서 수요의 교차탄력성은 $\frac{(4\text{잔})/(40\text{잔})}{(100\text{원})/(200\text{원})} = \frac{0.1}{0.5} = 0.2$이다. 이와 같이 두 재화가 대체재인 경우 수요의 교차탄력성은 양의 값을 나타낸다.

한편 많은 사람들에게 커피와 설탕은 보완재일 수 있다. 설탕 가격이 kg당 5,000원일 때 소비자들의 커피 수요는 40잔이라 하자. 설탕 가격이 kg당 10,000원으로 상승하면 소비자들의 커피 수요는 30잔으로 감소할 것이다. 왜냐하면 커피와 설탕을 함께 사용하는 소비자에게 설탕 가격의 상승은 커피 수요를 제약하기 때문이다. 이 경우 수요의 교차탄력성을 계산해 보면 −0.25가 된다. 그러므로 두 재화가 보완재인 경우 수요의 교차탄력성은 음의 값을 갖는다.

정상재: 수요의 소득탄력성 > 0

열등재: 수요의 소득탄력성 < 0

대체재: 수요의 교차탄력성 > 0

보완재: 수요의 교차탄력성 < 0

2. 공 급

수요와 마찬가지로 공급도 공급의 개념·공급함수와 공급곡선·공급량의 변화와 공급의 변화·공급의 탄력성을 중심으로 공부한다. 앞에서 설명한 수요에 대해 이해하였다면, 공급에 관한 내용은 쉽게 알 수 있다.

2. 1 공급의 개념

공급(supply)은 "일정기간 동안에 생산자가 어떤 재화나 용역을 판매하고자 하는 의도된 욕구"를 의미하며, 공급량(quantity supplied)은 "일정기간 동안에 생산자가 판매하려는 어떤 재화나 용역의 양"을 의미한다.

수요의 개념과 마찬가지로 공급 및 공급량의 개념에도 몇 가지 유의할 사항이 있다. 공급 및 공급량은 일정기간 동안 측정하는 유량이며, 실제로 실현된 것이 아니라 의도된 개념이다. 또한 공급은 개별공급과 시장공급으로 구분되며 일반적으로 공급을 분석할 때 시장에 존재하는 개별공급자를 합한 시장공급을 중심으로 한다.

2. 2 공급함수와 공급곡선

공급함수(supply function)는 "어떤 재화나 용역의 공급을 결정하는 요인들(독립변수)과 공급(종속변수) 사이에 존재하는 함수관계"를 의미한다. 먼저 어떤 재화나 용역의 공급을 결정하는 요인들은 무엇인지 알아보자.

첫째, 해당 재화의 가격이다. 일반적으로 사과 가격이 상승하면 이윤극대화를 추구하는 생산자들은 사과 공급량을 증가시킨다. 반대로 사과 가격이 하락하면 생산자들은 사과 공급량을 감소시킨다.

둘째, 관련 재화의 가격이다. 만약 사과 가격은 일정한데 배·감 등과 같은 관련 재화의 가격이 상승하면, 생산자들은 사과보다 다른 과일을 더 많이 생산하려 하기 때문에 사과 공급은 감소할 것이다. 반대로 사과 가격은 일정한데 관련 재화의 가격이 하락한다면, 생산자들은 다른 재화의 생산보다 사과 공급을 증가시킨다.

셋째, 생산요소의 가격이다. 사과 생산에 필요한 임금·이자 등의 생산요소 가격이 상승하면 사과 생산에 따른 이윤이 감소하기 때문에 생산자들은 사과 공급을 감소시킬 수 있다. 반대로 생산요소의 가격이 하락하면 사과 생산에 따른 이윤이 증가하기 때문에 생산자들은 사과 공급을 증가시키려 할 것이다.

넷째, 기술수준이다. 개인용 컴퓨터의 보급이 농민에게 확대되면서 사과 재배에 필요한 새로운 지식이 전파되고 있다. 이와 같은 컴퓨터의 보급 확대는 생산기술을 빌진시켜 사과 공급을 증가시킨다.

다섯째, 공급자의 수이다. 일정 지역 또는 우리나라 전체에서 사과를 생산하는 공급자의 수가 증가하면 사과 공급은 증가한다. 반대로 사과를 생산하는 공급자의 수가 감소하면 전체 공급은 감소한다.

이상과 같이 어떤 재화의 공급을 결정하는 요인으로는 그 재화의 가격(P)·관련 재화의 가격(P_r)·생산요소의 가격($F_1, F_2, \cdots\cdots, F_M$)·기술수준($T$)·공급자의 수($N$) 등이 있다. 이들 요인들은 재화의 공급($S$)을 결정하는 독립변수들이고, 이들 요인들과 종속변수인 공급은 다음과 같은 공급함수로 나타낼 수 있다.

$$S=f(P, P_r, F_1, F_2, \ldots\ldots, F_M, T, N)$$

공급함수에 의하면 해당 재화의 가격·관련 재화의 가격·생산요소의 가격·기술수준·공급자의 수 등이 공급을 결정한다. 이들 공급을 결정하는 요인들 중에서 가장 중요한 요인은 해당 재화의 가격이다. 즉 사과 공급량에 가장 큰 영향을 미치는 요인은 사과 가격이다. 따라서 사과 가격 이외에 사과 공급을 결정하는 다른 요인들은 일정하다고 가정하자. 그러면 공급함수는 사과 가격과 사과 공급량 간의 관계로 다음과 같은 단순화된 형태가 된다.

$$S=f(P)$$

어떤 재화의 가격과 공급량 간의 관계를 구체적 수치를 사용하여 살

| 표 3-2 | 사과의 공급 표

사과 가격(원)	사과의 공급량(개/1주일)
30	10
20	8
10	4
5	2
2	1

펴보자. [표 3-2]의 공급 표는 생산자인 농부가 각 가격에서 공급하려고 하는 사과의 양을 나타낸다. 사과 가격이 2원일 때 농부는 이윤이 거의 생겨나지 않아 1주일에 사과를 1개만 공급하려고 한다. 만약 사과 가격이 5원으로 상승하면 농부는 사과 공급량을 2개로 증가시키고, 다시 사과 가격이 10원, 20원, 30원으로 상승하면 사과 공급량을 각각 4개, 8개, 10개로 증가시킨다.

공급 표에서와 같이 사과 가격이 상승하면 사과 공급량이 증가하고 사과 가격이 하락하면 사과 공급량이 감소한다. 이처럼 "재화의 가격이 상승하면 그 재화의 공급량이 증가하고 재화의 가격이 하락하면 그 재화

그림 3-3 사과의 공급곡선

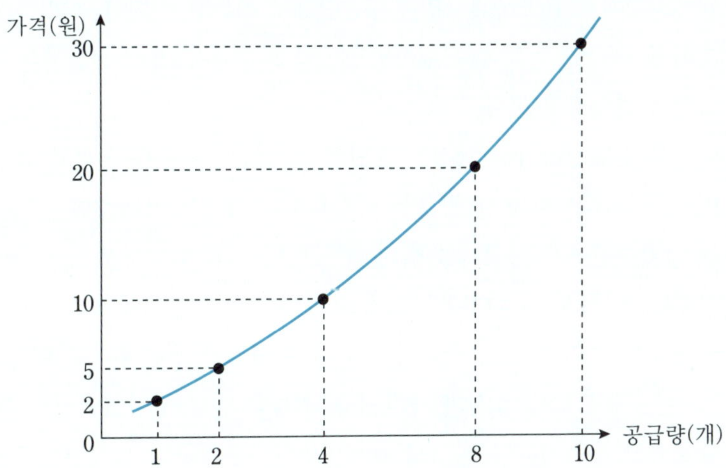

의 공급량이 감소하는 것"을 공급의 법칙(law of supply)이라 한다.

사과의 공급 표를 그림으로 나타내면 사과의 공급곡선을 유도할 수 있다. [그림 3-3]에서와 같이 사과의 공급곡선은 우상향하는 형태를 갖는다. 공급곡선이 우상향하는 이유는 재화의 가격이 상승하면 그 재화의 공급량이 증가하고, 재화의 가격이 하락하면 그 재화의 공급량이 감소하는 공급의 법칙 때문이다.

2. 3 공급량의 변화와 공급의 변화

어떤 재화나 용역의 공급을 결정하는 요인으로는 해당 재화의 가격·관련 재화의 가격·생산요소의 가격·기술수준·공급자의 수 등이 있음을 공부하였다. 또한 공급곡선을 도출할 때 해당 재화의 가격 이외에 다른 요인들은 일정하다고 가정하고 해당 재화의 가격과 공급량의 관계로 단순화하여 나타내었다.

해당 재화의 가격이 변화하면 [그림 3-4]에서와 같이 주어진 공급곡선상에서 점의 이동으로 나타난다. 즉 사과 가격이 10원에서 20원으로 상승하면 사과 공급량은 4개에서 8개로 증가하여 *A*점에서 *B*점으로 이동하게 된다. 또한 사과 가격이 10원에서 5원으로 하락하면 사과 공급량은 4개에서 2개로 감소하여 *A*점에서 *C*점으로 이동하게 된다. 이와 같이 해당 재화의 가격이 변화하여 주어진 공급곡선상에서 점이 이동하는 것을 공급량의 변화라고 한다.

이제 일정하다고 가정한 요인이 변화하는 경우를 살펴보자. 예를 들어 사과를 생산하는 데 필요한 생산요소의 가격이 하락하면, 동일한 사과의 가격수준에서 생산자들이 더 많은 이익을 얻게 되므로 사과 공급은 증가한다. 이렇게 일정하다고 가정한 생산요소의 가격이 하락하면 공급곡선상에서 점의 이동이 아니라 공급곡선 자체가 오른쪽으로 이동하게 된다. 왜냐하면 동일한 사과 가격에서 더 많은 공급이 이루어지기 위해서는 공급곡선 자체가 오른쪽으로 움직여야 하기 때문이다. 만약 생산요소의 가격이 상승한다면, 공급곡선 자체가 왼쪽으로 이동한다. 이처럼 일정하

그림 3-4 공급량의 변화와 공급의 변화

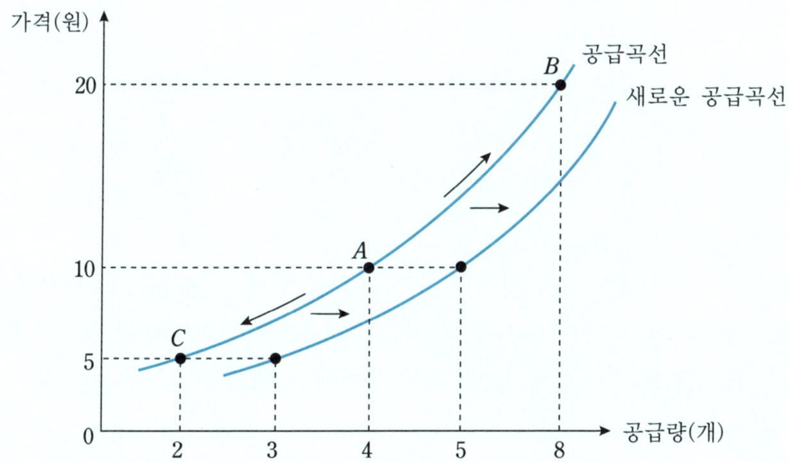

다고 가정한 요인이 변화함에 따라 공급곡선 자체의 이동이 나타나는 것을 공급의 변화라고 한다.

2. 4 공급의 탄력성

공급함수를 통해 재화의 가격이 변화하면 공급량이 변화한다는 사실을 공부하였다. 이는 가격의 변화에 대한 공급량의 변화 방향만을 언급할 뿐 변화의 정도에 대한 정보를 제공하지 못한다. 이러한 변화의 정도는 가격이 100% 변화할 때 공급량이 몇 % 변화하는지 살펴보는 공급의 탄력성(elasticity of supply)을 통해 알 수 있다.

> 공급의 경우에도 공급의 가격탄력성·공급의 요소가격 탄력성·공급의 교차탄력성 등의 개념을 정의할 수 있다. 일반적인 경제학개론서에서는 공급의 경우 가격탄력성만을 소개하고 있으며, 공급의 가격탄력성을 편의상 공급의 탄력성이라 한다.

공급의 가격탄력성은 "가격의 변화에 대한 공급량의 변화 정도를 측정하는 척도"이다. 즉 공급의 가격탄력성은 공급량의 변화율을 가격의 변화율로 나눈 값으로 다음과 같이 정의된다.

$$\text{공급의 가격탄력성} = \frac{\text{공급량의 변화율}}{\text{가격의 변화율}} = \frac{\frac{\Delta Q_s}{Q_s}}{\frac{\Delta P}{P}}$$

위 식에서 P는 원래의 가격, ΔP는 가격의 변화분, Q_s는 원래의 공급량, ΔQ_s는 공급량의 변화분이다. 공급의 가격탄력성을 [표 3-2]의 예를 이용하여 설명해 보자. 사과 가격이 10원일 때 사과 공급량은 4개이다. 만약 사과 가격이 20원으로 상승하면 사과 공급량은 8개로 증가한다. 이 경우 P는 10원, ΔP는 10원, Q_s는 4개, ΔQ_s는 4개이다. 이들을 위의 식에 대입하면 $\frac{(4개)/(4개)}{(10원)/(10원)} = \frac{1.0}{1.0} = 1$이 된다. 여기에서 공급의 가격탄력성이 1이라는 것은 사과 가격이 100% 변화한다면, 사과 공급량이 100% 증가한다는 것을 의미한다.

3. 시장균형

시장경제에서 가격은 수요와 공급의 상호작용에 의하여 결정된다. 즉 시장에서 수요자와 공급자가 자신의 이익을 극대화하려는 '보이지 않는 손'(an invisible hand)의 작용에 의해 가격이 결정된다. 여기서는 시장에서 수요와 공급이 어떻게 가격을 결정하고, 수요와 공급이 변화함에 따라 어떻게 가격이 변화하게 되는지 공부한다.

3. 1 시장균형의 결정

시장(market)은 "수요자와 공급자가 가격의 결정 및 거래에 필요한 정보를 교환하는 장소"로 정의된다. 즉 시장이란 우리가 경험하는 재래시장뿐만 아니라 증권시장·인터넷 쇼핑몰(shopping mall) 등과 같이 수요자와 공급자가 있으며, 거래가 이루어지는 모든 상황을 포괄하는 개념이다. 이러한 시장에서 수요와 공급의 상호작용에 의해 가격이 결정되는 경제체제를 시장경제(market economy)라고 한다.

먼저 시장에서 재화의 가격이 어떻게 결정되는지 알아보자. 이미 사과의 수요곡선은 우하향하며 사과의 공급곡선은 우상향한다는 사실을 공부하였다. 사과의 수요곡선(D)과 공급곡선(S)을 동일한 그래프상에 나타내면 [그림 3-5]와 같다.

사과 가격이 P_1일 때, 소비자들의 수요량은 Q_1이고 생산자들의 공급량은 Q_2이기 때문에 수요량이 공급량을 초과한다. 이렇게 공급량보다 수요량이 많을 경우 초과수요(excess demand)가 발생하게 된다. 즉 소비자들이 구매하려는 양이 생산자들이 판매하려는 양을 초과할 경우 초과수요가 존재한다. 초과수요가 존재하면 구매하려는 사람들 사이에 경쟁이 생겨 웃돈을 주는 등 가격 상승요인이 강하게 작용한다. 이러한 가격의 상승요인 때문에 수요의 법칙으로 수요량은 감소하지만 공급의 법칙으로 공급

그림 3-5 시장균형의 결정

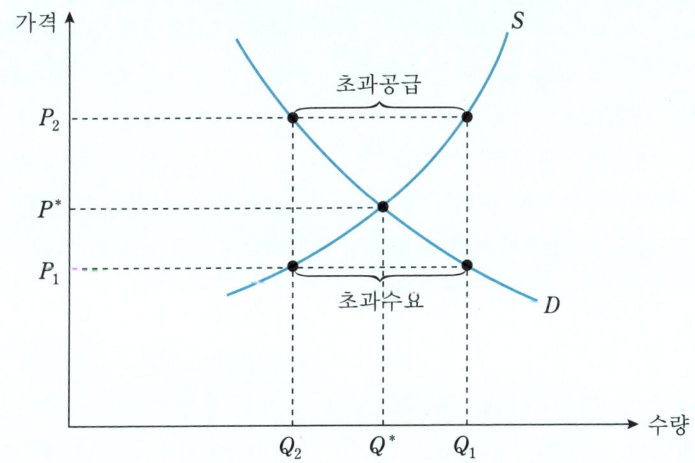

량은 증가하게 된다. 가격이 계속 상승하여 P^*가 되면 수요량과 공급량이 일치하기 때문에 가격은 더 이상 상승하지 않고 그 상태에 머물게 된다.

시장과 시장경제

시장은 눈에 보이는 시장도 있지만 눈에 보이지 않는 시장도 있다. 명절 때 재래시장에 나가 보면 많은 사람들이 북적이는 가운데 파는 사람과 사는 사람이 서로 흥정하며 가격을 결정하는 것을 볼 수 있다. 그러나 오늘날 급속히 확산되고 있는 전자상거래는 눈에 보이지 않는 시장의 대표적인 예이다. 요즘 학생들은 가상공간에서 많은 인터넷 쇼핑몰을 살펴본 후 가장 유리하다고 판단되는 인터넷 쇼핑몰에서 재화를 구매한다.

구 소련과 같은 사회주의 국가에서는 시장에서의 수요와 공급을 통해 가격이 결정되지 않고, 정부 당국이 나름대로의 계산을 통해 재화와 용역의 가격을 결정하였다. 그러나 정부 당국이 수많은 재화와 용역의 적절한 가격을 결정한다는 것은 불가능하기 때문에 어떤 재화는 너무 가격이 높아 과잉 공급되고, 어떤 재화는 너무 가격이 낮아 과소 공급되는 등의 많은 부작용이 있었다. 그러나 자본주의에서는 대부분의 재화와 용역의 가격이 시장에서 결정된다. 그러므로 오늘날 증권시장·외환시장·교육시장·인력시장 등 매우 많은 시장이 존재하고 있다. 심지어 정부가 아무리 불법이라고 규제해도 인신매매시장·장기매매시장·마약매매시장 등이 사라지지 않고 있다.

근대경제학의 창시자인 아담 스미스(Adam Smith, 1723~1790)는 시장을 '보이지 않는 손'(an invisible hand)이라고 높게 평가하였다. 시장에는 팔려는 사람과 사려는 사람의 서로 상반된 이해관계를 가진 세력이 존재한다. 파는 사람들은 가능하면 비싼 가격으로 팔려고 하고, 사는 사람들은 가능하면 싼 가격으로 사려고 한다. 이들이 시장에서 자신의 이익을 위해 노력하는 가운데, 결국에는 누구 한 사람에 의해서가 아니라 시장 전체의 보이지 않는 손에 의해 가격이 결정된다. 그리고 이는 모든 거래당사자에게 이익이 된다는 것이 아담 스미스의 논리이다.

이제 시장에서 사과 가격이 P_2라고 하자. [그림 3-5]에서 사과 가격이 P_2일 때, 소비자들의 수요량은 Q_2이고 생산자들의 공급량은 Q_1이기 때문에 공급량이 수요량을 초과한다. 이렇게 수요량보다 공급량이 많을 경우 초과공급(excess supply)이 발생하게 된다. 즉 생산자들이 판매하려는 양이 소비자들이 구매하려는 양을 초과할 경우 초과공급이 존재한다. 초과공급이 존재하면 공급자가 물건을 전부 판매하기 위해 가격을 낮추려 할 것이다. 이러한 가격의 하락요인 때문에 수요의 법칙으로 수요량은 증가하지만 공급의 법칙으로 공급량은 감소하게 된다. 가격이 계속 하락하여 P^*가 되면 수요량과 공급량이 일치하기 때문에 가격은 더 이상 하락하지 않고 그 상태로 유지된다.

이상에서 살펴본 바와 같이 시장에서 수요와 공급의 상호작용을 통해 시장가격은 P^*로 결정된다. 이와 같이 결정된 P^*를 균형가격(equilibrium price)이라 하며, 이에 상응하는 Q^*를 균형수량(equilibrium quantity)이라 한다.

균형은 원래 물리학적 개념으로서 외부적인 충격이 없는 한 그대로 유지되는 상태를 의미한다. 그러므로 시장에서 결정된 균형가격 P^*는 다른 요인의 변화가 없는 한 그대로 유지된다. 다시 말해 외부적인 충격이 발생하지 않는다면 소비자들과 생산자들은 P^*의 가격으로 Q^*만큼의 수량을 사고팔게 된다.

시장균형: 수요 = 공급 ⇒ 균형가격과 균형수량 결정

3. 2 시장균형의 변화

외부의 충격이 발생할 경우에는 어떻게 균형가격과 균형수량이 변화되는지 살펴보자. 수요곡선과 공급곡선을 유도할 때 가격 이외의 요인들은 외부에서 주어진 것처럼 일정하다고 가정하였다. 그러나 외부의 충격으로 가격 이외의 요인들이 변화하게 되면 수요나 공급의 변화와 함께 균형가격과 균형수량도 변화하게 된다.

먼저 수요의 변화에 따른 시장균형의 변화를 살펴보자. [그림 3-6]은 균형가격과 균형수량이 P^*와 Q^*로 결정되어 있음을 나타낸다. 만약 소비자들의 소득수준이 증가하면, 동일한 가격의 상품을 더 많이 수요할

그림 3-6 수요의 변화와 시장균형의 변화

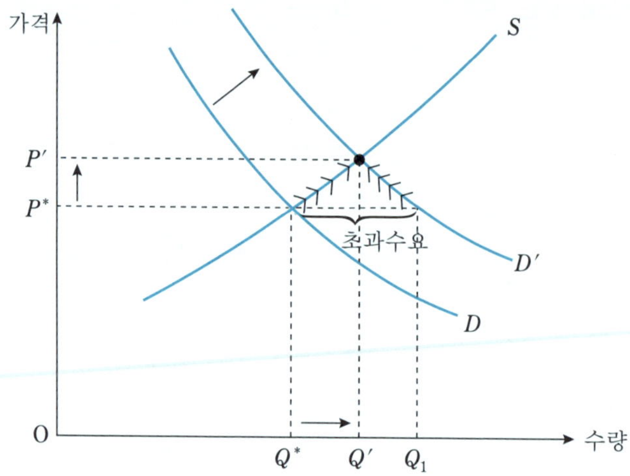

수 있기 때문에 수요곡선이 오른쪽으로 이동하게 된다($D \rightarrow D'$). 이 경우 P^*에서는 수요량(Q_1)이 공급량(Q^*)을 초과하는 초과수요가 발생한다.

초과수요가 발생하면 사고자 하는 사람들이 경쟁하기 때문에 가격은 상승하게 된다. 가격의 상승요인이 발생하면 수요의 법칙에 의하여 새로운 수요곡선상에서 수요량이 감소하고 공급의 법칙에 의하여 공급곡선상에서 공급량은 증가하게 된다. 결국 가격이 P'에 도달하면 또다시 수요량과 공급량이 일치하는 새로운 균형이 형성된다. 그러므로 소득수준이 증가하는 수요의 변화에 의해 균형가격은 P^*에서 P'으로 상승하고, 균형수량은 Q^*에서 Q'으로 증가하게 된다.

이제 공급의 변화에 따른 시장균형의 변화를 [그림 3-7]을 이용하여 살펴보자. 만약 생산요소의 가격이 하락하면, 생산비용이 감소해 더 많은 상품을 공급할 수 있기 때문에 공급곡선은 오른쪽으로 이동하게 된다($S \rightarrow S'$). 이 경우 P^*에서 공급량(Q_1)이 수요량(Q^*)을 초과하는 초과공급이 발생한다.

초과공급이 발생하면 팔고자 하는 생산자들이 경쟁하기 때문에 가격은 하락하게 된다. 가격의 하락 요인이 발생하면 수요의 법칙에 의하여 수요곡선상에서 수요량은 증가하고, 공급의 법칙에 의하여 공급량은 새

그림 3-7 공급의 변화와 시장균형의 변화

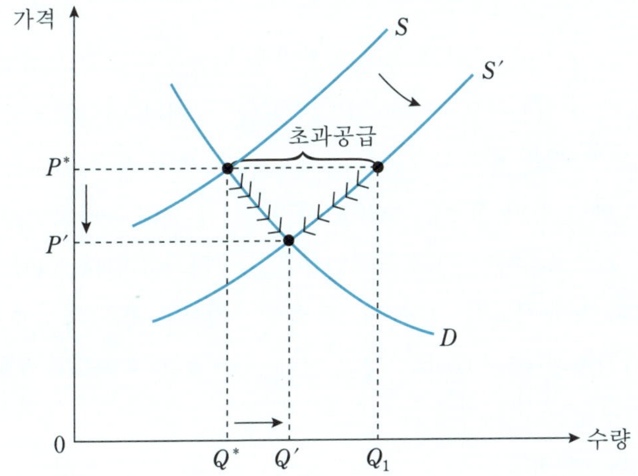

로운 공급곡선상에서 감소하게 된다. 결국 P'에 도달하면 또다시 공급량과 수요량이 일치하는 새로운 균형이 형성된다. 그러므로 생산요소의 가격이 하락하는 공급의 변화에 의해 균형가격은 P^*에서 P'으로 하락하고, 균형수량은 Q^*에서 Q'로 증가하게 된다.

우리가 백화점이나 문구점 등에서 구매하려는 어떤 재화의 가격이 상승 혹은 하락한 경우를 쉽게 발견할 수 있다. 이는 수요의 변화(관련 재화의 가격·소득수준·기호 등의 변화) 혹은 공급의 변화(생산요소의 가격·기술수준 등의 변화)가 발생하여 균형가격이 변화한 것으로 이해하면 된다.

4. 수요·공급 이론의 응용

이상에서 공부한 시장균형의 결정 및 변화는 현실의 다양한 경제문제를 설명하는 데 유용하게 이용될 수 있다. 여기서는 가격통제의 일종인 최고가격제와 최저가격제 및 농산물 가격의 급등과 급락이라는 현실에서 쉽게 찾아볼 수 있는 몇 가지 경제문제를 수요·공급 이론을 이용하여 설명한다.

4. 1 최고가격제

일반적으로 재화나 용역의 가격은 시장에서 수요와 공급의 상호작용을 통해 균형가격의 수준에서 결정된다. 그러나 현실적으로 정부가 일방적으로 가격을 설정함으로써 수요·공급의 원리가 적용되지 않는 경우도 있다. 예를 들어 정부는 물가를 안정시키기 위해 공공요금을 통제하거나, 노동자를 보호하기 위해 최저임금을 설정하기도 한다. 이와 같이 "정부가 특정한 정책 목표를 달성하기 위해 직접적으로 가격 형성에 관여하는 것"을 가격통제(price control)라고 한다. 가격통제는 최고가격제와 최저가격제로 구분된다.

최고가격제는 어떤 재화나 용역의 최고가격을 설정하는 가격통제 방법이다. 예를 들어 정부는 물가안정과 서민생활을 돕기 위해 공공요금의 최고가격(상한선)을 설정한다. 이렇게 최고가격이 설정되는 경우, 공공요금은 정부가 설정한 최고가격을 넘어설 수 없으며 최고가격 이하에서 거래가 이루어져야 한다.

[그림 3-8]과 같이 시장에서 수요와 공급의 상호작용에 의한 균형

그림 3-8 최고가격제의 효과

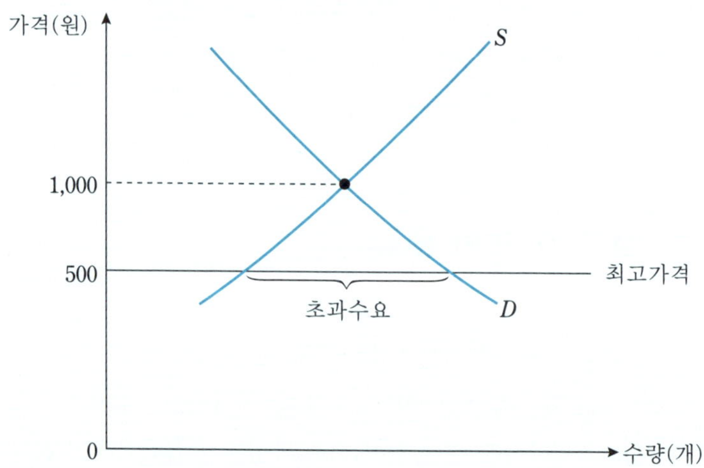

가격은 1,000원이다. 만약 정부가 최고가격을 500원으로 설정할 경우 초과수요가 발생하기 때문에 가격이 상승할 유인이 생겨나지만 최고가격이 설정되었기 때문에 가격 상승은 불가능하다. 따라서 이 경우 시장에서 거래되는 가격은 최고가격인 500원 이하가 된다.

이처럼 균형가격보다 낮은 수준에서 최고가격이 결정되면 어떠한 현상이 발생할까? 수요·공급의 원리를 적용하면 균형가격이 1,000원이지만, 최고가격제를 실시하면 시장가격이 최고가격인 500원으로 떨어지기 때문에 물가하락을 기대할 수 있다. 그러나 이 경우 만성적인 초과수요로 말미암아 배급제나 암시장(black market)이 초래될 수 있다.

배급제는 재화를 필요로 하는 소비자들에게 일정한 양만큼 그 재화를 배급해 주는 것으로서 생필품이 부족한 전시에 많이 사용된다. [그림 3-8]에서 500원의 최고가격에서 초과수요가 존재하기 때문에 소비자들이 구매하고자 하는 양을 모두 구매할 수 없다. 이 경우 배급제가 실시되면, 소비자들은 그들이 구매하고자 하는 양보다 적은 양을 배급받게 된다.

또한 최고가격제의 실시로 일부 소비자들은 구매하려는 양을 모두 충족하지 못하기 때문에 500원이라는 최고가격보다 높은 가격에서라도 재화를 구입하기를 원할 것이다. 이러한 소비자들의 욕구를 충족시키기 위해 암시장이 형성된다. 암시장에서의 가격은 균형가격인 1,000원보다 높게 거래되는 것이 일반적이다.

4. 2 최저가격제

최저가격제는 정부가 어떠한 재화나 용역의 최저가격수준을 설정하는 가격통제 방법이다. 현재 우리나라 정부는 노동자들이 받는 최저임금을 법률로 설정해 놓고 있다. 이렇게 정부가 임금의 최저수준을 설정하면 임금은 최저임금보다 낮게 지급될 수 없다.

노동은 생산요소 시장(제 9 장에서 설명)에서 소비자인 가계가 공급하고 생산자인 기업이 수요한다. 또한 노동의 수요와 공급의 상호작용을 통해 균형임금과 균형고용량이 결정된다. 임금수준이 낮으면(높으면) 노동공급은 감소(증가)하고 노동수요는 증가(감소)한다. 왜냐하면 낮은(높은) 임금수준에서 기업들은 노동자를 많이(적게) 고용하려 하지만 노동자는 적게(많이) 일하려 하기 때문이다. 그러므로 노동량(X축)과 임금(Y축)으로 나타낸 그래프에서 노동의 수요곡선은 우하향하고 노동의 공급곡선은 우상향한다.

[그림 3-9]에서와 같이 노동의 수요곡선과 공급곡선이 교차하는 점에서 균형임금 W^*와 균형노동량 L^*가 결정된다. 만약 정부가 노동자를 보호할 목적으로 균형임금보다 높은 W_1 수준으로 최저임금을 설정한다고 하자. W_1 수준에서는 노동의 초과공급(노동의 수요량 L_0 〈 노동의 공급량 L_1)이 발생하기 때문에 임금이 하락되어야 한다. 그러나 최저임금이 설정되었기 때문에 임금 하락은 불가능하다. 따라서 이상의 경우 임금은 최저임금인 W_1로 결정된다.

이처럼 균형임금보다 높은 수준에서 최저임금이 설정되면 어떠한 현상이 발생할까? 임금결정을 시장에 맡겨 두면 노동자들은 W^*의 임금을 받지만 최저임금제를 통해 W_1의 임금을 받게 되기 때문에 노동자들의 임금은 인상된다. 그러나 이 경우 실업으로 인한 경기침체가 야기될 수 있

그림 3-9 최저가격제의 효과

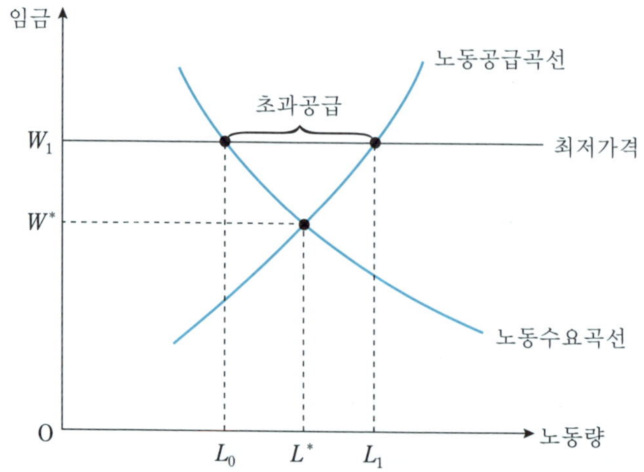

다. W_1의 최저임금에서 나타난 노동의 초과공급은 실업을 의미한다. 즉 W_1의 임금에서 노동자들은 L_1 만큼의 노동을 공급하지만 기업들이 L_0 만큼의 노동을 수요하므로 (L_1-L_0) 만큼의 실업이 발생한다.

이상에서와 같이 정부가 최고가격제를 실시하면 강제적으로 가격을 낮출 수는 있지만 배급제나 암시장과 같은 부작용을 감수해야 한다. 또한 정부가 최저가격제의 일종인 최저임금제를 실시하면 노동자들의 임금 수준을 높일 수는 있지만 실업과 경기침체와 같은 부작용이 생겨날 수 있다. 그러므로 특정한 목적을 달성하기 위한 가격통제는 단기적인 효과를 나타낼 뿐 장기적으로는 가격 왜곡에 따른 자원 배분의 비효율성을 증가시킨다.

○ 최고가격제: 수요자 보호를 위하여 시장에서 형성된 균형가격보다 낮은 최고가격 설정(예: 아파트 실수요자를 보호하기 위한 분양가격 통제)
○ 최저가격제: 공급자 보호를 위하여 시장에서 형성된 균형가격보다 높은 최저가격 설정(예: 쌀 공급자인 농부를 보호하기 위해 시장가격보다 높은 수매가격 결정)

4. 3 농산물 가격의 급등과 급락

우리는 농산물 가격의 급등과 급락을 종종 경험한다. 배추 가격이 갑자기 2배로 상승하여 가정주부들이 크게 걱정하기도 하고, 배추 가격이 터무니 없이 하락하여 농민들이 수확을 포기하는 사태가 발생하기도 한다. 그러나 공산품 가격은 농산물 가격만큼 크게 상승 혹은 하락하지 않고 안정적인 경향을 나타낸다. 최근 개인용 컴퓨터 가격은 하락하고 있지만 농산물 가격처럼 급격한 변화를 보이는 것이 아니라 장기간에 걸쳐 서서히 하락하고 있다.

그렇다면 왜 농산물 가격은 공산품 가격과 달리 급등과 급락을 반복하는 것일까? 이상의 현상은 수요의 가격탄력성을 이용하여 쉽게 설명할 수 있다. 인간이 생존하려면 곡식·채소와 같은 농산물을 반드시 먹어

그림 3-10 농산물과 공산품의 균형가격 변화의 차이

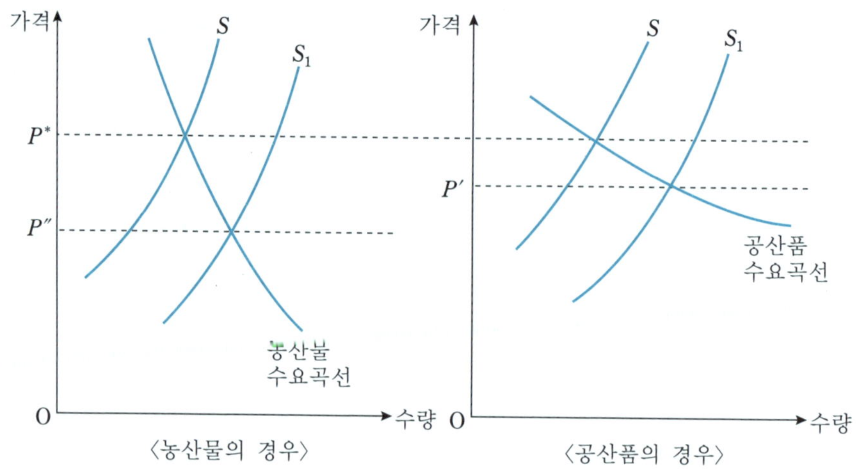

야 하기 때문에 농산물 가격이 아무리 상승하더라도 소비자들은 최소한의 농산물을 구매한다. 반대로 농산물 가격이 아무리 하락하더라도 사람들이 농산물을 무한대로 먹을 수는 없기 때문에 일정한 양만큼만 구매한다. 그러나 공산품의 경우는 이와 다르다. TV 가격이 상승하면 소비자들은 TV 구입을 미루는 등 수요를 크게 줄이고, TV 가격이 하락하면 수요를 크게 증가시킨다.

결국 농산물은 공산품에 비해 가격이 상승해도 수요량이 크게 감소하지 않으며 가격이 하락해도 수요량은 크게 증가하지 않는 특징을 가지고 있다. 즉 농산물은 수요의 가격탄력성이 0과 1 사이의 값인 비탄력적인 재화이다. 그러나 공산품은 가격 변화에 대한 수요량의 변화가 농산물보다 크게 나타나므로 공산품이 농산물보다 수요의 가격탄력성이 크다고 볼 수 있다.

따라서 [그림 3-10]에서와 같이 농산물 수요곡선은 공산품 수요곡선보다 가파르게 그려지며, 이때 농산물과 공산품의 균형가격은 P^*로 같은 수준이다. 이제 농산물과 공산품의 공급이 증가하여 공급곡선이 동일한 크기만큼 오른쪽으로 이동한다고 하자($S \rightarrow S_1$). 공급곡선이 이동함에 따라 공산품의 균형가격은 P^*에서 P'로 상대적으로 작게 감소하지만, 농산물의 균형가격은 P^*에서 P''로 상대적으로 크게 감소한다. 이는 농산물이 공산품에 비해 수요의 가격탄력성이 작아 수요곡선이 보다 가파르기 때문에 생겨난다. 그러므로 공급이 변화할 때 상대적으로 비탄력적인 농산물이 상대적으로 더 탄력적인 일반 공산품에 비해 가격이 크게 변화하게 된다.

연 | 습 | 문 | 제

1. 인기 가수의 콘서트 입장표를 구하기 어려운 이유는 무엇인가? 최근 많은 농가에서 수확을 포기하는 경우가 발생하는데, 그 이유는 무엇인가? 수요와 공급의 원리를 이용해 설명하라.

2. 원래 어떤 재화에 대한 수요함수가 $D = 100 - 2P$이고, 공급함수가 $S = 10 + 4P$라고 하자. 만약 소비자들의 기호가 변화해서 수요함수가 $D = 80 - 3P$로 변할 경우, 균형가격과 균형수량이 각각 얼마만큼씩 변화하게 되는지 분석하라.

3. 정상재의 경우 수요의 소득탄력성은 0보다 크고 열등재의 경우 수요의 소득탄력성은 0보다 작다. 그런데 정상재는 다시 필수재와 사치재로 구분되기도 한다. 필수재와 사치재는 수요의 소득탄력성에 어떠한 차이가 있는지 분석하라.

4. 각국 정부는 마약퇴치 정책에 골몰하고 있다. 마약퇴치 정책은 마약 공급원을 봉쇄하려는 공급억제책과 국민들에게 마약 복용의 위험을 교육시켜 마약 수요를 감소시키려는 수요억제책으로 구분할 수 있다. 공급억제책과 수요억제책이 마약의 균형가격 및 균형수량에 각각 어떠한 영향을 미치는지 비교 설명하라.

5. 연초에 시내버스 요금이 1,000원에서 1,200원으로 200원 인상되었다고 하자. 이러한 요금 인상 이후 전년에 비해 시내버스 이용 승객이 약 5% 감소하였다고 조사되었다. 이 경우 시내버스 수요의 가격탄력성은 얼마인가? 또한 시내버스 요금 인상이 버스회사의 수입을 증가시켰는가?

제 4 장 합리적인 소비자의 선택

소비자들이 재화나 용역을 구매하고자 하는 이유는 그 재화나 용역을 소비하여 일정한 만족을 얻기 위해서이다. 따라서 수요를 더 깊이 이해하기 위해서는 소비자의 합리적 소비행위에 관해 공부해야 한다. 본 장에서는 합리적인 소비자의 선택과 관련하여 기수적 방법에 기초한 한계효용이론과 서수적 방법에 기초한 무차별곡선이론에 대해 살펴보고자 한다. 여기에서 한 가지 주의할 사항은 수요를 공부할 때에는 시장수요를 위주로 했지만, 소비자의 선택을 공부할 때에는 소비를 대표할 수 있는 합리적인 소비자 한 사람을 대상으로 한다.

1. 한계효용이론

"소비자가 어떤 재화나 용역을 소비해서 얻는 주관적인 만족감"을 효용(utility)이라 한다. 예를 들어 덥고 목마를 때 주스 한 잔을 마시면 시원함을 느끼게 되는데, 이러한 시원함의 정도를 효용으로 측정한다. 이러한 효용의 크기를 구체적 단위로 측정할 수 있다는 기수적 방법에 기초한 이론이 한계효용이론이다.

1. 1 총효용과 한계효용

한계효용이론은 "소비자가 일정기간 동안 어떤 재화나 용역을 소비해서 얻는 주관적인 만족감을 1, 2, 10, 100 등과 같은 구체적 수치로 측정할 수 있다고 가정하고 합리적 소비행위를 규명한 이론"이다.

소비자가 일정기간 동안 일정량의 재화나 용역을 소비해서 얻는 총만족감을 총효용(total utility, *TU*)이라 한다. 총효용의 크기는 재화나 용역의 소비량에 의해 결정되므로 효용함수는 다음과 같이 나타낼 수 있다.

$$TU=f(X)$$

위의 식은 X재의 소비량에 의한 총효용을 나타낸다. 한편 X재의 소비량이 한 단위씩 증가함에 따른 총효용의 변화는 한계효용(marginal utility, MU)으로 측정할 수 있다. 다시 말해 한계효용은 X재의 소비량이 한 단위 증가(ΔX)함에 따른 총효용의 증가분(ΔTU)으로 정의되며, 다음과 같은 식으로 표현된다.

$$MU=\frac{\Delta TU}{\Delta X}$$

여기서 ΔX는 X재 소비량의 증가분, ΔTU는 총효용의 증가분이다. 만약 사과 2개를 소비하였을 때 소비자의 총효용이 70이고, 사과 3개를 소비하였을 때 소비자의 총효용은 90이라고 하자. 이때 $\Delta X=3-2=1$, $\Delta TU=90-70=20$이므로, 한계효용은 20/1으로 20이 된다. 구체적으로 사과의 소비량이 증가함에 따라 총효용과 한계효용의 값이 어떻게 달라지는지 살펴보자. [표 4-1]은 사과 소비량이 1개에서 7개까지 증가함에 따라 총효용과 한계효용의 값이 어떻게 달라지는지 보여준다.

총효용은 사과 소비량이 증가함에 따라 증가하다가 소비량이 5개를 넘어서면 오히려 감소한다. 사과 소비량이 1개, 2개, 3개로 늘어남에 따

| 표 4-1 | 사과의 총효용과 한계효용

사과 소비량(X)	총효용(TU)	한계효용(MU)
1	40	40
2	70	30
3	90	20
4	100	10
5	100	0
6	90	- 10
7	75	- 15

라 소비자가 느끼는 만족감은 증가하게 된다. 이러한 만족감의 상승은 총효용의 증가를 의미한다. 그러나 소비자의 소화능력에는 한계가 있기 때문에 5개를 넘어 6개를 먹으면 소비자가 느끼는 만족감은 오히려 감소하게 된다. 소화능력을 초과한 상태에서 6개에서 7개를 먹으면 소비자가 느끼는 만족감은 더욱 감소하게 될 것이다. 물론 사과를 몇 개 이상 먹을 때 만족감이 떨어지는가는 사람마다 다를 수 있지만, 어느 정도 이상 먹게 되면 모든 사람의 만족감은 떨어지기 마련이다.

또한 우리는 사과를 처음 먹었을 때의 만족감 증가분에 비해 2개째를 먹었을 때의 만족감 증가분이 작은 것을 알 수 있다. 즉 사과 소비량이 0개에서 1개, 1개에서 2개로 증가함에 따라 총 만족감인 총효용은 계속 증가하지만, 만족감의 증가분인 한계효용은 감소한다. 마찬가지로 사과 소비량이 2개에서 3개, 3개에서 4개로 증가함에 따라 총효용은 증가하지만 한계효용은 계속 감소한다. 이와 같이 "소비가 증가함에 따라 한계효용이 지속적으로 감소하는 현상"을 한계효용체감의 법칙(law of diminishing marginal utility)이라 한다.

한계효용체감의 법칙은 다른 상품들의 소비량이 고정된 상태에서 한 상품의 소비량이 증가할수록 그 상품의 한계효용이 감소하는 것을 의미한다. 그러므로 X축에 상품의 소비, Y축에 한계효용의 크기를 나타낸다면 한계효용곡선은 우하향하는 형태를 갖게 된다. 한편 한계효용이론에 의하면, 수요곡선상의 모든 점은 일정기간 각각의 가격 수준에서 소비자의 효용을 극대화하기 위하여 구매하고자 하는 상품의 수량을 표시한다. 그러나 한계효용이론은 사람들의 효용의 크기를 무게·길이·높이처럼 객관적으로 정확하게 측정할 수 있다는 다소 비현실적인 가정에 기초한 이론이다.

한계효용은 X재 소비량이 한 단위 증가함에 따른 총효용의 증가분이다. 그러므로 사과 4개를 소비하였을 때의 총효용은 사과 4개를 소비할 때까지의 한계효용의 합과 같다. [표 4－1]을 살펴보면, 소비자가 사과 4개를 소비하였을 때 총효용의 값은 100이다. 이는 그 때까지의 한계효용의 값인 40, 30, 20, 10을 합한 값과 동일하다. 이로부터 총효용과 한계효용 사이에는 다음의 관계가 성립한다. 첫째, 총효용이 증가할 때 한계효용은 양(+)의 값을 가진다. 둘째, 총효용이 극대일 때 한계효용의 값은 영(0)이다. 셋째, 총효용이 감소할 때 한계효용은 음(−)의 값을 가진다.

총효용 증가 ⇔ 한계효용 > 0

총효용 극대 ⇔ 한계효용 = 0

총효용 감소 ⇔ 한계효용 < 0

1. 2 소비자 균형

소비자 균형은 소비자가 주어진 예산을 가지고 재화를 구매하였을 때 총효용이 극대화된 상태를 의미한다. 예를 들어 어떤 소비자가 350원의 예산으로 과자와 사탕을 구매한다고 하자. 과자 가격은 100원이고 사탕 가격은 50원으로 주어져 있을 때 소비자는 과자와 사탕을 각각 몇 개씩 구매하면 총효용이 극대화될 수 있을까? 이에 대한 답을 소비자 균형을 통해 알아보자.

[표 4−2]에는 어떤 소비자의 과자와 사탕에 대한 효용수준이 나타나 있다. Q_A는 과자의 소비량, TU_A는 과자를 소비할 때 소비자가 얻는 총효용, MU_A는 과자의 한계효용이다. MU_A/P_A는 과자의 한계효용을 과자

| 표 4−2 | 과자와 사탕의 총효용 및 한계효용

Q_A	TU_A	MU_A	MU_A/P_A	Q_B	TU_B	MU_B	MU_B/P_B
1	350	350	3.5	1	200	200	4.0
2	550	200	2.0	2	360	160	3.2
3	700	150	1.5	3	460	100	2.0
4	800	100	1.0	4	540	80	1.6
5	880	80	0.8	5	590	50	1.0
6	930	50	0.5	6	615	25	0.5
7	940	10	0.1	7	615	0	0

가격으로 나눈 값이다. 또한 Q_B는 사탕의 소비량, TU_B는 사탕을 소비할 때 소비자가 얻는 총효용, MU_B는 사탕의 한계효용이다. MU_B/P_B는 사탕의 한계효용을 사탕 가격으로 나눈 값이다.

어떤 소비자가 주어진 350원의 예산을 가지고 사탕 7개만을 구매한다면(7×50=350), 615의 총효용을 얻게 될 것이다. 혹은 350원의 예산으로 과자 3개와 사탕 1개를 구매할 수 있으며(3×100+1×50=350), 이때 소비자는 900의 총효용을 얻게 된다(과자 3개의 소비로부터 700의 총효용과 사탕 1개의 소비로부터 200의 총효용의 합). 따라서 우리는 재화의 구매방법이 달라짐에 따라 소비자가 얻는 효용의 크기가 달라짐을 알 수 있다.

그렇다면 어떤 조합으로 과자와 사탕을 구매할 때 소비자의 총효용이 극대화될까? 결론부터 말하자면, 소비자는 과자 2개와 사탕 3개를(2×100+3×50=350) 구매해야 총효용이 극대화된다. 이때 소비자는 과자 2개의 소비로부터 550의 총효용과 사탕 3개의 소비로부터 460의 총효용의 합계인 1,010의 총효용을 얻게 된다. 다른 어떤 조합으로 과자와 사탕을 구매해도 1,010만큼의 총효용을 얻지는 못한다.

[표 4-2]를 보면 소비자가 과자 2개와 사탕 3개를 구매할 때, MU_A/P_A와 MU_B/P_B의 값은 2.0으로 동일하다. 다른 조합으로 과자와 사탕을 구매할 경우 MU_A/P_A와 MU_B/P_B의 값은 다르게 나타난다. 예를 들어 과자 3개와 사탕 1개를 구매할 때(이때 총효용의 합은 900), MU_A/P_A는 1.5이고 MU_B/P_B는 4.0이다. 이와 같이 "소비자는 각 재화의 한계효용을 각 재화의 가격으로 나눈 값이 같아지도록 재화를 소비하면 효용이 극대화"된다. 이를 한계효용균등의 법칙(law of equal marginal utility)이라 하고, 다음과 같이 일반화시킬 수 있다.

$$\frac{MU_X}{P_X} = \frac{MU_Y}{P_Y} = \text{화폐 1단위의 한계효용}$$

위 식에서 소비자는 주어진 소득으로 두 재화(X재와 Y재)를 구입할 때 X재 1원어치의 한계효용과 Y재 1원어치의 한계효용이 균등하도록 X재와 Y재의 구매량을 결정해야 총효용이 극대화된다. 왜냐하면 두 재화의 1원어치의 한계효용이 다를 경우, 지출액의 변함없이 1원어치의 한계효용이 큰 재화를 더 많이 소비함으로써 효용을 극대화시킬 수 있기 때문이다.

예를 들어 X재 소비를 통한 1원어치의 한계효용이 Y재 소비를 통한 1원어치의 한계효용보다 클 경우 $\left(\frac{MU_X}{P_X} > \frac{MU_Y}{P_Y}\right)$에는 X재 소비를 증가시키고 Y재 소비를 감소시키면 총효용은 증가하게 된다. 그렇다면 얼마만큼 X재 소비를 증가시키고 Y재 소비로 감소시켜야 할까? X재 소비를 증가시키면 X재에 대한 한계효용은 감소하고, Y재 소비를 감소시키면 Y재에 대한 한계효용은 증가한다. 결국 X재 1원어치의 한계효용이 Y재 1원어치의 한계효용과 같아질 때 효용이 극대화된다. 반대로 $\frac{MU_X}{P_X} < \frac{MU_Y}{P_Y}$ 일 경우에는 Y재 소비를 증가시키고 X재 소비를 감소시킬 때 총효용이 증가한다. 왜냐하면 Y재 소비를 증가시키고 X재 소비를 감소시켜야 두 재화의 1원어치 한계효용이 같아질 수 있기 때문이다.

우리나라 소비자의 소비 패턴

우리나라 소비자는 주어진 예산(소득)을 가지고 어떤 재화와 용역을 구입하고 있는가? 매년 통계청은 국내 도시가계의 월평균 소비지출 구성비를 조사하여 발표하고 있다.

| 국내 도시가계의 월평균 소비지출 구성비 |

(단위: %)

분 류	1990	1995	2000	2005	2010	2014
소비지출	100.0	100.0	100.0	100.0	100.0	100.0
식료품·비주류음료	26.6	20.6	16.8	14.4	13.8	13.7
주류·담배	1.5	1.3	1.4	1.5	1.2	1.1
의류·신발	9.8	9.2	6.8	6.4	6.4	6.6
주거·수도·광열	10.0	9.0	10.2	9.8	10.0	10.4
가정용품·가사서비스	6.0	4.7	3.5	3.5	3.8	4.1
보 건	6.3	5.9	5.5	5.8	6.6	6.6
교 통	7.9	11.0	12.5	11.9	11.6	12.9
통 신	2.2	2.4	5.2	7.0	6.0	5.9
오락·문화	6.2	6.3	6.1	5.5	5.6	5.8
교 육	8.2	10.2	11.2	11.8	13.3	11.3
음식·숙박	8.2	11.1	12.7	13.9	12.8	13.3
기타 상품·서비스	7.1	8.2	8.1	8.5	8.8	8.4

출 처 통계청(http://kosis.kr)

2014년 기준 우리나라 도시가계의 월평균 소비지출 구성을 살펴보면, 식료품·비주류음료(13.7%), 음식·숙박(13.3%), 교통(12.9%), 교육(11.3%)에 대한 지출 비중의 순으로 크게 나타났다. 구체적으로 식료품·비주류음료에 대한 지출 비중은 1990년대 이후 급격히 하락하는 반면, 음식·숙박, 교통, 교육 등에 대한 지출 비중은 증가하는 추세이다.

음식·숙박에 대한 지출 비중의 꾸준한 증가는 소득수준 향상과 더불어 나타난 외식비의 증가와 관련된다. 도시가계의 월평균 외식비는 1990년에 48,007원에서 2014년에 331,113원으로 급격히 증가하였다. 또한 교통비 비중의 증가는 자동차구입비, 운송기구 연료비, 운송기구 유지 및 수리비 등의 급증에 의한 것으로 파악된다. 즉 1990년 이후 자가용의 급속한 보급과 대중교통의 발전은 도시가계의 월평균 소비지출 중에서 교통비 비중의 지속적인 증가를 초래하였다.

비록 교육비 비중이 꾸준히 증가하고 있지만, 이는 정확한 통계일지 의문이다. 왜냐하면 통계에 제대로 반영되지 않은 사교육비가 정확히 측정된다면, 교육비 비중은 훨씬 클 것으로 예상되기 때문이다. 마지막으로 2000년대 이후 통신비 비중이 크게 증가하였는데, 이는 통신수요가 증가하는 가운데 휴대폰·초고속 인터넷이 급속하게 보급된 사실에 기인한다.

2. 무차별곡선이론

한계효용이론은 효용을 기수적으로 측정할 수 있다는 다소 비현실적인 가정에 기초한 이론이다. 그러나 무차별곡선이론은 서수적 효용의 개념을 사용하여 효용의 크기를 비교함으로써 합리적인 소비행위를 분석한다. 무자별곡선이론에서는 무차별곡선과 가격선의 개념 및 이들 그래프의 의미를 정확하게 이해해야 한다.

2. 1 무차별곡선

무차별곡선이론은 어떤 소비자가 재화를 소비해서 얻는 주관적 만족

| 표 4-3 | 동일한 만족을 주는 X재와 Y재의 조합

조 합	X재의 소비량	Y재의 소비량
A	10	18
B	15	13
C	20	10

감을 구체적인 숫자로 측정할 수 없다고 본다. 다만 소비자의 주관적 만족감의 크기를 비교할 수 있고, 어느 것이 선택에서 우위를 차지하는가에 관심을 갖고 소비행위를 분석한다.

어떤 소비자가 X재와 Y재의 두 재화를 구매한다고 하자. 우리는 X재와 Y재 소비의 여러 가지 조합을 생각해 볼 수 있다. [표 4-3]은 어떤 소비자에게 동일한 만족감을 주는 X재와 Y재 소비량의 조합들을 나타낸다. 소비자는 A·B·C 모든 조합에서 동일한 수준의 만족을 얻기 때문에 어느 재화의 조합을 선택하든지 무차별(indifferent)하다.

무차별곡선(indifference curve)은 "소비자에게 동일한 만족감을 주는 X재와 Y재 소비량의 조합을 연결한 선"이다. [그림 4-1]에서 X축은 X재의 소비량, Y축은 Y재의 소비량을 나타낸다. [표 4-3]의 조합 A·B·C가 그림에 표시되어 있다. 조합 A·B·C는 모두 소비자에게 동일한 만족

그림 4-1 무차별곡선

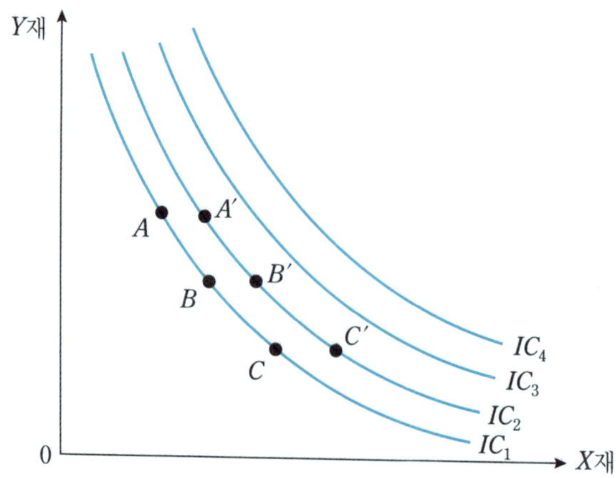

감을 주는 *X*재와 *Y*재 소비량의 조합들이기 때문에 이들을 연결하면 IC_1과 같은 무차별곡선을 그릴 수 있다.

소비자는 무차별곡선상의 세 점 가운데 어느 점을 선택해도 동일한 수준의 만족을 느끼게 된다. 한편 [그림 4-1]에서 무차별곡선 IC_1과 무차별곡선 IC_2를 비교해 보면, IC_2는 IC_1보다 소비자에게 더 큰 만족감을 가져다 주는 재화의 조합들을 연결한 무차별곡선이다. 왜냐하면 IC_2 상에 있는 점들이 IC_1 상에 있는 점들보다 재화의 소비량이 많기 때문이다. 그러므로 원점에서 멀리 떨어진 무차별곡선일수록 소비자에게 더 큰 효용(만족감)을 주는 재화들의 조합을 나타낸다.

[그림 4-1]을 살펴보면, *A*점에서 *X*재 소비량을 증가시킬수록(즉 *Y*재 소비량을 감소시킬수록) 동일한 *X*재 소비량의 증가를 위해 더 많은 *Y*재 소비량을 희생해야 동일한 효용수준을 유지할 수 있게 된다. 이러한 두 재화 간의 대체 정도를 한계대체율(marginal rate of substitution)이라 한다. 무차별곡선은 원점을 향해 볼록한 형태를 갖는데, 이는 한계대체율이 점점 작아지는 현상, 즉 한계대체율 체감의 법칙(law of diminishing marginal rate of substitution)에 기인한다.

2. 2 가격선

가격선(price line, 또는 예산선)이란 "어떤 소비자가 주어진 소득(예산)으로 최대한 구매할 수 있는 *X*재와 *Y*재의 여러 가지 조합을 연결한 직선"이다. 예를 들어 소비자가 1,200원의 소득으로 *X*재와 *Y*재를 구매한다고 하자. 단 *X*재 가격은 40원, *Y*재 가격은 20원으로 주어져 있다. [표

표 4-4 | 소비자가 선택 가능한 *X*재와 *Y*재의 조합

조 합	*X*재의 양	*Y*재의 양
A	0	60
B	10	40
C	20	20
D	30	0

그림 4-2 가격선

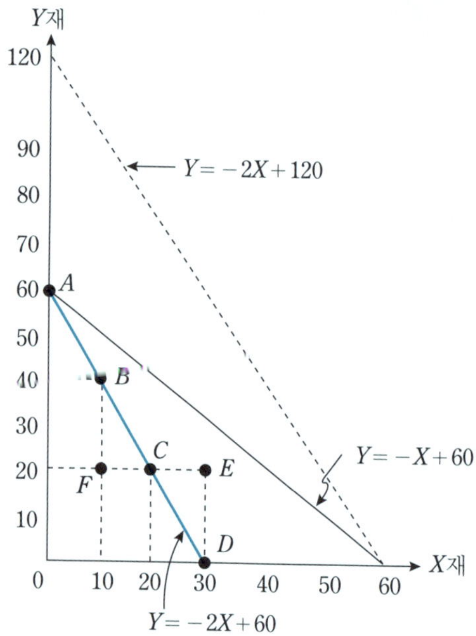

4-4]는 소비자가 구매할 수 있는 X재와 Y재의 조합을 나타낸다.

소비자가 1,200원의 주어진 소득으로 X재와 Y재 가운데 한 재화만을 소비한다면, X재를 30개 구매하거나 Y재를 60개 구매할 수 있다. 또한 1,200원의 예산으로 X재 10개와 Y재 40개를 구매할 수 있으며, X재 20개와 Y재 20개를 구매할 수 있다. [그림 4-2]에서 X축은 X재의 소비량, Y축은 Y재의 소비량을 나타내며, X재와 Y재의 조합을 나타내는 A·B·C·D 점들을 연결하면 가격선을 유도할 수 있다. [그림 4-2]에서 가격선 밖에 있는 E점은 주어진 소득으로 구매가 불가능한 X재와 Y재의 조합이다. 즉 E점이 나타내는 X재 30개와 Y재 20개라는 조합은 1,200원의 소득으로 구매할 수 없다. 반대로 가격선 안에 있는 F점은 주어진 소득을 모두 활용하지 않는 비합리적인 재화 선택의 조합이다.

가격선은 아래와 같이 일반적인 식으로 나타낼 수 있다. 어떤 소비자의 소득을 I, X재의 가격을 P_X, Y재의 가격을 P_Y, X재의 소비량을 X, Y재의 소비량을 Y라고 하면 다음의 식이 성립한다.

$$I = P_X \cdot X + P_Y \cdot Y$$

위의 식을 Y에 관해서 정리하면 다음과 같다.

$$Y = -\frac{P_X}{P_Y}X + \frac{I}{P_Y}$$

앞에서 제시하였던 예, 즉 소득은 1,200원, X재 가격은 40원, Y재 가격은 20원으로 주어져 있다면 위의 식은 다음과 같이 구체화된다.

$$Y = -2X + 60$$

위의 식은 [그림 4-2]에 나타난 가격선의 구체적인 형태를 표현해 주는 식이다. 즉 [그림 4-2]의 가격선은 기울기가 −2이고 절편이 60인 직선이다. 위의 식을 이용하면 주어진 소득이나 재화 가격이 변화할 경우 가격선이 어떻게 이동하는지 쉽게 알 수 있다. 예를 들어 소득이 1,200원에서 2,400원으로 증가하고 X재와 Y재 가격이 불변이라면, 가격선을 나타내는 식은 $Y = -2X + 120$으로 변화하게 되어 가격선이 오른쪽으로 평행 이동한다. 또한 X재 가격이 40원에서 20원으로 하락한다면 가격선을 나타내는 식은 $Y = -X + 60$으로 변화하게 되어 가격선은 기울기만 변화하게 된다.

○ 무차별곡선: 소비자에게 동일한 효용수준을 주는 두 재화의 조합을 나타낸 곡선
○ 가격선: 소비자가 주어진 소득으로 최대한 구매할 수 있는 두 재화의 조합을 나타낸 직선

2. 3 소비자의 최적선택

소비자 균형은 소비자가 주어진 소득을 가지고 재화를 구매하였을 때 효용(만족감)이 극대화된 상태를 의미한다. 소비자는 효용극대화를 위해 가능하면 원점에서 가장 먼 무차별곡선을 선택하려고 한다. 왜냐하면

그림 4-3 소비자 균형

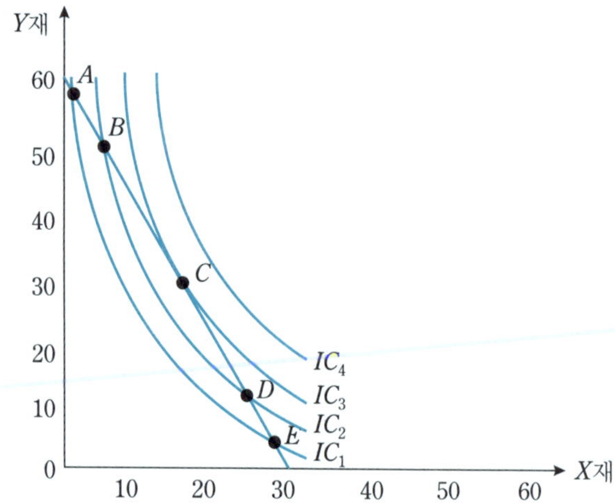

원점에서 멀리 떨어진 무차별곡선일수록 소비자에게 더 큰 효용을 주는 재화들의 조합을 의미하기 때문이다. 그러나 소득제약이 있기 때문에 소비자는 가격선 위에 있는 점 또는 소득제약 안에 있는 점을 선택할 수밖에 없다.

무차별곡선이론에서 소비자의 최적선택은 가격선과 무차별곡선을 통해 쉽게 알 수 있다. 주어진 소득과 재화의 가격하에서 소비자가 구매할 수 있는 재화의 조합들은 가격선상의 점들이다. 이 가격선상의 점들 중에서 어떤 점을 선택할 때 효용이 극대화될까? 앞에서 예를 든 것처럼 예산 1,200원, *X*재 가격이 40원, *Y*재 가격이 20원으로 주어졌을 때 가격선은 [그림 4-3]에서와 같이 나타난다.

원점에서 멀리 떨어진 무차별곡선일수록 소비자에게 더 큰 효용을 가져다주는 재화들의 조합이기 때문에 원점에서 가장 먼 무차별곡선과 가격선이 접하는 점을 선택하면 효용이 극대화된다. [그림 4-3]에서 소비자는 *A*점보다는 *B*점, *E*점보다는 *D*점을 선택하면 더 큰 효용을 얻을 수 있다. 왜냐하면 비록 동일한 가격선상이지만 *A*점과 *E*점보다는 *B*점과 *D*점이 원점에서 더 먼 무차별곡선과 만나기 때문이다.

따라서 소비자는 C점을 선택하면 가장 큰 효용을 얻을 수 있다. 왜냐하면 IC_1보다는 IC_2, IC_2보다는 IC_3이 원점에서 더 먼 무차별곡선이기 때문이다. IC_4가 원점에서 가장 먼 무차별곡선이지만 IC_4 상의 점들은 주어진 소득하에서 구매가 불가능한 재화의 조합들이다. 결국 소비자가 무차별곡선과 가격선이 접하는 C점을 선택하면 효용이 극대화되는 소비자 균형에 이르게 된다.

그러므로 소비자 균형에서는 무차별곡선과 가격선이 접할 뿐만 아니라 무차별곡선의 기울기와 가격선의 기울기가 동일해야 한다. 왜냐하면 [그림 4-3]에서 무차별곡선과 가격선이 A, B, C, D, E점에서 접하지만, C점에서만 무차별곡선의 기울기와 가격선의 기울기가 동일하기 때문이다.

연 | 습 | 문 | 제

1. 소위 명품으로 불리는 재화는 바겐세일을 하는 경우가 거의 없는데, 그 이유를 효용의 관점에서 설명하라.

2. 한계효용이론과 무차별곡선이론의 전제가 어떻게 다른지 설명하라. 또한 무차별곡선 이론에 의하면 가격선과 무차별곡선이 만나는 점에서 소비자 균형이 달성되는데, 그 이유를 그림이나 수식의 사용없이 직관적으로 설명하라.

3. X재와 Y재의 가격을 각각 P_X, P_Y라 하고, 각각의 한계효용을 MU_X, MU_Y라고 하자. 어떤 소비자가 X재를 10단위, Y재를 5단위 소비할 때 $(MU_X/P_X) < (MU_Y/P_Y)$라면, 합리적인 소비자는 어떻게 소비행위를 변화시켜야 하는지 설명하라.

4. 무차별곡선과 관련된 다음의 물음을 답하라

(1) 만약 X재가 자동차, Y재가 쓰레기라고 하자. 그러면 X재와 Y재의 무차별곡선은 어떤 형태를 가질 것인지 분석하라.

(2) 무차별곡선이 직각으로 꺾여져 있는 L자 모양을 갖는다면, 두 재화 사이에는 어떤 관계가 있을까?

(3) 두 재화가 완전대체재인 경우 무차별곡선을 그려보자.

5. 만약 갑이라는 사람이 X재와 Y재의 두 재화만을 소비한다고 하자. X재의 가격은 1,000원, Y재의 가격은 2,000원이라고 할 때 최적 소비행위에 해당하는 X재 소비량과 Y재 소비량을 찾아라. 이때 만약 X재와 Y재의 가격이 2배로 오른다면 최적 소비행위는 어떻게 바뀔 것인가?

X재 소비량	X재의 효용	Y재 소비량	Y재의 효용
1	24,000	1	24,000
2	20,000	2	20,000
3	16,000	3	16,000
4	12,000	4	12,000
5	8,000	5	8,000
6	2,400	6	2,400
7	2,000	7	2,000

제 5 장 기업의 합리적인 생산활동

생산자들이 재화나 용역을 생산하는 목적은 그 재화나 용역을 시장에 공급하여 이윤을 얻기 위해서이다. 이러한 공급을 더 깊이 이해하기 위해서는 생산자의 합리적 생산활동에 대해 살펴보아야 한다. 본 장에서는 기업과 생산의 개념·생산함수·비용함수 등을 공부함으로써 기업의 합리적인 생산활동에 대해 알아보기로 한다. 이러한 내용들은 다음 편에서 다루어질 시장의 유형 및 특징을 이해하기 위한 기초가 된다.

1. 생산과 기업

생산주체인 기업은 이윤극대화·비용극소화·산출량극대화 등의 주요 동기를 가진다. 여기서는 생산은 무엇이며 오늘날 기업은 어떠한 형태로 존재하고, 기업은 왜 생산활동을 수행하고 있는지 알아본다.

1. 1 생 산

생산(production)은 "인간의 욕망을 충족시키기 위한 재화나 용역을 만들어 사회적 효용을 증대시키는 행위"를 의미한다. 인류는 탄생과 동시에 생산활동을 수행하였다. 고대 인류는 나무에 달린 열매를 따거나 바닷가에서 어류를 잡는 등의 원시적인 생산활동을 수행하였지만, 경제가 발전함에 따라 생산활동은 점점 더 다양화되고 복잡해지고 있다.

경제는 소비와 생산을 두 축으로 하고 있다. 인류는 재화나 용역을 소비하지 않고서는 생존할 수가 없으며 소비는 생산이 이루어질 때 가능해진다. 우리는 매일 세끼의 식사를 하며 계절이 바뀌면 새로운 옷을 산다. 또한 아프면 병원에 들려 의료서비스를 제공받기도 하고, 학교에서 교육서비스를 받으며 살아가고 있다. 그러므로 식량·옷과 같은 재화와 교육·의료 서비스 등과 같은 용역이 생산되지 않으면 인간의 욕망이나 효용을 증대시킬 수 없다. 심지어 어떤 재화와 용역은 생산되지 않을 경우 인간의 생존이 불가능한 경우도 있다.

1. 2 기 업

생산주체인 기업은 생산활동을 수행하는 조직체라고 정의할 수 있다. 생산활동이 점점 더 다양화되고 복잡해짐에 따라 오늘날 매우 다양한 형태의 기업들이 존재하고 있다. 예를 들어 TV·냉장고·자동차 등을 생산하는 대기업뿐만 아니라 농촌에서 농사를 지어 식량을 제공하는 농가와, 유통서비스를 제공하는 동네의 구멍가게도 기업의 한 형태이다. 즉 우리들이 소비하는 재화나 용역을 생산하는 모든 조직체는 규모에 관계 없이 모두 기업이다.

이와 같은 기업들은 왜 생산활동을 수행하는가? 오늘날 기업의 목표는 다양하게 제시되고 있지만, 대부분 기업의 가장 중요한 목표는 이윤극대화(profit maximization)이다. 그러므로 대부분의 기업들은 이윤을 극대화하려는 사적 욕구에 근거하여 생산활동에 참여한다. 즉 효율적 생산이 가능할 때 기업의 이윤극대화를 달성할 수 있다는 측면에서 기업의 합리적이고 효율적인 생산활동이 요구된다.

우리나라 국민들의 기업 인식

생산주체인 기업은 인류의 생존에 절대적으로 필요한 재화와 용역을 생산하고 있다. 그리고 기업은 생산활동을 통해서 고용을 창출하고 있는데, 많은 사람들이 기업에 고용되어 재화와 용역의 구입에 필요한 소득을 창출하고 있다. 또한 글로벌 경제를 맞이하여 기업은 국가경쟁력의 핵심을 이룬다. 현재 우리나라 경제의 가장 큰 강점은 삼성전자·현대자동차·POSCO 등 세계적으로 경쟁력을 갖춘 기업들이다.

그럼에도 불구하고 우리나라 국민들이 기업을 바라보는 인식은 좋지만은 않다. 2001년 세계적인 종합컨설팅회사인 액센츄어사가 각국의 CEO를 대상으로 자국 국민들의 반기업정서에 관해 조사하였다. 그 결과 우리나라의 CEO들 중 70%가 국내에 반기업정서가 있다고 응답하였다. 이는 조사대상국 22개국 중에서 가장 높은 수치이다. 일본에서는 45%, 독일에서는 40%, 미국에서는 23%, 대만에서는 18%의 CEO들이 자국 내에 반기업정서가 있다고 응답하였다.

지식경제부는 해마다 국민들을 대상으로 기업호감도지수를 조사하고 있다. 이에 따르면 2004년의 기업호감도 지수는 44.4점, 2005년에는 47.0점으로 나타나고 있다. 기업호감도 지수가 50점 이하라는 것은 기업에 대해 호의적으로 느끼고 있는 국민보다 호의적으로 느끼지 않는 국민들이 더 많다는 뜻이다.

왜 우리나라 국민들은 기업에 대해 호의적인 인식을 가지고 있지 않을까? 이는 1960년대 이후 급속한 경제성장을 달성하는 과정에서 국내기업들이 정경유착·부당거래와 분식회계 등의 위법행위·오너와 대주주의 독단·근로자에 대한 부당한 대우·독과점에 의한 폭리 등을 저질렀기 때문이다.

최근 정부는 "기업 기 살리기 운동"을 전개하는 등 국내의 반기업정서를 타파하기 위해 노력하고 있다. 그렇지만 국내의 반기업정서가 없어지려면 무엇보다도 기업들이 윤리경영 및 정도경영을 하겠다는 자정 노력이 선행되어야 할 것이다.

2. 생산함수

기업은 노동·자본·토지 등의 생산요소를 투입하여 재화나 용역을 생산한다. 이러한 생산요소의 투입량(input)과 재화나 용역의 생산량(output) 사이에는 일종의 함수관계가 있으며, 이를 생산함수라고 한다. 즉 생산함수는 일정기간 동안의 투입량과 생산량 사이에 존재하는 기술적 관계를 의미한다.

2. 1 생산요소

기업이 재화나 용역을 생산하기 위해서는 땅·공업용수·건물·기계·노동자 등이 필요하다. 이와 같이 "재화나 용역을 생산하기 위해서 기업이 생산과정에 투입하는 모든 것"을 생산요소(factors of production)라고 한다.

경제학에서는 전통적으로 생산요소를 크게 노동·자본·토지로 구분하여 왔기 때문에 노동·자본·토지를 3대 생산요소라고 한다. 노동(labor)은 인간이 제공하는 생산요소로서, 그 대가로 임금(wage)이 지불된다. 자본(capital)은 기계나 건물 등과 같이 인간이 만들어낸 생산요소이며, 그 대가는 이자(interest)이다. 토지(land)는 하천·해양·대지·수력·기온 등을 포함하여 자연에 의한 생산요소를 의미하며, 그 대가는 토지가격을 형성하는 지대(rent)이다. 최근 들어 기업가의 경영능력(entrepreneurial ability)이 중요한 생산요소로 인식되고 있으며, 이윤(profit)은 기업가의 경영능력에 대한 대가로 인식되고 있다.

여기서 한 가지 지적할 사항은 자본이라는 생산요소를 화폐나 돈으로 잘못 이해하는 경우가 종종 있다는 점이다. 넓은 의미에서 자본은 실물자본과 화폐자본으로 분류된다. 경제학에서 생산요소를 언급할 경우 자본은 실물자본으로서 기계나 건물 등을 의미한다.

2. 2 생산함수

생산함수는 "일정기간 동안 가장 효율적으로 결합하여 사용한 여러 생산요소의 투입량과 그 기간 동안 생산할 수 있는 최대한의 생산량 사이의 관계를 나타내는 함수"를 의미한다. 따라서 생산함수는 제 3 장에서 설명한 수요량과 같이 유량의 개념이다. 만약 생산요소가 노동과 자본만이 존재한다면, 생산함수는 다음과 같이 표현된다.

$$Q=f(L, K)$$

위 식에서 L은 노동의 투입량, K는 자본의 투입량, Q는 재화나 용역의 생산량을 나타낸다. 생산함수를 구체적 수치를 사용하여 살펴보면 [표 5-1]과 같다. 어떤 기업이 노동 10단위와 자본 1단위를 투입해서 100개

표 5-1 생산요소와 생산량

L(노동의 투입량)	K(자본의 투입량)	Q(재화의 생산량)
10	1	100
20	2	300
40	4	700

의 재화를 생산한다. 이 기업이 노동 투입량을 20단위로 증가시키고 자본 투입량을 2단위로 증가시키면 300개의 재화를 생산한다. 마찬가지로 노동 투입량을 40단위로 증가시키고 자본 투입량을 4단위로 증가시키면 700개의 재화를 생산한다.

[표 5-1]에서 기업은 노동 20단위와 자본 2단위를 투입해서 300개의 재화를 생산하고 있다. 이 기업이 생산방법을 개선해서 똑같이 노동 20단위와 자본 2단위를 투입하여 이전보다 더 많은 500단위의 재화를 생산하게 되었다고 하자. 이러한 현상을 기술발전(technological development)이라 한다. 즉 기술발전은 생산방법의 개선 등을 통하여 똑같은 생산요소를 투입하고도 더 많은 생산량을 생산하는 것을 의미한다.

현재 기업이 노동 10단위와 자본 1단위를 투입해서 100개의 재화를 생산하고 있다고 하자. 이 기업이 노동과 자본 투입량을 각각 2배로 증가시켜 노동 20단위와 자본 2단위를 투입하였을 때, 투입량의 2배와 동일하게 생산량도 2배인 200개로 증가하거나 생산량이 200개 이상 혹은 200개 이하로 증가할 수도 있다.

이와 같이 모든 생산요소의 투입량이 2배, 3배로 증가하였을 때 생산량도 똑같이 2배, 3배로 증가하면, 이를 규모수익 불변(constant returns to scale)이라 한다. 또한 모든 생산요소의 투입량이 2배, 3배로 증가하였을 때 생산량이 2배, 3배 이상 증가하면, 이를 규모수익 체증(increasing returns to scale)이라 한다. [표 5-1]의 생산함수 숫자 예는 규모수익 체증의 경우이다. 그리고 모든 생산요소의 투입량이 2배, 3배로 증가하였을 때 생산량이 2배, 3배 이하로 증가하면, 이를 규모수익 체감(decreasing returns to scale)이라 한다.

○ 규모수익 불변(constant returns to scale): 모든 생산요소의 투입량이 2배, 3배로 증가하면 생산량은 2배, 3배로 증가

○ 규모수익 체증(increasing returns to scale): 모든 생산요소의 투입량이 2배, 3배로 증가하면 생산량은 2배, 3배를 초과하여 증가

○ 규모수익 체감(decreasing returns to scale): 모든 생산요소의 투입량이 2배, 3배로 증가하면 생산량은 2배, 3배 미만으로 증가

이제 논의를 좀 더 단순화하기 위해 자본의 투입량은 고정된 상태에서 노동의 투입량만 변화하는 경우를 고려해 보자. 자본의 투입량이 고정되어 있다면 생산함수는 다음과 같이 단순한 형태로 표현된다.

$$Q=f(L)$$

생산함수 $Q=f(L, K)$는 노동과 자본의 투입량이 모두 변화하는 경우인 반면, 생산함수 $Q=f(L)$는 자본의 투입량은 고정되고 노동의 투입량만 변화하는 경우이다. 자본의 투입량은 고정되어 있고 노동의 투입량만 변화하는 생산함수를 단기생산함수라고 하며 노동과 자본의 투입량이 모두 변화하는 생산함수를 장기생산함수라고 한다. 여기서 단기란 "생산시설 자체를 변경시키지 않고 기존 생산시설의 가동률만 변경시키는 경우"이며, 장기란 "생산시설 자체도 변경시키는 경우"를 의미한다.

노동 투입량은 비교적 단기간에 변화시킬 수 있는 반면, 기계·건물 등의 자본 투입량은 단기간에 변화시키기 어렵다. 그러므로 노동 투입량만 변화하는 경우를 단기라고 하며, 노동과 자본 투입량이 모두 변화하는 경우를 장기라고 한다.

경제학에서 단기(short-run)란 1일, 1개월 혹은 1년과 같이 물리적인 기간의 짧음을 의미하지 않는다. 대신 생산시설 자체는 변경시키지 않고 기존 생산시설의 가동률만 변경시키는 기간을 의미한다. 즉 여러 가지 생산요소들 중 적어도 한 가지 이상의 요소투입량

이 고정되어 있는 기간을 단기라고 한다.

장기(long-run)는 물리적인 기간에 관계 없이 모든 생산요소가 가변적으로 될 수 있는, 즉 생산시설 자체도 변경시킬 수 있는 충분히 긴 기간을 일컫는다. 그러므로 경제학에서는 5년이 단기가 될 수 있는 반면, 2년도 장기가 될 수 있음을 유념해야 할 것이다.

자본 투입량이 고정된 상태에서 노동 1단위를 더 투입하였을 때 추가적으로 생산되는 생산량을 노동의 한계생산(marginal product of labor)이라 한다. 즉 노동의 한계생산은 생산량 변화분을 노동 투입량 변화분으로 나눈 값이다. 일반적으로 노동 투입량이 어떤 단계를 지나 계속적으로 증가한다면 노동의 한계생산은 지속적으로 감소한다. 다시 말해 고정된 자본에 비해 노동의 투입이 너무 적을 때에는 노동의 한계생산이 증가할 수 있지만, 상대적으로 너무 많을 때에는 노동의 한계생산은 지속적으로 감소한다.

이러한 현상을 노동의 한계생산체감의 법칙(law of diminishing marginal product) 혹은 수확체감의 법칙(law of diminishing returns)이라 부른다. 일반적인 표현으로 나타내면, 수확체감의 법칙은 "다른 생산요소들이 고정된 상태에서 한 요소의 투입을 증가시킬 때 어떤 단계를 지나면 그 요소의 한계생산이 지속적으로 감소하는 현상"을 일컫는다. 따라서 수확체감의 법칙은 고정된 생산요소가 존재하는 단기에 일어나는 현상이다.

3. 비용함수

기업이 재화나 용역을 생산하기 위해서는 생산요소를 투입해야 하며, 이러한 생산요소를 구입하기 위해서는 비용이 소요된다. 이상의 생산량과 생산비용 사이에는 일종의 함수관계가 있으며, 이를 비용함수라고 한다. 비용함수는 노동 투입량만 변화하는 단기비용함수와 노동과 자본

| 표 5-2 | 단기의 총비용 · 평균비용 · 한계비용

(단위: 만원)

생산량(*Q*)	고정비용(*FC*)	가변비용(*VC*)	총비용(*TC*)	평균비용(*AC*)	한계비용(*MC*)
0	120	0	120	-	-
1	120	85	205	205	85
2	120	150	270	135	65
3	120	240	360	120	90
4	120	350	470	117.5	110
5	120	550	670	134	200

의 투입량이 모두 변화하는 장기비용함수로 구분된다. 여기서는 단기비용함수에 관해서만 살펴보기로 한다.

단기비용함수란 "자본 투입량은 고정되고 노동 투입량만 변화하는 경우에 생산량과 생산비용 간의 관계"를 나타내는 것이다. 단기에는 자본 투입량이 고정되어 있기 때문에 생산량이 아무리 변화해도 자본에 들어가는 비용은 고정되어 있다. 이와 같이 단기에 고정된 생산요소인 자본에 들어가는 비용을 고정비용(fixed cost, *FC*)이라 한다. 즉 고정비용은 "생산량과 관계없이 일정하게 지출되는 비용"이다. 따라서 단기에 생산량을 증가시키려면 노동 투입량을 늘려야 한다. 이와 같이 가변적 생산요소인 노동을 증가시킴으로써 발생하는 비용을 가변비용(variable cost, *VC*)이라 한다. 즉 가변비용은 "생산량에 따라 달라지는 가변투입 요소에 소요되는 비용"이다. 그러므로 단기에 있어서 총비용(total cost, *TC*)은 고정비용과 가변비용의 합으로 나타낸다.

[표 5-2]에서 고정비용과 가변비용을 합하면 총비용이 된다. 예를 들어 생산량이 2개일 때, 고정비용은 120만원이고 가변비용은 150만원이기 때문에 총비용은 270만원이다. 단기에는 자본 투입량이 고정되어 있어 생산량이 0개일 때에도 고정비용 120만원이 소요되기 때문에 총비용은 120만원이 된다.

평균비용(average cost, *AC*)은 "총비용을 생산량으로 나눈 TC/Q로서, 생산량 1단위당 비용"을 의미한다. 예를 들어 생산량이 2개일 때 총비용은 270만원이기 때문에 평균비용은 TC/Q=270만원/2개=135만원이다.

그림 5-1 **단기의 총비용 · 평균비용 · 한계비용**

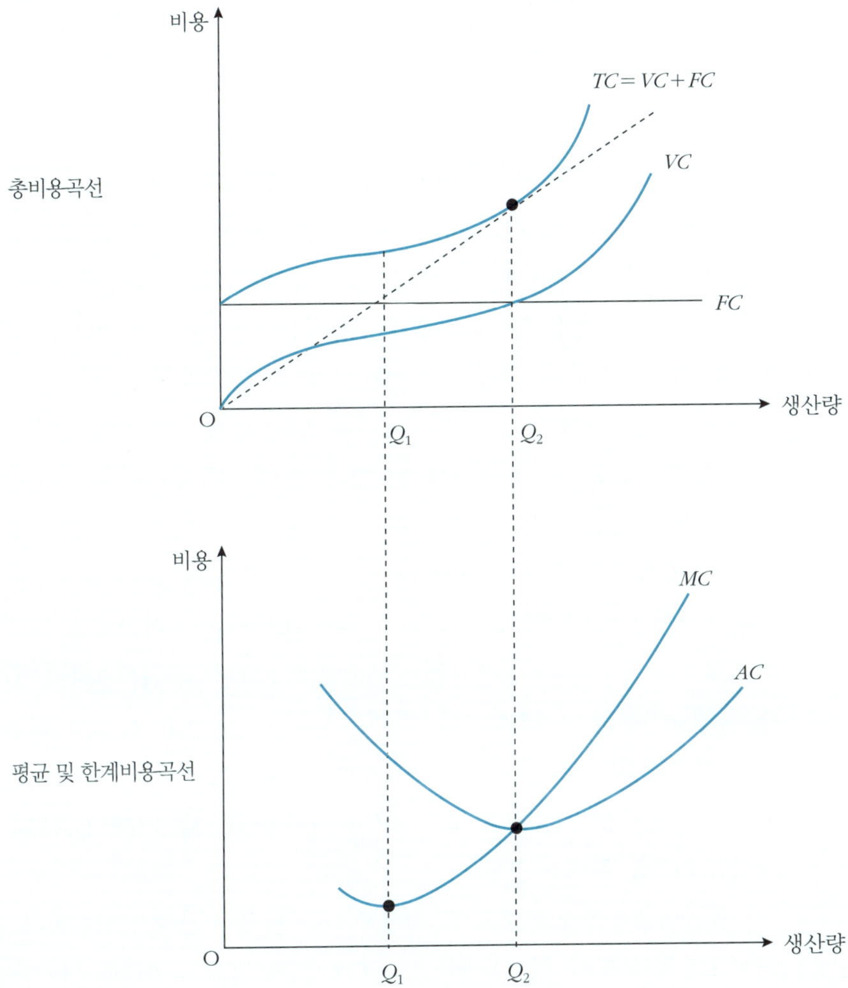

한계비용(marginal cost, *MC*)은 "생산량이 1단위 증가함에 따른 총비용의 증가분," 즉 $\Delta TC/\Delta Q$로 정의된다. 예를 들어 생산량이 2개에서 3개로 1단위 증가함에 따라 총비용은 270만원에서 360만원으로 90만원 증가하기 때문에 한계비용은 $\Delta TC/\Delta Q$=90만원/1개=90만원이다.

총비용(TC) = 고정비용(FC) + 가변비용(VC)

평균비용(AC) = 총비용(TC)/생산량(Q)

한계비용(MC) = 총비용 증가분(ΔTC)/생산량 증가분(ΔQ)

생산량을 무수히 많은 수로 세분화할 수 있다면 총비용·평균비용·한계비용을 [그림 5-1]과 같이 나타낼 수 있다. 먼저 단기에 총비용곡선은 고정비용곡선과 가변비용곡선의 합으로 나타난다. 그리고 평균비용은 생산량 1단위당 비용을 의미하므로 총비용곡선 위의 한 점과 원점을 잇는 선분의 기울기가 된다. 한계비용은 생산량이 1단위 변화할 때 총비용의 변화분이므로 총비용곡선 위의 각 점에서의 접선의 기울기가 된다.

이러한 여러 가지 비용 중에서 기업의 생산을 결정하는 데 가장 중요한 영향을 미치는 것은 평균비용과 한계비용이다. 평균비용곡선은 생산량이 Q_2에 도달할 때까지 하락하다가 최저점인 생산량 Q_2를 넘어서면 증가하는 U자 모양의 형태를 나타낸다. 다음 장에서 공부하겠지만, 평균비용의 최저점 Q_2는 완전경쟁기업의 분석에서 중요한 의미를 지니고 있다. Q_2가 평균비용의 최저점이 되는 이유는 총비용곡선 위의 한 점과 원점을 잇는 선분의 기울기가 Q_2 생산량에서 가장 작기 때문이다. 또한 한계비용곡선은 생산량이 Q_1에 도달할 때까지 하락하다가 생산량이 Q_1을 넘어서면 증가하는 형태가 된다.

평균비용곡선과 한계비용곡선 사이에는 다음의 관계가 성립한다. 평균비용이 감소할 때에는 한계비용곡선이 평균비용곡선 아래에 위치하고, 평균비용이 증가할 때에는 한계비용곡선이 평균비용곡선 위에 위치하며 평균비용의 극소값에서 한계비용곡선과 평균비용곡선이 일치한다. 이러한 평균비용의 극소점이 기업의 효율적 생산량을 나타낸다.

○ 규모의 경제(economies of scale): 모든 생산요소가 가변적인 장기에 생산규모가 증가할수록 생산량 1단위당 비용이 감소하는 현상 — 분업의 전문화와 경영의 효율성 등

이 원인

○ 규모의 비경제(diseconomies of scale): 모든 생산요소가 가변적인 장기에 생산규모가 증가할수록 생산량 1단위당 비용이 증가하는 현상 — 기업소유자와 경영자 사이의 조정실패(coordination failure)에 따른 비효율성 등이 원인

4. 합리적인 생산자의 선택

합리적인 생산자의 선택은 생산요소를 어떻게 조합하였을 때 가장 많은 생산량을 생산하거나 혹은 동일한 생산량을 생산하기 위해 생산요소를 어떻게 조합해야 하는지와 관련된다. 여기서는 등량곡선과 등비용선을 이용해 합리적인 생산자의 선택을 살펴본다.

4. 1 등량곡선

제 4 장에서 살펴보았던 소비자 이론에서의 무차별곡선은 소비자에게 동일한 만족을 주는 두 재화의 결합을 나타내는 곡선이다. 이와 마찬가지로 생산자 이론에서의 등량곡선(isoquant curve)은 "동일한 양의 생산을 가능하게 하는 두 생산요소의 다양한 결합"을 나타낸다. [그림 5-2]에서 등량곡선 Q_1은 일정 생산량을 생산하는 생산요소의 다양한 결합을 연결한 곡선이다.

따라서 등량곡선 Q_1상의 A, B, C점들은 일정 생산량을 생산할 때 각각 다른 두 생산요소의 조합들을 나타낸다. 이때 더 많은 생산량을 생산하기 위해서는 두 생산요소를 더 많이 투입해야 하므로 등량곡선은 원점으로부터 더 멀어지게 된다. 따라서 다양한 생산요소의 결합으로 생산 가능한 여러 가지 생산량수준을 나타내는 등량곡선은 Q_1, Q_2, Q_3과 같다. 여기서 한 가지 인지해야 할 점은 등량곡선 상의 모든 점들은 주어진 기

그림 5-2 등량곡선

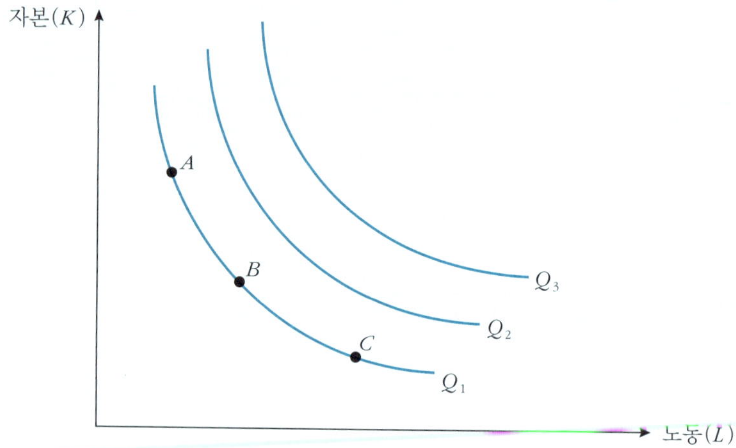

술수준에서 다양한 생산요소 결합을 이용하여 생산 가능한 최대한의 생산수준이라는 사실이다. 즉 등량곡선상에서 각각의 점들은 일정 생산량을 생산하는 데 있어서 주어진 기술수준에서 가장 효율적으로 생산할 수 있는 생산요소의 결합들을 나타낸다.

이러한 등량곡선의 특징은 무차별곡선의 특징과 상당히 유사하다. 첫째, 등량곡선은 서로 교차하지 않는다. 만약 두 등량곡선이 서로 교차한다면, 이는 동일한 생산요소의 투입으로 서로 다른 수준의 생산량을 생산할 수 있음을 의미한다. 즉 두 등량곡선이 교차하면, 각 등량곡선이 주어진 기술수준에서 가능한 효율적인 생산을 하고 있다는 등량곡선의 가정과 배치되는 모순이 생겨난다.

둘째, 등량곡선은 우하향하는 형태를 취한다. 이는 일정 생산량을 생산하는 데 있어서 두 생산요소가 서로 대체될 수 있음을 의미한다. 즉 [그림 5-2]에서 두 생산요소인 노동과 자본이 일정비율로 서로 대체될 수 있다.

셋째, 등량곡선은 원점에 대하여 볼록한 형태를 취한다. 이는 두 생산요소가 서로 대체될 수 있지만, 그 생산요소 간의 대체 정도가 체감하는 것을 의미한다. 예를 들어 [그림 5-2]에서 생산요소의 결합을 A점에서 C점으로 변화시키면, 자본을 노동으로 대체함에 따라 자본투입량은 감소하고 노동투입량은 증가한다. 이때 자본투입량의 감소로 인해 자본의 상대적 중요성은 커지고 노동투입량의 증가로 인해 노동의 상대적 중요성은 작아지게 된다.

[그림 5-2]를 살펴보면, A점에서 C점으로 생산요소의 결합이 변하는 과정에서 C점에 가까워질수록 상대적으로 더 적은 자본투입량의 희생과 상대적으로 더 큰 노동투입량의 투입으로 동일 생산량을 유지할 수 있게 된다. 이러한 두 생산요소 간의 대체 정도를 한계기술대체율(marginal rate of technical substitution)이라 한다. 등량곡선은 원점을 향해 볼록한 형태를 갖는데, 이는 한계기술대체율이 점점 작아지는 현상, 즉 한계기술대체율 체감의 법칙(law of diminishing marginal rate of technical substitution)에 기인한다.

4. 2 등비용선

등량곡선이 소비자 이론에서의 무차별곡선과 대응되는 것처럼 등비용선은 소비자 이론에서의 가격선과 대응된다. 즉 등비용선(isocost line)은 "일정한 비용으로 최대한 구입할 수 있는 노동과 자본의 여러 가지 조합을 연결한 직선"이다. 따라서 생산요소로는 노동과 자본만 존재하고, 노동의 가격(또는 임금)을 w, 자본의 가격(또는 이자)을 r이라 하면, 총비용 TC는 다음과 같이 나타낼 수 있다.

$$TC = wL + rK$$

$$K = \frac{TC}{r} - \frac{w}{r}L$$

위의 식을 이용해 가격선과 동일한 형태의 등비용선을 도출할 수 있는데, 이를 나타내면 [그림 5-3]과 같다.

그림 5-3 등비용선

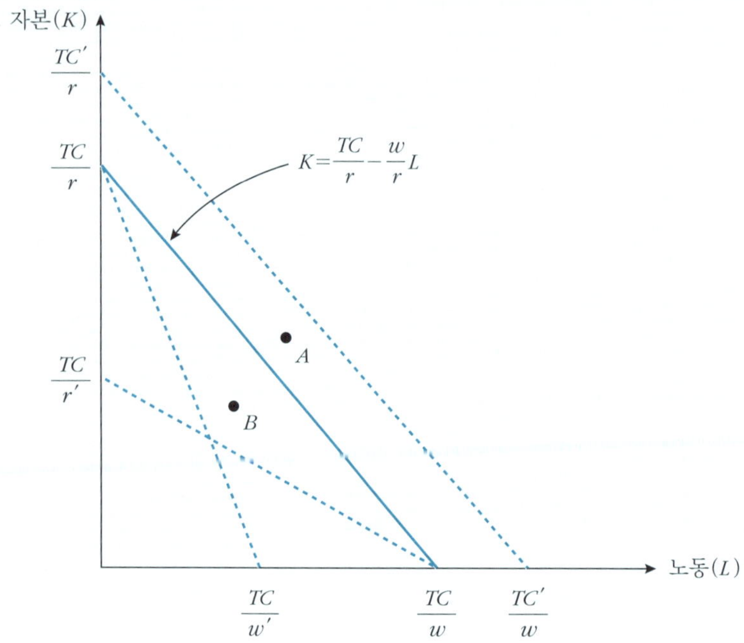

[그림 5-3]에서 등비용선 밖에 있는 A점은 주어진 총비용으로 생산할 수 없는 두 생산요소의 조합을 나타낸다. 또한 등비용선 안에 있는 B점은 주어진 총비용을 모두 활용하지 않은 비합리적인 생산요소의 조합을 반영한다. 한편 두 생산요소의 가격이 변화하지 않고 총비용 TC가 TC'으로 증가한다면, 새로운 등비용선은 기울기가 동일한 상태에서 원점으로부터 더 멀리 위치하게 된다. 만약 자본의 가격 혹은 노동의 가격이 변화하게 되면 등비용선의 기울기만 변화하게 된다.

4. 3 생산자의 최적선택

생산자 균형은 "주어진 비용하에서 생산량이 극대화된 상태 또는 주어진 생산량을 최소의 비용으로 생산하는 상태"를 의미한다. 생산자는 생산량 극대화를 위해 가능한 한 원점에서 가장 먼 등량곡선을 선택하려고

그림 5-4 생산자 균형

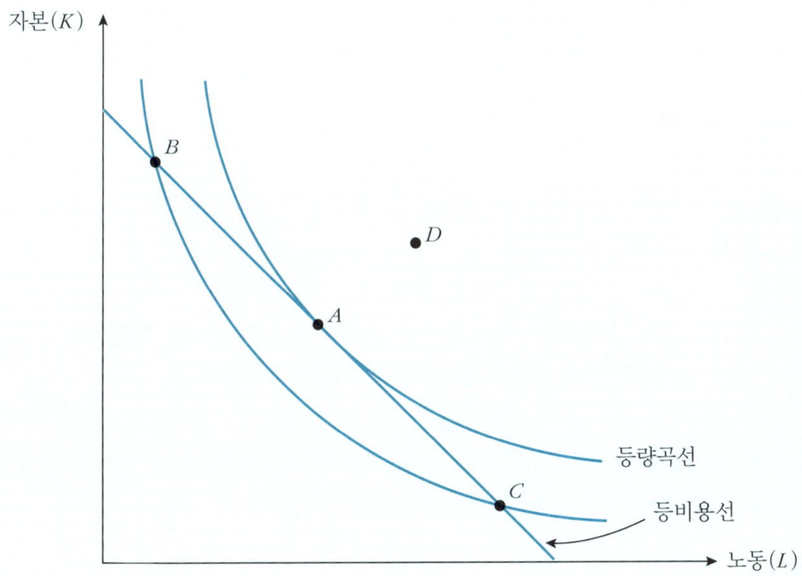

안다. 그러니 비용제약이 존재하므로 생산자는 등비용선을 벗어나지 않는 등비용선상에 있는 점 또는 비용제약 안에 있는 점을 선택할 수밖에 없다.

[그림 5-4]에서 *D*점은 등비용선 밖에 위치해 비용제약을 벗어나기 때문에 생산자 균형이 아니다. 또한 *B*점과 *C*점의 경우에는 비용제약을 충족시키지만, *A*점이 속한 등량곡선보다 원점에 더 가까우므로 동일한 비용으로 생산량이 극대화된 상태가 아니다. 결국 생산자 균형은 비용제약을 충족시키면서 생산량이 극대화되는 *A*점에서 달성된다.

이때 *A*점은 뚜렷한 한 가지 특징이 있다. 즉 *A*점에서 등량곡선과 등비용선이 접하게 되는데, 이는 등량곡선의 기울기와 등비용선의 기울기가 같음을 의미한다. 그러므로 생산자 균형은 등량곡선의 기울기와 등비용선의 기울기가 동일한 점에서 성립한다.

연 | 습 | 문 | 제

1. 생산함수 및 비용함수에서 장기와 단기가 어떻게 구분되는지 설명하라.

2. 고정비용곡선과 가변비용곡선을 이용하여 평균고정비용곡선과 평균가변비용곡선을 유도하고 각각의 형태를 설명하라.

3. 규모의 경제와 규모의 비경제가 현실적으로 발생하는 이유를 제시하라. 또한 규모의 경제와 규모의 비경제가 어떻게 비용함수와 관련되는지 설명하라.

4. 어느 기업이 A제품을 0단위에서 10단위까지 생산할 때 생산량과 총비용의 관계는 다음과 같다고 하자. 아래 표에 근거하여 다음의 물음을 답하라.

생산량	0	1	2	3	4	5	6	7	8	9	10
총비용	256	320	340	355	368	381	400	431	480	553	656

(1) 고정비용·가변비용·평균비용 및 한계비용의 개념을 밝히고, 위의 표에 근거하여 각각을 구하라.

(2) 총비용함수가 가변비용함수와 동일한 형태를 갖는지 검토하라. 만약 동일한 형태를 갖는다면, 왜 그런지 설명하라.

(3) 한계비용곡선과 평균비용곡선을 그려라.

(4) 위의 (3)에서 그린 그림을 이용하여 한계비용곡선과 평균비용곡선 사이에는 어떤 관계가 있는지 설명하라.

5. [그림 5-4]에서 생산자 균형은 *A*점에서 달성된다. 비록 *B*점과 *C*점에서는 등량곡선과 등비용선이 만나지만 생산자 균형이 달성되지 않는데, 그 이유를 설명하라.

제 3 편

시장의 유형 및 특징

제 6 장 완전경쟁시장

제 7 장 독점시장

제 8 장 독점적 경쟁시장과 과점시장

제 3 편

시장의 유형 및 특징

PART Ⅲ

제 6 장 완전경쟁시장

지금까지 수요와 공급의 상호작용을 통해 균형가격과 균형수량이 결정되고, 수요자와 공급자는 합리적인 의사결정을 통해 소비와 생산활동에 참여한다는 사실을 공부하였다. 이러한 모든 과정이 시장을 통해 형성되는데 현실적으로 시장은 다양한 유형으로 분류된다. 본 장에서는 가장 이상적인 시장 형태인 완전경쟁시장의 특성과 기업의 이윤극대화 원리 및 단기공급곡선에 대해 살펴본다. 또한 완전경쟁시장의 경제적 의미에 대해서도 논의한다.

1. 완전경쟁시장의 특징

현실적으로 다양한 형태의 시장이 존재한다. 예를 들어 철도·전기 등은 한 생산자(혹은 기업)가 거의 모든 생산품을 공급하여 독점화되어 있는 반면, 우리가 소비하는 쌀·과일 등은 누가 생산했는지 모를 만큼 다양한 생산자가 공급함으로써 경쟁이 치열한 경우도 있다. 그렇다면 완전경쟁시장은 어떤 특성을 갖고 있을까? 완전경쟁시장이 되기 위해서는 다음과 같은 조건이 모두 충족되어야 한다.

첫째, 어떤 재화나 용역을 생산하거나 소비하는 데 있어 무수히 많은 수의 수요자와 공급자가 존재하여 개별 수요자나 공급자의 시장지배력(market power)이 없어야 한다. 따라서 개별 수요자나 공급자는 그들의 경제활동이 시장가격에 영향을 미칠 수 없다. 즉 모든 수요자나 공급자는 시장에서 주어진 가격을 받아들이는 가격순응자(price taker)이다.

둘째, 완전경쟁시장에서 거래되는 상품은 동질적(homogeneous)이어야 한다. 상품이 동질적이라는 의미는 거래되는 상품이 완전대체재라는 것을 의미한다. 여기서 유의해야 할 사항은 동일한 상품이라도 공급자에 따라 다소 차이가 있다면 동질적으로 볼 수 없다는 점이다. 예를 들어 동일한 된장찌개라고 하더라도 식당마다 재료가 조금씩 달라 맛에 차이가 난다면 동일한 상품으로 간주할 수 없다.

셋째, 시장에 대한 진입과 탈퇴의 자유(freedom of entry and exit)가 보장되어야 한다. 즉 새로운 기업이 원하면 시장에 자유롭게 진입해서 경제활동을 할 수 있으며, 기존기업도 원하면 언제든지 그 시장에서 떠날 수 있다. 이는 자원의 완전한 이동성(mobility)이 보장되어야 함을 의미한다.

넷째, 완전경쟁시장에 참여하는 수요자나 공급자는 완전한 정보(perfect information)를 갖는다. 이 조건은 모든 시장 참여자들이 상품의 가격·품질·생산방법 등 모든 정보에 대해 알고 있다는 것을 의미한다.

이상의 네 가지 조건을 모두 만족시키는 시장을 현실세계에서 찾는 것은 불가능하다. 그럼에도 불구하고 경제학에서 완전경쟁시장 이론이 차지하는 비중은 매우 크다. 많은 경제이론들이 완전경쟁시장 이론을 가정하고 전개된다. 또한 완전경쟁시장은 가장 이상적인 형태의 시장으로 현실에 존재하는 시장을 평가하는 기준 잣대로서의 역할도 수행한다.

완전경쟁시장에 가장 가까운 시장형태로는 증권시장과 농산물시장을 들 수 있다. 주식은 그 공급자 및 수요자가 다수이며 주식의 질에서도 동일하다. 또한 주식가격은 증권시장의 수요·공급에 의해 결정된다. 한편 쌀·과일 등의 농산물 역시 공급자 및 수요자가 다수이며 상품의 질이 완전히 동일하지는 않지만 유사하다고 볼 수 있다. 그러나 증권시장과 농산물시장에서 공급자 및 수요자가 완전한 정보를 가지고 있지 않으며, 진입과 탈퇴에 다소의 비용을 수반한다.

2. 완전경쟁시장의 단기균형

완전경쟁시장에서 개별기업은 시장에서 주어진 가격을 받아들이는 가격순응자이다. 그러므로 기업은 주어진 가격에서 자신의 비용과 수입에 근거해 원하는 만큼의 상품을 생산하여 판매한다. 여기서는 기업의 행동원리를 소개하고 완전경쟁시장의 단기균형을 살펴보기로 한다.

2. 1 기업의 이윤극대화

완전경쟁시장에서의 균형을 살펴보기 이전에 기업의 행동원리에 대한 검토가 요구된다. 일반적으로 기업은 이윤극대화를 추구한다고 공부하였다. 기업의 이윤극대화는 판매를 통해 획득한 총수입(total revenue)에서 생산활동에 지출된 총비용(total cost)을 뺀 나머지인 총이윤(total profit)을 극대화할 때 달성된다. 이러한 이윤극대화를 달성하기 위해 모든 기업은 자신이 속해 있는 시장의 형태에 상관 없이 지켜야 될 두 가지 공통된 준칙이 있다.

첫 번째 준칙은 생산을 할 것인가 혹은 생산을 포기할 것인가에 관한 것이다. 기업의 입장에서는 총수입이 총비용(즉 총가변비용과 총고정비용을 합한 값)보다 커야만 양(+)의 이윤을 얻을 수 있다. 그러나 기업은 생산활동에 따른 총수입이 총가변비용을 초과하는 경우에도 생산을 한다. 왜냐하면 기업이 생산을 하지 않을 경우 단기적으로는 고정비용에 해당하는 만큼 손실이 발생하기 때문이다. 즉 총수입이 총가변비용을 초과하는 경우 생산을 함으로써 총가변비용을 충당하고 남는 부분으로 총고정비용의 일부를 메울 수 있을 것이다. 그러므로 단기적으로는 총수입이 총가변비용보다 크면 생산을 지속하는 것이 손실을 최소화할 수 있다.

두 번째 준칙은 생산을 한다면 얼마만큼 생산할 것인가에 관한 것이다. 만약 한계수입(marginal revenue, MR)이 한계비용(marginal cost, MC)보다 크다면, 기업은 생산을 지속하여 한계수입과 한계비용이 일치하는 수준(즉 $MR=MC$)에서 생산량을 결정한다. 여기서 한계수입이란 "상품 1단위를 추가적으로 생산하여 판매할 때 얻는 수입"으로 정의된다. 완전경쟁시장에서는 개별기업이 가격순응자이므로 생산량의 크기에 관계 없이 한계수입은 일정하다.

이윤극대화를 추구하는 기업이 $MR=MC$의 조건을 충족하는 수준에

그림 6-1 이윤극대화

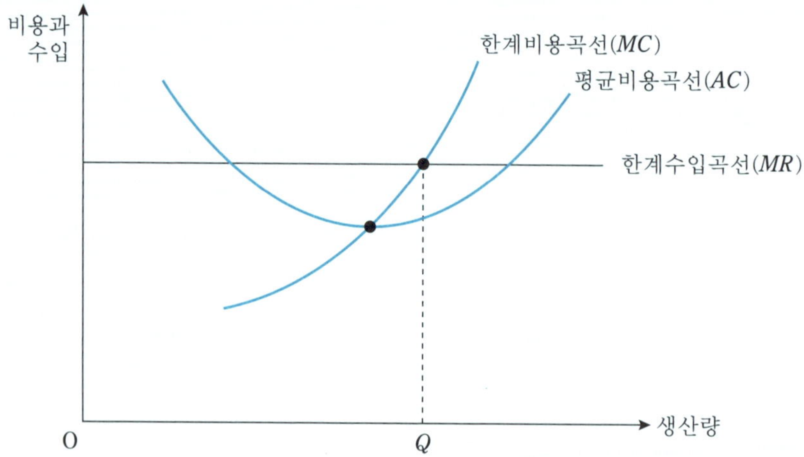

서 생산량을 결정하는 이유를 설명하면 다음과 같다. 만약 한계수입이 한계비용보다 크다면 생산량을 증가시켜 이윤의 증대를 꾀할 수 있다. 예를 들어 상품 1단위를 추가적으로 생산하여 판매할 때 100원의 이익을 얻고 80원의 손실이 생긴다고 하자(즉 $MR=100$, $MC=80$). 이때 20원의 이익이 발생하므로 생산량을 늘릴 경우 이익을 증대시킬 수 있게 된다. 반대로 한계비용이 한계수입보다 크다면 생산량을 줄여야 이익을 증대시킬 수 있다. 이러한 관계를 그림으로 나타내면 [그림 6-1]과 같다.

[그림 6-1]에서 생산량이 Q일 때 한계수입과 한계비용이 같아진다. 즉 기업은 Q만큼 생산할 때 이윤극대화를 달성할 수 있다. 왜냐하면 Q보다 적은 생산량에서는 생산량을 증가시킬 때 여전히 이익을 보기 때문에 Q까지 생산량을 증가시킬 것이고, Q보다 생산량이 많을 경우에는 한계비용이 한계수입보다 크기 때문에 손실이 발생하므로 생산량을 줄이려 할 것이기 때문이다.

기업의 이윤극대화 조건: 한계수입(MR) = 한계비용(MC)

이제 완전경쟁시장에서 기업의 이윤극대화에 대해 살펴보자. 완전경

그림 6-2 시장균형 및 개별기업

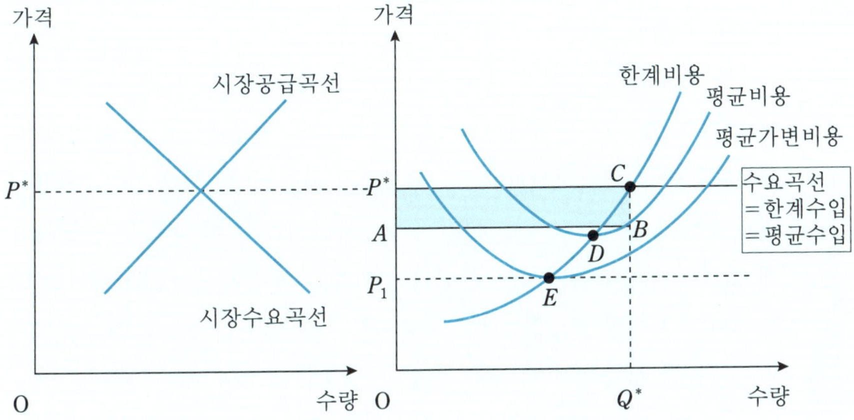

쟁시장에서 개별공급자 및 수요자는 시장에서 형성된 가격을 주어진 것으로 받아들이는 가격순응자임을 공부하였다. 시장수요곡선과 개별기업이 직면하는 수요곡선은 구별된다. 전체 시장에서 가격 P^*가 결정되면 개별기업은 이것을 주어진 것으로 받아들인다. 즉 주어진 가격 P^*에서 개별기업은 이윤극대화의 행동원리에 근거하여 상품을 생산해 판매한다.

그러므로 개별기업이 직면하는 수요곡선은 주어진 가격에 평행한 수평선으로 [그림 6-2]에서와 같이 그려진다. 즉 개별기업의 수요곡선은 시장가격과 동일하며, 이러한 수요곡선은 한계수입곡선 혹은 평균수입곡선을 나타내기도 한다. 왜냐하면 완전경쟁시장에서 개별기업은 생산하는 상품의 수량에 관계 없이 시장에서 결정된 일정한 가격을 받아들여야 하기 때문이다. 다시 말해 판매하는 상품의 양이 수량에 관계 없이 일정한 가격이므로 가격은 평균수입 및 한계수입과도 동일하게 된다.

이제 완전경쟁기업의 단기균형에 대해 살펴보자. 이미 공부한 바와 같이 경제학에서 단기란 어떤 생산요소가 고정되어 있는 기간을 의미한다. 또한 이윤극대화를 추구하는 기업은 [그림 6-2]에서 한계수입곡선과 한계비용곡선이 교차하는 Q^*의 생산량을 선택할 것이다. 생산량이 Q^*일 때 기업이 얻는 이윤은 음영처리 부분 P^*ABC의 면적으로 나타난다. 즉 상품 1단위당 가격이 P^*이며 1단위당 생산비용은 OA이므로 상품 1단위당 P^*A 만큼의 이윤을 얻는다. 따라서 이 기업이 생산량 Q^*를 판매하면 P^*ABC 만큼의 이윤이 발생한다.

만약 시장에서 형성된 가격이 기업의 한계비용곡선과 평균비용곡선이 만나는 D점과 동일하다면 기업의 이윤은 영(0)이 된다. 왜냐하면 상품 1단위당 가격과 생산비용이 동일하기 때문이다. 이와 같은 D점을 손익분기점(break-even point)이라 한다. 따라서 가격이 손익분기점보다 높게 설정되면 초과이윤이 실현되지만 반대로 가격이 손익분기점보다 낮게 설정되면 손실이 발생한다.

그런데 시장에서 형성된 가격이 아주 낮은 경우에는 다른 결과가 나타난다. 만약 가격이 평균비용곡선의 최저점 아래에서 형성되면 기업은 손실을 보게 된다. 그러나 이 경우에도 총수입이 총가변비용을 초과한다면 생산을 지속하는 것이 바람직할 것이다. 모든 고정비용은 일단 지출되고 나면 회수할 수 없는 매몰비용(sunk costs)의 성격을 갖고 있다고 가정하여, 기업이 생산중단을 결정할 때 손실은 총고정비용이 된다. 즉 손실을 극소화하기 위해 기업은 생산을 계속해야 한다.

2. 2 단기공급곡선

[그림 6-2]에서 만약 가격이 P_1 이하로 하락한다면 기업은 조업을 중단해야 할 것이다. 왜냐하면 가격이 P_1에서 생산한다면, 고정비용은 물론 가변비용도 충당할 수 없기 때문이다. 따라서 기업이 생산을 하기 위해서는 최소한 가격이 P_1 이상이 되어야 한다. 이와 같이 개별기업의 한계비용곡선과 평균가변비용곡선이 만나는 E점을 조업중단점 혹은 생산중단점(shut-down point)이라 한다. 그러므로 이윤극대화를 추구하는 기업의 생산물 공급곡선은 OP_1EC로 나타난다. 즉 완전경쟁시장에서 기업의 단기공급곡선은 생산요소 가격이 일정할 경우 총가변비용곡선의 최저점 윗부분의 한계비용곡선 그 자체가 된다.

○ 완전경쟁시장에서 기업의 단기균형 조건: $MR(=P=AR)=MC$

○ 손익분기점: 한계비용곡선과 평균비용곡선이 만나는 점

○ 조업중단점: 한계비용곡선과 평균가변비용곡선이 만나는 점

단기에 기업들이 양(+)의 초과이윤을 얻을 경우 기존기업은 생산시설을 확장하거나 새로운 기업은 그 산업에 진입하려는 유인이 생겨날 것이다. 왜냐하면 완전경쟁시장에서는 양의 이윤이 존재하는 한 기업의 자유로운 진입이 허용되기 때문이다. 새로운 기업들이 진입하게 되면 산업 전체의 공급이 증가해 시장가격이 하락하게 되어 개별기업의 양의 초과이윤은 사라지게 된다.

반대로 단기 균형상태에서 기업들이 이윤을 얻지 못하면 시간이 지남에 따라 한계기업(marginal firm)들부터 탈퇴하기 시작한다. 일반적으로 기업에 따라 단기적인 손실에 대해 견딜 수 있는 정도가 상이한데, 한계기업이란 단기적인 손실을 견딜 수 없는 정도가 가장 심한 기업을 일컫는다. 기존의 기업들이 탈퇴하게 되면 이 산업 전체의 공급이 감소해 시장가격이 상승하게 되어 개별기업의 손실은 사라질 것이다. 이와 같은 장기조정(long-run adjustment) 과정은 장기 균형상태가 이루어질 때까지 지속된다.

3. 완전경쟁시장의 경제적 의미

경제학자들은 완전경쟁시장이 전체 사회적 측면에서 가장 바람직한 시장 형태라고 생각한다. 그 이유는 다음의 몇 가지 사실에 기인한다.

첫째, 완전경쟁시장에서는 경쟁의 압력이 시장의 기업들에게 최대한의 효율성을 추구하게 한다. 즉 동질의 상품·자유로운 진입과 탈퇴·완전한 정보 등의 특징으로 말미암아 산업의 장기균형에서 모든 기업들은 최소의 비용으로 생산하게 되며 공장은 완전가동되어 자원의 낭비가 생겨

나지 않게 된다. 이때 모든 기업들은 정상이윤만 얻게 된다.

둘째, 완전경쟁시장의 균형상태에서 각 기업은 평균비용곡선의 최저점에서 가장 저렴한 비용으로 생산한다. 또한 소비자들은 이 가격으로 소비함으로써 가장 저렴한 비용을 지불하여 소비할 수 있다. 왜냐하면 이 가격은 상품의 한계비용이므로 소비자가 지불하는 최소비용이 되기 때문이다. 이때 소비자는 가격과 한계효용이 같아지는 최적의 구매조건을 선택한다. 즉 수요와 공급이 교차하는 가격수준에서 소비자는 효용을 극대화하고 생산자는 이윤을 극대화하는 가장 바람직한 $P=MC=MU$를 만족하게 된다.

이와 같이 완전경쟁시장은 효율적인 자원배분이라는 측면에서 가장 이상적인 시장의 형태일 뿐 현실적으로 존재하지는 않는다. 그러나 완전경쟁시장은 현실에 존재하는 다양한 시장을 평가하는 기준 잣대의 역할을 수행하기 때문에 완전경쟁시장을 이해하는 것은 대단히 중요하다.

창조적 파괴

창조적 파괴가 경쟁을 촉진시킨다. 유명한 경제학자 슘페터(Joseph Schumpeter, 1883~1950)는 경제학에서 경쟁이란 단어가 동태적(dynamic) 개념이 아닌 정태적(static) 개념으로 사용되기 때문에 부적절하다고 지적하였다. 또한 동태적 개념의 경쟁에서는 기술진보(technological progress)가 훨씬 큰 영향을 미칠 수 있음을 제시하였다.

슘페터는 신기술·신상품·새로운 시장·새로운 교통 및 통신 수단·새로운 기업조직 등을 창조적 파괴(creative destruction)로 정의하였으며, 이러한 창조적 파괴를 통해 기존의 시장질서와 경쟁을 변화시켜 새로운 시장과 경쟁체제를 확립한다고 생각하였다.

우리는 경쟁력을 촉진시킨 창조적 파괴의 예를 쉽게 찾을 수 있다. 1800년대 운송수단으로서의 마차·배 등은 기차로 대체되고, 최근에는 비행기가 운송수단으로 가장 큰 몫을 수행한다. 팩스머신은 우편을 대체하고, PC는 메인컴퓨터의 역할을 수행한다. 이러한 예는 수없이 많다.

우리는 완전경쟁을 단순히 기업의 진입과 탈퇴가 완전히 자유로울 때 생기는 것으로 공부하였다. 그러나 슘페터는 기술진보를 동태적 의미에서 경쟁을 촉진하고 발전시키는 원동력으로 생각하였으며, 심지어 특정시장에서의 독점이윤도 제거할 수 있다고 주장하였다.

연 | 습 | 문 | 제

1. 완전경쟁시장의 전제조건을 설명하고 현실에서 완전경쟁시장에 가장 가까운 형태의 시장을 제시하라.

2. 기업의 공급곡선이 평균가변비용곡선의 최저점을 지나는 한계비용곡선이 되는 이유를 설명하라.

3. 완전경쟁시장의 개별기업이 손실을 보는 상황을 그림으로 그려 보자. 또한 전체시장의 변화에 따라 균형으로 이동하는 상황을 그림을 이용하여 설명하라.

4. 경제학적으로 가장 효율적인 자원배분이 완전경쟁시장에서 가능한 이유를 설명하라.

5. 자전거 조립업체의 하루당 생산비용은 다음과 같다. 또한 자전거 시장이 완전경쟁시장이라고 가정하고, 아래 물음을 답하라.

자전거 생산량(대/일)	총비용(만원)
0	100
1	109
2	124
3	143
4	178
5	225
6	284

(1) 자전거 가격이 35만원이면, 이 기업은 하루에 자전거 몇 대를 공급할 것이며 그 때의 이윤은 얼마인가?

(2) 고정비용이 모두 회수 가능한 비용이라면, 즉 매몰비용이 아니라면 생산을 중단해야 하는 가격은 얼마인가?

(3) 위의 가정을 그대로 유지하고, 이 기업의 단기공급곡선을 도출하라.

제 7 장 독점시장

지금까지 공부한 완전경쟁시장과 정반대의 시장 형태는 독점(monopoly) 시장이다. 완전경쟁시장에서는 무수히 많은 수의 기업이 존재하므로 개별기업의 시장지배력은 없다. 이에 반해 독점시장은 한 기업이 전체 산업의 공급을 담당하기 때문에 시장지배력을 갖고 있는 시장 형태이다. 본 장에서는 독점시장의 특징과 이윤극대화를 추구하는 독점기업의 균형에 대해 살펴본다. 또한 독점시장의 경제적 효과 및 사회적 비용에 대해서도 공부한다.

1. 독점시장의 특징

독점이란 "오직 하나의 기업이 독점적으로 한 산업을 지배하는 시장 형태"를 말한다. 따라서 독점기업이 전체 시장의 공급을 책임지므로 스스로 가격을 결정할 수 있다. 그럼 왜 독점기업이 존재할까? 독점기업이 존재하는 근본적인 이유는 시장 안에 완벽한 진입장벽(barriers to entry)이 존재하기 때문이다. 만약 진입장벽이 완벽하게 작용하지 않는다면, 새로운 경쟁기업이 나타나 독점은 무너질 것이다. 진입장벽은 요소의 독점 사용·법적 제도·특허권·규모의 경제 발생·기술 우위 등 여러 가지 원인으로 발생한다. 이러한 진입장벽의 발생 원인에 따라 독점은 다음의 몇 가지 유형으로 분류된다.

첫째, 한 기업이 요소의 독점 사용권을 갖는 경우 자연적으로 독점화된다. 이를 자연독점(natural monopoly)이라 하며, 어떤 특수한 광물을 생산하는 광산업 등을 예로 들 수 있다.

둘째, 국가가 어떤 특수한 목적을 달성하기 위해 특정기업에게 산업을 독점적으로 점유할 수 있도록 하는 특권을 부여하는 경우를 법률적 독점

(legal monopoly)이라 한다. 즉 어느 산업에 대하여 법적으로 진입이 금지된다면 그 산업에는 법적으로 인정받은 하나의 기업만이 존재한다. 예를 들어 새로운 발명이나 기술개발에 대하여 일정기간 동안 독점 사용권을 부여하는 특허권 제도 등이 있다. 정부의 특허정책(patent policy)은 기업의 연구 및 기술개발과 혁신(innovation)에 대한 유인을 주기 위해 실시된다.

셋째, 어떤 기업이 기술상의 우위가 있어 동일 제품을 다른 기업들보다 낮은 비용으로 생산할 수 있다면, 그 기업은 다른 기업들과의 경쟁에서 우위를 차지하여 독점기업이 된다. 만약 규모의 경제가 작용하여 한 기업이 전체 산업의 공급을 전담하는 것이 여러 기업이 공급하는 것보다 낮은 가격으로 공급할 수 있다면 이 산업은 자연히 독점이 되며, 이를 경제적 독점(economic monopoly)이라 한다.

또한 막대한 자본과 기술이 필요하여 민간기업이 담당할 수 없거나 이윤극대화만을 추구하는 민간기업에 맡겨둘 경우 제대로 공급이 이루어지지 못해 국가 혹은 공공기관이 직접 경영을 행하는 공익사업이 있다. 이를 국가적 독점(national monopoly) 또는 공공독점(public monopoly)으로 표현한다. 예를 들어 수도·전기·가스·철도 등이 있다.

드비어 다이아몬드(De Beers' Diamonds) 회사: 독점은 영원한가?

남아프리카에 광산을 가진 드비어 다이아몬드 회사는 지난 60여 년 동안 다이아몬드 시장에서 독점적 지위를 누려 왔다. 드비어는 전 세계시장의 50%의 다이아몬드를 생산하고 다른 지역에서 생산되는 다이아몬드를 사들여 전 세계시장에서 80%의 다이아몬드를 판매하고 있다.

드비어는 우리가 배운 독점시장 이론에서와 같이 판매량을 조절함으로써 시장가격을 높게 결정하고 막대한 초과이윤을 거두고 있다. 전체 총수입의 60%가 초과이윤으로 나타나고, 자본투자수익률이 30%를 능가하였다. 시장에서 수요가 줄면 드비어는 공급을 줄여 가격이 하락하지 않게 하고 재고를 늘렸으며, 수요를 늘리기 위해 광고에 큰 비용을 투자하였다. '다이아몬드는 영원하다.'(Diamonds are forever.)는 유명한 광고 문구이다.

드비어는 독점을 지속적으로 유지하기 위해 여러 가지 방법을 사용하고 있다.

첫째, 다른 독점적 다이아몬드 회사들이 드비어를 통해 마케팅을 할 때 최대의 이익을 남길 수 있도록 유인한다. 둘째, 드비어의 정책에 동의하지 않는 회사는 드비어가 시장에서 물량을 조절하여 그 회사가 시장에서 생존할 수 없게 만들어 인수한다. 셋째, 시장에서 드비어가 다른 회사들이 공급하는 다이아몬드를 매점매석한다.

그럼에도 불구하고 새로운 대량생산이 가능한 다이아몬드 광산이 세계 곳곳에서 발견되어 드비어를 위협하고 있다. 러시아의 80억 달러에 달하는 지하매장량·캐나다 북서쪽의 다이아몬드 매장량·시베리아의 새로운 광산 발견 등이 드비어 독점에 위협요소가 되고 있다. 이런 상황에서도 드비어의 독점력은 지속될 수 있을까? 비록 다이아몬드는 영원할지라도 드비어의 독점력은 영원할 수 없어 보인다.

2. 독점시장의 균형

독점기업이 이윤을 극대화하기 위해 어떻게 시장에서 가격과 생산량을 결정하는지 살펴보자. 독점기업은 전체 시장의 공급을 독점하기 때문에 시장수요 또는 산업수요가 바로 독점기업의 수요가 된다. 그러므로 우하향하는 시장수요곡선이 독점기업이 직면하는 수요곡선이 된다. 독점기업이 우하향하는 수요곡선을 가진다는 사실은 독점기업이 자유롭게 가격과 공급량을 조절하여 이윤극대화를 추구할 수 있다는 사실을 의미한다. 즉 공급량을 증가시키고자 하면 가격을 인하해야 하고, 가격을 인상시키기 위해 공급량을 감소시킬 수도 있다. 그러므로 독점기업은 시장에서 가격을 조정할 수 있는 가격설정자(price maker)의 역할을 수행한다.

독점시장은 아주 밀접한 대체재를 생산하는 경쟁기업으로부터 도전을 받지 않는 시장조직을 일컫는다. 그러므로 독점기업은 독점산업과 동일한 의미로 사용된다(즉 독점기업 = 독점산업). 이때 독점기업은 독점시장에서 가격설정자(price maker)가 되며 우하향하는 시장수요곡선이 독점기업의 수요곡선이 된다.

그림 7-1 독점시장의 균형

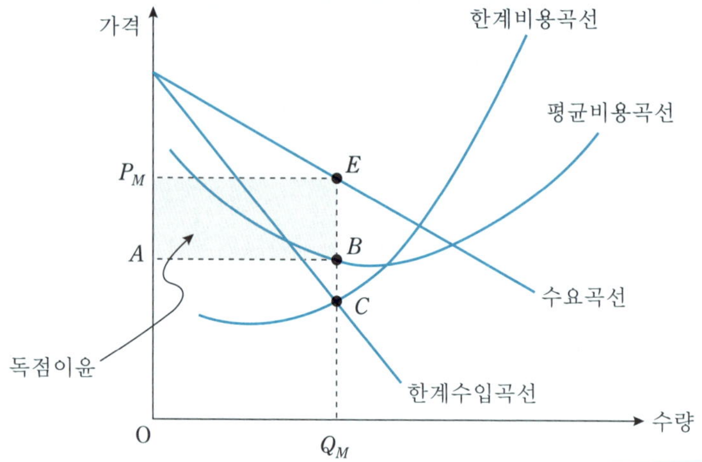

이윤극대화를 추구하는 독점기업의 시장균형이 어떻게 달성되는지 [그림 7-1]을 이용하여 살펴보자. 독점기업은 우하향하는 수요곡선을 갖게 되므로 시장에서 공급량을 늘리면 그에 따라 가격이 하락하게 된다. 따라서 추가적으로 공급량을 늘려 얻는 한계수입은 수요곡선보다 기울기가 더욱 가파르게 형성된다. 즉 한계수입(MR) < 가격(P)의 관계가 성립하는데, 이는 완전경쟁시장과의 기본적인 차이점이다.

왜 독점에서는 상품가격이 한계수입보다 클까? 독점기업이 상품을 추가로 팔고자 할 때 추가된 상품뿐만 아니라 이미 시장에 내 놓은 모든 상품의 가격을 인하해야 하기 때문에 한계수입은 가격보다 작아지게 된다(한계수입곡선의 기울기가 수요곡선보다 가파른 것에 주목하라).

이윤극대화를 추구하는 독점기업은 한계수입(MR) = 한계비용(MC)의 조건을 충족하는 생산량을 공급한다. [그림 7-1]에서는 Q_M의 생산량에서 이 조건이 충족되며, 수요곡선상의 E점이 독점시장의 균형점이다. 균형점 E에서 균형가격은 P_M이고 균형수량은 Q_M이 된다. 이러한 독점시장의 균형에서 독점기업은 P_MABE의 면적만큼 독점이윤(monopoly profit)을 획득한다. 즉 1단위당 상품의 가격(P_M)에서 평균비용(A)을 뺀 것이 단위당 이윤으로 선분 P_MA에 생산량 Q_M을 곱한 P_MABE가 독점이윤이 된다. 독점이윤은 정상이윤보다 큰 초과이윤이다. 이러한 독점이윤이 나타나는 이유는 독점시장에서의 시장가격은 한계수입과 한계비용이 만나는 점에서의 가격보다 더 크기 때문이다.

독점시장에서는 완전경쟁시장과 달리 독점기업이 전체 시장을 주도하며 진입장벽에 의해 경쟁자가 진입할 수 없기 때문에 계속해서 독점기업은 장기적으로 양(+)의 이윤을 얻을 수 있다. 그런데 독점기업이라도 독점이윤을 획득할 수 없는 경우도 있다. 예를 들어 수요와 비용의 조건하에서 수요곡선이 평균비용곡선과 접하는 경우에는 이윤극대화 조건($MR=MC$)이 성립하더라도 정상이윤만이 가능하다. 심지어 이윤극대화 조건이 성립하는 점에서 수요곡선이 평균비용곡선보다 아래에 그려질 경우 독점기업은 손실을 입게 된다(독점기업이 손실을 경험할 수 있는 그림은 독자 여러분이 쉽게 그릴 수 있을 것으로 기대된다).

독점기업에는 시장가격과 공급량 사이의 유일한 대응관계를 나타내는 공급곡선이 존재하지 않는다. 왜냐하면 독점기업은 가격설정자이기 때문에 시간적·공간적으로 가격의 조정이 가능하기 때문이다.

3. 독점시장의 경제적 효과

일반적으로 독점은 사회적으로 바람직하지 않은 것으로 인식되고 있다. 이는 독점시장이 완전경쟁시장과 비교하여 발생하는 비효율과 사회적 비용에 근거한다. 여기서는 독점의 비효율성을 살펴보고 이를 치유하기 위한 방안에 대해 알아본다.

3. 1 독점의 사회적 비용

독점의 사회적 비용은 어떻게 추정될 수 있을까? 독점시장의 균형

상태와 완전경쟁시장의 균형상태를 비교할 때 독점시장의 사회적 비용은 뚜렷하게 드러난다. [그림 7-2]를 통해 두 시장의 차이점과 독점의 사회적 비용을 알아보자.

완전경쟁시장에서는 수요곡선과 공급곡선이 만나는 D점에서 균형을 이룬다. 이때 균형가격은 P_C이며 균형수량은 Q_C가 된다. 독점시장에서는 한계수입곡선과 한계비용곡선이 만나는 E점에서 균형을 이루고 균형가격은 P_M, 균형수량은 Q_M이 된다. 그러므로 우리는 완전경쟁시장이 독점시장화되면 균형가격은 상승하고 균형수량은 줄어든다는 사실을 알 수 있다.

또한 완전경쟁시장의 균형점에서는 가격이 한계비용과 같을 뿐만 아니라 평균비용은 최저수준이 된다. 이는 가장 효율적인 비용으로 생산된다는 것을 의미한다. 그러나 독점시장에서의 가격은 한계비용보다 높기 때문에 평균비용이 최저점에 도달하기 전에 생산량을 제한한다. 즉 독점시장에서는 생산시설의 유휴(idle)가 발생한다. 이는 독점시장에서 생산자원이 충분히 가동되지 않으며, 자원이 비효율적으로 배분된다는 사실을 나타낸다.

두 시장의 수량의 차이인 Q_MQ_C 만큼 생산·소비되지 않음으로써 발

그림 7-2 독점의 사회적 비용

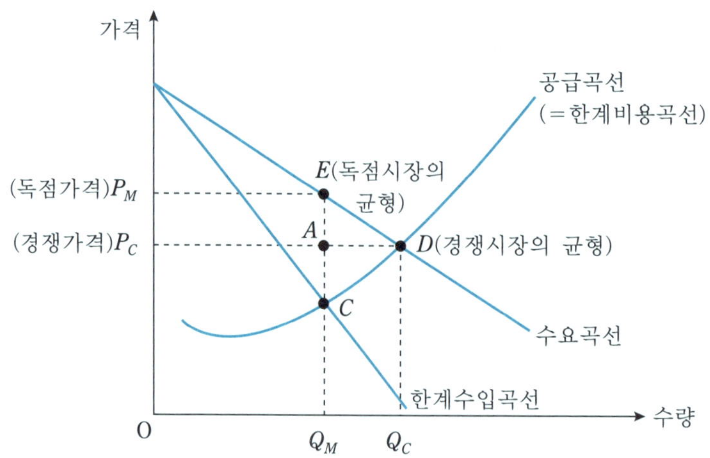

생하는 전체 사회적 효용은 EQ_MQ_CD로 표시된다. 또한 사각형 EQ_MQ_CD의 넓이는 완전경쟁시장과 독점시장에서의 전체 사회적 효용의 차이를 나타낸다. 이때 Q_MQ_C 만큼 생산하기 위해 들어가는 생산비용은 CQ_MQ_CD이다. 따라서 EQ_MQ_CD와 CQ_MQ_CD 만큼의 차이인 삼각형 ECD는 Q_MQ_C 만큼 적게 생산됨으로써 발생하는 손실이라고 할 수 있다. 이러한 삼각형 ECD를 후생삼각형(welfare triangle)이라 부르며 독점시장으로 인해 발생하는 사회후생의 손실, 즉 자중손실(dead-weight loss)이라 한다.

후생삼각형: 독점으로 인한 사회후생의 감소를 삼각형 면적으로 나타낸 것

자중손실: 어떤 이유로 인한(예, 독점) 사회후생의 손실

또한 독점시장에서는 경쟁이 형성되지 않기 때문에 독점기업의 기업가나 노동자들이 태만해지기 쉽고, 생산성 향상·신제품 개발·기술개발 등에 소홀하여 경제발전을 저해하는 요인이 될 수 있다. 이러한 사항까지 고려한다면 독점의 사회적 비용은 후생삼각형보다 훨씬 더 커질 수 있다.

그러나 독점시장은 이상과 같은 단점이 있는 반면, 긍정적인 면도 생각할 수 있다. 예를 들어 독점기업이 얻는 초과이윤을 생산성 향상·신제품개발·기술개발 등에 투자한다면 완전경쟁시장보다 더 큰 효율을 얻을 수도 있을 것이다. 또한 국내시장이 협소하거나 경제개발 초기단계에는 대규모의 독점기업이 생산비의 절감 등을 통해 더 효율적으로 생산할 수 있다.

3. 2 독점비용의 치유책

이상에서와 같이 독점시장에서는 기업의 자의적 의사결정에 대한 최적자원배분을 기대할 수 없기 때문에 대부분의 나라에서 정부가 독점기업을 규제하고 있다. 즉 정부는 독점기업으로 인한 사회적 후생 손실을 줄이기 위해 독점기업을 규제한다. 많은 나라에서 사용하는 독점비용에 대한 치유책으로는 독점기업의 국유화(nationalization), 가격통제와 조세

부과, 경쟁 촉진 정책 등이 있다.

많은 나라에서 철도·전기·가스·지하철과 같은 국민의 생활과 밀접한 관계가 있는 산업은 공기업의 형태로 운영하고 있다. 그러나 이러한 공기업도 독점기업이 갖고 있는 사회적 손실 이상으로 더 큰 비효율을 초래할 수 있다. 왜냐하면 공기업은 아무리 비효율적으로 경영한다고 할지라도 도산할 염려가 없기 때문이다. 최근에는 전 세계적으로 효율성 제고를 위해 공기업을 민영화하는 경향이 더욱더 뚜렷하게 진행되고 있다. 따라서 독점의 문제를 국유화를 통해서 해결하는 것은 바람직한 해결책이 못될 가능성이 커진다.

또 다른 독점의 치유책으로 정부에 의한 가격통제를 생각할 수 있다. 가격통제는 독점을 허용하면서 독점기업이 마음대로 가격을 결정하지 못하도록 통제하는 것이다. 대표적인 방법인 한계비용 가격설정(marginal cost pricing)은 독점기업으로 하여금 가격을 한계비용과 일치하도록 유도함으로써 자원배분의 효율성을 제고시킨다는 것이 이 방법의 특징이다. 그러나 자연독점의 경우 이 방법이 적용되면 독점기업이 손실을 보게 된다는 심각한 문제점을 안고 있다. 이 이외에도 가격이 평균비용과 같아지도록 만드는 가격규제 방식인 평균비용 가격설정(average cost pricing)이 있지만, 이 역시 규제로 인한 또 다른 문제점이 나타나기 마련이다.

이상의 치유책 이외에도 조세부과 정책을 들 수 있다. 즉 조세부과를 통해 독점기업이 얻는 초과이윤만큼 정부가 세금으로 거둬들여 소비자에게 재분배해 주는 것으로 큰 실효성은 없는 것으로 알려져 있다. 마지막으로 경쟁이 존재하는 체제로 시장을 유도하는 방법을 들 수 있다. 그러나 규모의 경제가 현저한 산업에서 규모가 작은 몇 개의 기업으로 나누는 것은 그 자체가 비효율적이다. 그렇지만 현재 많은 나라에서 규모의 경제가 현저한 산업이라 할지라도 독립된 몇 개의 분야로 나누어, 그중 일부분에서 제한적으로 경쟁을 유도하는 정책을 사용하고 있다.

연 | 습 | 문 | 제

1. 독점이 발생하는 원인을 밝히고, 독점기업의 한계수입곡선이 수요곡선보다 낮게 그려지는 이유를 논리적으로 설명하라.

2. 독점시장의 사회적 비용을 후생삼각형과 자중손실을 이용하여 설명하라. 또한 독점시장의 사회적 비용을 치유할 수 있는 방법을 제시하라.

3. 이윤극대화를 추구하는 독점기업의 균형과 완전경쟁기업의 균형을 그림으로 나타내고 비교 설명하라.

4. 독점기업의 총비용함수가 $C=2Q$이며, 이 기업이 직면하는 수요곡선은 $P=50-\frac{1}{2}Q$이다. 이때 균형가격과 균형수량을 구하라. 또한 독점기업의 이윤은 얼마인가?

5. 한 독점기업은 한계비용과 평균비용이 모두 10일 경우 생산활동을 할 수 있다. 그리고 이 기업이 직면하는 시장수요곡선은 $P=530Q$이다.

(1) 이 기업의 생산량이 얼마일 때 이윤극대화를 달성할 수 있는가? 이러한 생산량하에서 독점이윤은 얼마인가?

(2) 완전경쟁시장이라면 이 기업이 생산하는 생산량은 얼마인가?

(3) 독점시장과 완전경쟁시장을 비교하여 나타나는 사회적 후생 손실을 구하라.

제 8 장 독점적 경쟁시장과 과점시장

지금까지 공부한 완전경쟁시장과 독점시장은 극단적인 경우이며 현실에서는 이 두 시장의 중간형태가 일반적이다. 본 장에서는 현실에서 가장 많이 발견할 수 있는 시장형태인 독점적 경쟁시장과 과점시장에 대해 알아보고자 한다. 독점적 경쟁시장은 상품의 공급에 어느 정도 독점력을 가지는 독점적 특성과 다수의 공급자가 경쟁하는 경쟁적 특성이 함께하는 시장형태를 말한다. 과점시장은 소수의 기업들이 유사한 상품을 생산해 한 시장에서 경쟁하는 시장형태이며, 대부분 공산품 시장이 이러한 형태를 갖고 있다.

1. 독점적 경쟁시장

독점적 경쟁시장은 작은 다수의 기업들이 서로 밀접한 대체재를 생산하고 판매하는 시장 활동으로 현실경제에 존재하는 시장을 가장 잘 반영한다고 볼 수 있다. 여기서는 독점적 경쟁시장의 특성과 시장균형을 중심으로 알아본다.

1. 1 독점적 경쟁시장의 특성

독점적 경쟁시장(monopolistic competition)은 "독점적 요소와 경쟁적 요소를 모두 가지고 있는 시장 형태"를 일컫는다. 즉 독점적 경쟁시장은 동종의 상품(혹은 현실적으로 아주 밀접한 대체재)을 생산하는 기업의 수가 많으나, 상품차별화(product differentiation)를 통해 어느 정도 독점력을 행사할 수 있는 시장을 말한다. 여기서 상품의 차별화는 상표·디자인·품질보증·사후 서비스 등에 의해 다양하게 나타난다. 그래서 수요자는 동종의 상품을 구입함에 있어서도 특정한 공급자의 제품을 선택하는 경향을 나타낸다. 우리 주위에서 흔히 볼 수 있는 미용실·식당·목욕탕·약국 등이 독점적 경쟁시장의 형태이다. 이러한 시장형태를 챔벌린(E. Chamberlin)은 독점적 경쟁이라고 하였지만, 로빈슨(J. Robinson)은 불완전 경쟁(imperfect competition)이라고 명명하였다.

독점적 경쟁시장에서는 다수의 공급자가 경쟁하며 새로운 기업의 진입과 탈퇴가 자유롭기 때문에 완전경쟁시장과 유사한 경쟁적 측면을 갖고 있다. 그러나 상품차별화를 통해 각 기업은 자기 제품을 선호하는 수요자들에게 어느 정도 시장지배력을 가진다. 즉 기업은 자기 제품의 가격을 어느 정도 조정하여 공급량을 조절할 수 있다는 것을 의미한다. 따라서 기업은 가격설정자(price maker)로서 가격과 공급량을 조절할 수 있는 독점시장의 특성을 갖는다.

그러므로 독점적 경쟁시장에서 개별 기업의 수요곡선은 완전경쟁시장과 독점시장의 중간 형태로 독점기업의 수요곡선보다는 다소 완만하게 우하향하는 형태가 된다. 즉 독점적 경쟁시장에서 개별 기업은 독점시장보다 더 탄력적인 수요곡선을 가진다.

한편 독점적 경쟁시장에서 기업은 가격을 경쟁하기보다는 다른 기업의 제품에 비해 자신의 기업 제품의 우월성을 강조하는 비가격 경쟁(non-price competition) 전략을 일반적으로 추구한다. 비가격 경쟁은 크게 상품차별화·광고·판매조건경쟁 등으로 나눌 수 있다.

경제학원론 교재의 시장형태

경제학원론 교재의 시장은 어떤 형태일까? 경제학원론 교재의 시장은 독점적 경쟁시장의 성격이 강하다. 현재 우리나라 대학에서 사용되는 경제학원론 교재는 어림잡아 50여 종에 이르고 있다. 우리가 이 책들을 비교해 보면 많은 차이점들을 발견할 수 있다. 모든 교재가 거의 똑같이 중요한 이론들을 수록하였지만 자세히 들여다보면 접근방법과 설명하는 방법이 매우 다르다는 것을 알 수 있다. 예를 들어 어떤 책은 하나의 색으로 인쇄한 반면, 어떤 책은 몇 가지 색으로 인쇄하며, 어떤 책은 사진을 많이 수록하기도 하고 어떤 책은 수식이나 예를 많이 이용하기도 한다.

또한 저자들은 이런 여러 가지를 잘 조합하여 독자들이 매력을 느끼도록 노력한다. 최근에는 스터디 가이드·비디오·컴퓨터 학습지도-패키지·교수 지도책자 등의 부속물을 이용하여 차별화를 시도하기도 한다.

이와 같이 많은 경제학원론 책들이 거의 똑같은 내용을 담고 있지만, 여러 가지 면에서 다르기 때문에 상품차별화가 나타난다. 각각의 경제학원론 교재는 나름대로 독특한 내용과 외관을 가지고 있기 때문에 엄밀한 의미에서 독점적 성격을 갖는다. 또한 많은 경제학원론 책들이 서로 대체될 수 있으며 하나의 시장에서 경쟁하기 때문에 경쟁적인 요소를 가지고 있다. 그러므로 많은 저자들은 값이 싸고 좋은 경제학원론 교재를 만들기 위해 노력한다.

그러나 경제학원론 교재 시장의 수요 특성상 가격 경쟁은 그다지 심하지 않다. 왜냐하면 대학 교수들이 경제학원론 교재를 선택하면 자동적으로 어느 정도 수요가 창출되기 때문이다. 물론 선택 요건에 가격이 중요 변수이긴 하지만 그보다는 다른 요인들이 더 많이 작용한다. 이런 점들을 고려할 때 경제학원론 교재의 시장은 독점적 경쟁시장이라고 할 수 있다.

1. 2 독점적 경쟁시장의 균형

독점적 경쟁시장에서 각 기업은 차별화된 상품을 생산하므로 독자적인 시장을 형성하게 되어 개별 기업의 수요곡선은 우하향하는 형태(독점시장에 비해 다소 완만한 형태)가 된다. 이는 독점시장에서와 마찬가지로 한계수입곡선의 기울기가 수요곡선보다 가파르게 나타남을 의미한다. [그림 8-1]을 이용하여 독점적 경쟁시장의 균형을 알아보자.

[그림 8-1]에서와 같이 이윤극대화($MR=MC$)를 추구하는 독점적 경쟁기업의 단기균형은 E점에서 달성된다. 이때 시장가격은 P^*이고 균형수량은 Q^*가 되며, 기업의 초과이윤은 사각형 P^*ABE로 나타난다. 그렇다면 독점적 경쟁시장의 기업은 지속적으로 초과이윤을 얻을 수 있을까? 결론적으로 초과이윤은 단기균형에서만 가능하다. 왜냐하면 장기적으로 새로운 기업들이 진입하면 개별기업이 직면하는 수요에 영향을 미치게 되어 초과이윤은 점차 줄어들 것이기 때문이다. 기존기업의 수요가 줄어든다는

그림 8-1 독점적 경쟁시장의 균형

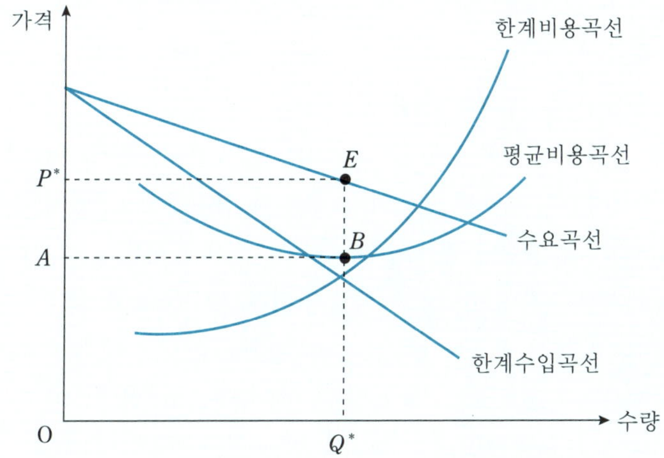

것은 기존기업의 수요곡선이 왼쪽으로 이동한다는 것을 의미한다.

독점적 경쟁시장에서 초과이윤이 존재하는 한 새로운 기업의 계속적인 진입으로 기존기업의 수요곡선은 계속해서 왼쪽으로 이동하여 마침내 수요곡선이 평균비용곡선과 접하게 될 것이다. 이러한 독점적 경쟁시장의 장기균형은 [그림 8-2]에 나타나 있다. 구체적으로 이윤극대화($MR=MC$)

그림 8-2 독점적 경쟁시장에서의 초과 설비

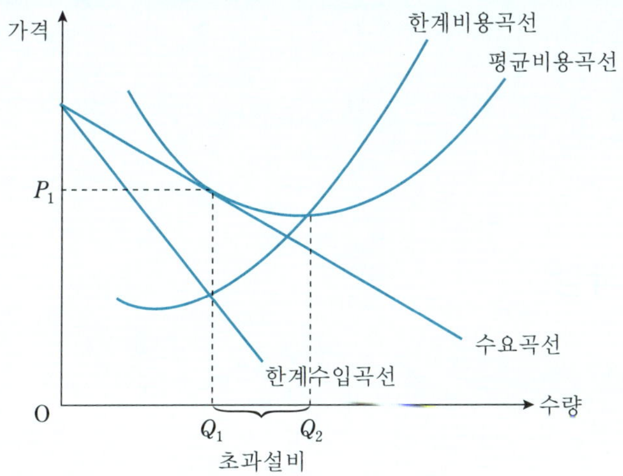

를 추구하는 독점적 경쟁기업의 장기균형은 P_1의 가격과 Q_1의 수량이 되며, 이때 초과이윤은 영(0)이 된다. 다시 말해 한 기업이 직면하는 수요가 점차 줄어들어 초과이윤이 없어질 때 장기균형이 형성되며, 이때 새로운 기업의 진입도 멈추게 된다.

독점적 경쟁시장에서 초과이윤이 영(0)이 되는 균형점의 특성은 완전경쟁시장의 경우와 동일하다. 그러나 완전경쟁시장에서는 평균비용의 최저점에서 균형이 이루어지는 반면, 독점적 경쟁시장에서는 평균비용의 최저점 왼쪽에서 균형을 이루게 된다. 이는 독점적 경쟁시장에서 생산시설의 유휴가 발생한다는 것을 의미한다. 다시 말해 최적수준의 가동률로 생산하지 못하고 [그림 8-2]에서와 같이 Q_1Q_2만큼의 초과설비(exceed capacity)가 존재한다.

시장형태별 생산량과 시장가격의 비교

완전경쟁시장은 생산량이 가장 많은 반면, 독점시장은 독점이윤을 향유하기 위해 가장 적은 생산량, 즉 생산시설의 유휴(idle)가 발생한다. 또한 시장가격은 독점시장에서 가장 높은 반면, 완전경쟁시장에서 가장 낮게 나타난다. 독점적 경쟁시장은 생산량과 가격 모든 측면에서 완전경쟁시장과 독점시장의 중간 정도에 해당된다.

	완전경쟁시장	독점적 경쟁시장	독점시장
생 산 량	상	중	하
시장가격	하	중	상

2. 과점시장

비교적 소수의 기업들이 유사한 상품을 생산하여 한 시장에서 상호 경쟁하는 시장형태를 과점시장이라 한다. 이러한 과점시장은 상당한 정도의 진입장벽이 존재한다는 특징이 있다. 여기서는 과점시장의 특성을 살펴보고 과점시장 이론을 개괄적으로 공부한다.

2. 1 과점시장의 특성

과점(oligopoly)시장의 가장 큰 특성은 기업들 간의 상호의존성에 있다. 만약 한 기업이 가격과 생산량을 조절하여 이윤의 증대를 추구한다면, 그 영향은 경쟁기업의 입장에서는 불리하게 작용할 것이기 때문에 반격을 취할 수도 있다. 그러므로 한 기업이 가격이나 생산량을 변화시킬 때 다른 경쟁기업들이 어떻게 반응할지에 대하여 분석한 후 결정하여야 한다. 즉 경쟁기업들의 여러 가지 반응에 따라 개별기업이 의사결정을 해야 하는 전략적 상황(strategic situation)이 발생한다.

과점기업들은 서로 협조적인 성향으로 인해 담합(collusion)과 같은 비경쟁 행위를 하려는 경향이 강하게 나타난다. 또한 치열한 비가격 경쟁과 가격의 경직성이 쉽게 나타난다. 한 기업의 가격조정은 다른 기업의 반격을 초래하기 때문에 그 기업이 오히려 손실을 보게 될 수도 있다. 그러므로 과점기업은 가격경쟁을 피하려 하므로 가격은 경직성을 가지게 된다.

이상의 특성으로 말미암아 과점시장 이론은 하나의 일관된 이론으로 존재할 수 없고, 시장의 특성이나 경제학자의 가정에 따라 다양하게 존재한다.

2. 2 과점시장 이론

과점시장 이론은 크게 세 가지 다른 가정을 통해 분류할 수 있다. 첫째, 각 기업이 다른 기업의 반응을 고려하지 않고 독자적으로 행동한다는 가정으로 꾸르노 모형(Cournot model), 베르뜨랑 모형(Bertrand model), 굴절수요곡선 모형(kinked demand curve model) 등이 있다. 이상의 모형들의 공통점은 각 기업이 다른 경쟁 기업들의 반응을 추측하고 이에 대응해 의사결정을 한다는 데 있다. 그러나 모형마다 경쟁기업의 반응에 대한 추측이 다르기 때문에 분석 결과도 모형마다 다르게 전개된다. 구체적으로 꾸르노 모형은 생산량에 관한 추측을 전제하는 반면, 베르뜨랑 모형과 굴절수요곡선 모형은 가격을 주요 경쟁 수단으로 가정한다.

둘째, 과점시장의 기업들이 암묵적 담합체제(collusion system)를 형성하는 것을 가정하는 가격선도 모형(price leadership model)을 들 수 있다. 이러한 모형은 과점시장에서 어떤 선도기업(지배기업 혹은 표준기업)이 먼저 가격을 변동하면, 나머지 기업들은 담합이 없이도 암묵적으로 그 가격을 협조하고 동조한다고 가정한다.

셋째, 완전한 담합을 가정한 모형으로 카르텔(cartel)을 생각할 수 있다. 카르텔은 과점시장의 기업들이 완전한 담합을 통해 하나의 거대한 독점기업처럼 행동하는 모형이다. 이윤을 극대화하는 전체시장의 공급량을 결정하고, 카르텔 가맹 기업들 간의 생산량을 어떻게 배분할 것인가에 대한 합의가 이루어져야 한다. 현실적으로는 각 기업들 간의 첨예한 경제적 이해관계의 갈등으로 인해 카르텔이 붕괴될 가능성이 크다. 왜냐하면 어떤 기업이 카르텔 협정을 무시하고 가격이나 할당량을 조정하여 큰 이윤을 얻을 수 있기 때문이다. 카르텔은 가맹기업들의 독자적인 이기적 행위에 의해 와해될 수 있다. 그러므로 과점기업 간의 협조를 통해 하나의 독점기업처럼 행동하기란 매우 어렵다.

○ 과점시장의 기업 역시 우하향하는 수요곡선을 갖기 때문에 자원배분의 비효율성이 생겨난다. 그러나 소비자의 다양한 욕구를 충족시켜 후생의 증대를 꾀할 수 있다는 측면에서 독점적 경쟁시장과 유사한 특징을 가지고 있다.

○ 과점시장은 어떤 시장에서보다도 기술혁신의 유인에서는 긍정적인 측면이 있다. 왜냐하면 경쟁을 통한 기술혁신의 유인이 존재하며(완전경쟁시장의 특징), 초과이윤을 효율적으로 관리할 경우 기술혁신에 투자할 시설과 자본을 확보할 수 있기(독점시장의 특징) 때문이다.

○ 소득분배의 불평등 측면에서 과점시장은 독점시장과 독점적 경쟁시장의 중간 정도에 위치한다.

연 | 습 | 문 | 제

1. 독점적 경쟁시장이 독점시장 및 완전경쟁시장과 어떤 점에서 공통점과 차이점이 있는지 설명하라.

2. 독점적 경쟁기업의 초과이윤이 영(0)이 되는 균형점을 그림으로 나타내고 설명하라. 또한 이러한 균형점이 완전경쟁기업의 균형점과 어떠한 차이가 있는지 설명하라.

3. 현실에 존재하는 독점적 경쟁시장의 예를 제시하라. 또한 독점적 경쟁기업이 광고에 많은 돈을 투자하는 이유는 무엇인가?

4. 소비자의 후생수준과 기술혁신의 측면에서 과점시장 이론의 특성을 완전경쟁시장과 비교하여 설명하라.

5. 과점기업들이 담합과 같은 비경쟁 행위를 하려는 경향이 강하게 나타나는 이유를 설명하라.

제 4 편

생산요소 시장 및 소득분배

제 4 편

생산요소 시장 및 소득분배

PART IV

제 9 장 생산요소의 가격 및 거래량 결정

지금까지 상품이 거래되는 시장에 대한 다양한 분석을 공부하였다. 본 장에서는 상품의 생산에 필요한 노동·자본·토지와 같은 생산요소가 거래되는 시장에 대해 살펴본다. 생산요소 시장에서의 가격 및 거래량도 상품이 거래되는 시장과 마찬가지로 수요와 공급의 상호작용에 의해 결정된다. 그러나 상품은 생산자 혹은 기업이 공급하고 소비자 혹은 가계가 효용을 극대화하려는 동기로 수요하지만, 생산요소는 소비자 혹은 가계가 공급하고 생산자 혹은 기업이 이윤을 극대화하려는 동기로 수요한다는 기본적인 차이점이 있다.

1. 생산요소 시장의 기초개념

기업은 재화와 용역을 생산하기 위해 여러 가지 생산요소를 투입한다. 공장부지·사무실·상가점포 등을 마련해야 하며, 건물을 짓고 기계설비를 배치하고 노동을 고용해야 한다. 기계설비는 일반적으로 동력을 갖춘 설비인데, 생산부문에 따라 제강설비·용광로·선반·컨베이어 벨트·섬유 직기·자동차 등과 같이 다양한 기능을 갖춘 재화들로 구성된다. 생산을 위해서는 기계뿐만 아니라 다양한 구조물들이 이용된다. 용광로·전기로·건조탑·정제시설·폐수처리 시설 등은 구조물의 형태로 건설되며 규모가 대형이고 주요한 역할을 하는 생산시설이다. 노동자는 종사하는 직종과 숙련에 따라 다양하게 분류된다.

경제학은 이처럼 종류가 많고 기능이 다른 생산요소들을 크게 자본·토지·노동의 범주로 분류한다. 기계설비·건물·구조물들은 기능과 용도에서 서로 차이가 있지만, 이것들은 재생산 대상이며 화폐로 구매되기 때문에 자본이라는 넓은 범주로 포괄된다. 토지는 공급이 제한되어 있고 대체로 자연적인 조건하에서 공급이 제약된다. 노동은 노동자의 정신적 및 육체적인 노동행위이며, 노동자는 자유로운 노동의지를 바탕으로 고용계약을 맺는 생산요소이다. 그러므로 기업이 투입하는 생산요소는 자본·토지·노동으로 분류되며, 이것들이 본원적 생산요소를 이룬다.

생산요소의 가격 및 거래량은 생산요소 시장에서의 수요와 공급에 의해 결정된다. 그러나 생산요소들은 일반 상품과는 달리 직접 소비자에 의해 수요되지는 않는다. 신발·자동차·가전제품과 같은 상품들은 시장에서 소비자에 의해 직접 수요되는 반면, 생산요소에 대한 수요자는 기업이며 기업은 이윤극대화 혹은 비용극소화의 동기로 생산요소를 구매한다.

여기서 유의할 사항은 기업이 생산요소를 수요함에 있어 미래의 수요에 대한 예측을 고려해야 한다는 점이다. 예를 들어 기업이 시장에서 생산물에 대한 수요가 많을 것으로 예측한다면 생산요소의 투입을 증가시키게 되며, 반대로 생산물에 대한 수요가 적을 것으로 예상한다면 생산요소에 대한 수요도 감소하게 된다.

이와 같이 생산요소는 시장에서 직접 소비자에 의해 수요되는 상품과는 달리 생산물을 통해 그 수요가 유발되기 때문에 생산요소에 대한 수요를 파생수요(derived demand)라고 한다. 생산요소에 대한 파생수요는 기업이 생산요소를 고용하였을 때 생산에 기여하는 바에 따라 결정된다. 생산요소의 공급은 생산요소마다의 특성으로 말미암아 자본·토지·노동의 공급조건이 상이하게 나타난다. 이 점은 이하에서 살펴보기로 한다.

생산요소에 대한 수요는 파생수요: 상품에 대한 수요에 의해 유도되기 때문

2. 자본과 이자

자본(capital)은 "현재의 소비를 포기하고 미래의 소비를 위해 보유하는 화폐"를 말한다. 일반적으로 자본은 건물·기계·시설 등의 형태로 존

재하기 때문에 자본재(capital goods)라고도 한다. 이자(interest)는 "자본의 사용으로 인한 생산성 향상에 대한 대가"이다.

자본에 대한 수요는 다음의 예를 통해 쉽게 이해할 수 있다. 예를 들어 섬유산업에서 방직기계 1대를 추가로 투입하여 생산한 직물이 10필이라면, 이 방직기계를 추가로 고용할 것인가는 방직기계를 구입하는 비용과 비교하여 결정된다. 직물 1필의 값이 1,000원이고 1필의 직물을 생산하는 데 소요된 재료와 노동비용을 공제하고 20원의 이윤이 남는다고 하자. 기업이 1년에 100필을 생산한다면 1년 동안의 이윤은 2,000원이 된다. 또한 방직기계 1대의 구입비용이 20,000원이고 이자율이 연 5%이며 감가상각이 없다고 가정하면, 1년 동안의 자본소요 비용은 1,000원이다(즉 구입비용 20,000원의 5%인 1,000원).

그러므로 기업은 자본을 추가로 고용하였을 때 수입이 2,000원이고 소요된 비용이 1,000원이기 때문에 방직기계를 도입하게 된다. 이윤극대화를 추구하는 기업은 자본을 추가로 1단위 더 고용하였을 때의 수입이 비용보다 크다면 계속적으로 자본을 고용할 것이다. 다시 말해 기업은 자본을 추가로 1단위 더 고용하였을 때의 수입이 비용과 일치할 때까지 자본의 구입을 증가시킨다.

이와 같이 자본을 구입하는 과정을 좀 더 구체적으로 살펴보자. "자본 1단위를 추가적으로 고용해서 얻을 수 있는 생산량의 증가분"을 자본의 한계생산(marginal product of capital, *MPK*)이라 한다. 따라서 상품의 가격이 P일 때 자본 1단위를 추가적으로 고용함으로써 얻을 수 있는 수입은 $MPK \times P$가 된다. 이는 자본의 한계생산과 상품의 가격을 곱한 것이므로 자본의 한계생산가치(value of marginal product)라고 부를 수 있다. 따라서 자본의 수요는 자본의 한계생산가치로 나타낸다.

자본에 대한 공급은 자본의 가격(즉 자본공급으로 인해 얻을 수 있는 수익)에 의존한다. 자본의 가격이란 기계나 설비 그 자체의 가격이 아니라 그것의 서비스를 일정 기간 동안 사용하는 데 대해 지불하는 대가를 의미한다. 이러한 자본의 가격은 임대료의 성격을 지니고 있으며 종종 자본의 시장이자(v) 정도로 나타낸다. 그러므로 기업은 시장이자 v(자본에 대한 공급)와 자본의 한계생산가치 $MPK \times P$(자본에 대한 수요)가 일치할 때까지 자본을 고용한다. 이윤극대화를 추구하는 기업은 $MPK \times P$가 v보다 클 때에는 자본구입을 증가시킬 것이고, $MPK \times P$가 v보다 작을 때에는 자본구입을 감소시킬 것이다.

자본의 한계생산이 크거나 생산물 가격이 상승할수록 기업은 자본수요를 증가시킨다. 반대로 이자율이 높을수록 자본수요는 감소하는데, 그 이유는 자본의 차입비용이 높아지기 때문이다. 여기서 유의할 사항은 자본의 공급가격을 결정하는 이자율은 화폐시장에서 화폐에 대한 수요와 공급에 의해 결정된다는 점이다. 화폐에 대한 수요와 공급은 다양한 요인들에 의해 영향을 받게 되는데, 이 점은 제 8 편에서 공부하기로 한다. 다만 화폐에 대한 수요와 공급은 자본수요와는 독립적으로 결정되며, 이자율은 자본수요와는 독립된 지표라는 점을 기억해야 할 것이다. 자본시장에서 이자율은 자본을 구입하기 위한 비용일 뿐이다.

3. 노동과 임금

임금(wage)은 "노동이라는 생산요소가 제공하는 용역의 대가"이다. 즉 노동에 대한 수요와 공급의 상호작용을 통해 노동시장의 균형에서 임금수준 및 고용량이 결정된다. 노동에 대한 수요는 자본과 마찬가지로 파생수요이며, 노동의 한계생산(marginal product of labor, *MPL*)과 상품의 가격을 곱한 노동의 한계생산가치($MPL \times P$)로 나타낸다. 노동에 대한 수요는 기업이 노동을 1단위 추가로 고용함으로써 얻을 수 있는 수입에 따라 결정된다.

노동의 공급은 임금(w)수준에 의해 결정된다. 노동을 공급하는 노동자들은 임금수준이 높을수록 노동공급을 증가시키려 할 것이고, 임금수준이 낮아지면 노동공급의 유인이 감소할 것이다. 그러므로 기업은 노동의 한계생산가치 $MPL \times P$(노동에 대한 수요)와 임금 w(노동에 대한 공급)가 일치할 때까지 노동을 고용한다. 왜냐하면 이윤극대화를 추구하는 기업은 $MPL \times P$가 w보다 클(작을) 때에는 노동을 고용함으로써 얻을 수 있는 수입이 비용보다 크므로(작으므로) 노동의 고용을 증가(감소)시키기 때문이다.

이윤극대화하에서 생산요소에 대한 수요

자본의 한계생산가치 = 이자($MPK \times P = v$)

노동의 한계생산가치 = 임금($MPL \times P = w$)

노동의 한계생산이 증가하거나 임금이 하락할 때 기업은 노동고용을 증가시킨다. 생산물 가격이 상승할 경우에도 고용을 증가시킨다. 그러나 노동의 한계생산이 증가하더라도 임금이 더 빠르게 상승하면 고용은 감소하게 된다. 그 이유는 노동을 고용하여 얻는 추가 수입이 추가 고용으로 인해 지불되는 임금비용을 상쇄하지 못하기 때문이다. 노동의 공급은 자본과는 달리 임금으로 구매할 수 있는 소비재의 양에 의존하며 노동자의 생활수준에 의해서도 결정된다. 노동자는 생산과정에서 소모된 노동력을 재생산하고 문화적 및 사회적 생활을 영위하는 사회적 존재이기 때문에 임금에는 생계수단을 구매하는 비용뿐만 아니라 질적으로 개선된 주거조건과 문화적인 혜택을 누릴 수 있는 비용이 포함된다.

그러므로 노동의 공급은 자본의 공급과는 기본적인 차이점이 있다. 노동의 공급은 인간에 의한 것으로 하루를 기준으로 할 때 24시간이라는 제약도 존재한다. 즉 노동의 공급은 소비자가 효용을 극대화하는 과정의 일환으로 이해할 수 있다.

노동시장은 완전경쟁시장일까?

현실적으로 노동시장은 불완전 경쟁시장에 가깝다고 볼 수 있다. 왜냐하면 산업별·지역별·직종별·개인별·성별 등 다양한 형태의 임금격차가 발생하고 있기 때문이다. 이러한 임금격차가 발생하는 요인은 다음과 같다.

첫째, 현실적으로 기업은 노동수요에 어느 정도 영향력을 행사하고 있다.
둘째, 미숙련공 혹은 청소년 노동자를 보호하기 위한 최저임금제가 실시되고 있다.
셋째, 산업 간·직종 간·지역 간 노동력 이동에는 다소의 제약이 존재한다.
넷째, 노동시장에서 노동자 간 상이한 정보를 소유한다.
다섯째, 본질적으로 노동자의 질이 대단히 상이하다.

4. 토지와 지대

시내(rent)는 "공급이 상대적으로 고정된 모든 생산요소의 보수"를 의미한다. 흔히 지대는 토지의 사용에 대한 보수로 인식되고 있지만, 토지에 국한되지 않고 공급량이 고정된 모든 생산요소의 보수를 의미한다.

지대도 다른 재화들과 마찬가지로 토지의 공급과 수요에 의한 시장원칙에 의해 결정된다. 그렇지만 토지는 다른 재화들과는 달리 생산비용이 없으며 공급량이 한정되기 때문에 고정된 공급곡선으로 나타난다. 그러나 토지의 한계생산가치는 지역에 따라 상이할 수 있다. 예를 들어 서울의 토지를 추가적으로 사용함으로써 얻을 수 있는 수익이 시골의 토지를 추가적으로 사용함으로써 얻을 수 있는 수익보다 크게 나타날 것이다. 즉 인구가 많고 소득수준이 높은 서울에서의 토지의 한계생산가치가 높게 나타난다. 따라서 서울의 지대, 즉 땅값이 높을 수밖에 없다.

엄밀한 의미에서는 토지의 공급량이 고정되었다고 볼 수 없다. 기본적인 토지의 크기는 고정되어 있지만 경제적 용도로 사용할 수 있는 토지의 공급량은 완전히 고정된 것은 아니다. 또한 엄밀하게 말하면 토지의 공급은 토지서비스의 공급으로 표현해야 한다. 왜냐하면 토지도 자본과 마찬가지로 이를 빌려줌으로써 받는 대가가 높아질수록 공급량이 증가할 것이기 때문이다.

경제학에서 지대와 관련된 중요한 개념으로 경제지대(economic rent)

가 있다. 경제지대는 "어떤 생산요소의 공급에 필요한 금액을 초과하여 그 생산요소에 대해 실제로 지불한 금액"을 의미한다. 완전경쟁시장을 상정할 경우 장기에는 자유로운 진입과 탈퇴로 말미암아 모든 산업에서 기업들의 초과이윤은 영(0)이 되어야 한다. 그러나 장기에 고정된 생산요소가 존재한다면 새로운 기업의 진입이 자유롭게 이루어지지 않으므로 기존 기업은 초과이윤을 얻을 수 있다.

장기적으로 공급이 고정된 생산요소가 존재하는 이유는 토지·원유 등과 같이 자연적인 이유로 그 공급이 제한되는 경우와, 의사나 변호사 등과 같이 면허가 있어야 경제행위를 할 수 있는 법률적인 경우 두 가지가 있다.

만약 이러한 고정된 생산요소로 말미암아 허가증이 있어야 그 산업에 진입할 수 있다면, 허가증은 진입 억제에 의해 발생되는 초과이윤의 가치에 의해 결정된다. 따라서 그와 같은 허가증이 필요한 산업에 진입하려는 기업의 입장에서 보면 이 산업의 장기초과이윤은 영(0)이 된다. 왜냐하면 진입비용에 허가증의 구입비용이 포함되기 때문이다. 그러나 기존의 기업들은 장기적으로 공급이 고정된 허가증이라는 생산요소를 보유하는 데 따르는 이익을 얻게 되는데, 이를 경제지대라고 한다.

어떤 이유에서든 경제지대가 존재하는 경우 이미 허가증을 소유한 기득권자들은 경제지대를 계속적으로 유지하려는 속성을 갖는다. 특히 법률적인 원인에 의하여 고정된 생산요소를 소유한 사람들은 계속적으로 경제지대를 추구하기 위해 허가증의 수를 제한하기를 원한다. 이를 위해 정책입안자에게 허가증 수를 제한해야 하는 타당성을 홍보하거나 로비(lobby) 등을 통해 알리려 한다.

고정된 생산요소를 소유한 사람들은 정책입안자에게 심지어 뇌물(bribe)을 공여하려고 시도한다. 이를 지대추구(rent-seeking) 혹은 지대추구행위(rent-seeking behavior)라고 한다. 이러한 지대추구에 비용이 든다면, 이는 생산량의 증가와 무관하며 경제지대를 보존하기 위한 지출이라는 측면에서 사회적 낭비가 된다.

○ 자본주의가 발전하고 기업의 비중이 확대됨에 따라 자본·노동·토지와 같은 생산요소 이외에 기업가의 경영능력도 중요한 생산요소로 인식되고 있다.

○ 슘페터(J. Schumpeter)는 신제품 개발·새로운 생산방법의 도입·시장개척·새로운 자원의 개발 등과 같은 기업가의 혁신을 자본주의 경제발전의 원동력으로 제시하였다.

○ 이윤(profit)은 기업가의 경영능력이라는 생산요소에 대한 보수로 인식된다.

연 | 습 | 문 | 제

1. 생산요소에 대한 수요를 파생수요라고 부르는 이유는 무엇인가?

2. 만약 다음과 같은 현상이 생겨날 경우 어떤 생산요소의 가격에 미칠 영향을 설명하라.

   (1) 어떤 생산요소를 대체할 수 있는 다른 생산요소가 발견되었다.

   (2) 어떤 생산요소를 사용하여 생산하는 상품에 대한 수요가 급증하였다.

   (3) 급속한 기술발전으로 인해 어떤 생산요소에 대한 수요가 감소하였다.

3. 경제지대가 발생하는 이유는 무엇이며 어떻게 유지될 수 있는지 생각해 보자. 또한 의사·변호사의 수가 현재보다 2배 이상 증가할 때 생겨날 수 있는 사회적 현상을 지대추구와 관련해서 설명하라.

4. 근로소득세의 감면이 노동공급에 어떤 영향을 미칠 것인가? 세금이 감면되면 노동공급에 따른 임금이 증가하기 때문에 노동공급을 증가시키려는 요인과 임금이 증가하면 임금보다는 여가에 대한 한계효용이 증가해 노동공급을 감소하려는 요인이 동시에 나타날 수 있다. 이 점을 상세히 설명하고, 이떤 요인이 더 크게 나타날 수 있는지 설명하라.

5. 기업이 한계생산가치와 생산요소의 가격이 일치하는 수준에서 생산요소를 수요할 때 이윤극대화를 달성할 수 있는 이유를 설명하라.

제10장 소득분배

소득분배(income distribution)는 생산요소의 소유자에게 소득이 어떻게 분배되는지를 의미한다. 이미 공부한 바와 같이 노동에는 임금, 자본에는 이자, 토지에는 지대, 기업가의 경영능력에는 이윤의 형태로 소득이 분배된다. 소득이 어떤 생산요소의 소유자에게 집중될 때 소득불평등이 심하다고 표현한다. 이러한 소득분배는 사회 구성원 간의 형평성 문제와 관련되며, 더 나아가 경제적 복지수준과도 밀접한 관계가 있다. 본 장에서는 소득분배를 측정하는 몇 가지 방법을 소개하고 소득재분배정책에 대해서도 알아본다.

1. 소득분배의 측정방법

소득분배를 측정하는 방법은 다양하게 존재하지만 바람직한 속성을 모두 갖추고 있는 방법은 아직 발견되지 않고 있다. 여기서는 가장 폭넓게 사용되는 소득분배의 측정방법을 소개한다.

한 국가나 사회의 소득분배를 측정하는 기준은 크게 기능별 소득분배와 계층별 소득분배로 나누어진다. 기능별 소득분배(functional distribution of income)는 국민소득이 이자·임금·지대·이윤 등으로 나누어지는 몫이 얼마인지를 보여 주는 소득분배이다.

계층별 소득분배(size distribution of income)는 소득의 원천이나 형태를 따지지 않고 소득의 크기만을 중시하는 소득분배이다. 이러한 계층별 소득분배는 통상적으로 사람들의 기본생활 단위가 되는 가계단위로 파악하며, 본 장에서의 논의는 계층별 소득분배에 초점을 두고 있다.

1. 1 10분위 분배율

10분위 분배율(deciles distribution ratio)은 "소득계층을 10%씩 10등분한 후, 소득이 낮은 40% 소득합계를 소득이 가장 높은 20% 소득합계로 나눈 비율"을 일컫는다.

$$10\text{분위 분배율} = \frac{\text{최하위 40\%의 소득계층의 소득}}{\text{최상위 20\%의 소득계층의 소득}}$$

최하위 40% 소득계층이 분자에 위치하므로, 10분위 분배율의 값이 클수록 소득분배가 평등함을 의미한다. 이 방법은 측정하기가 간편하고 하위계층과 상위계층의 소득분배 상태를 직접 비교할 수 있다는 장점이 있다. 그러나 10분위 분배율은 사회 구성원 전체의 소득분배 상태를 나타내지 못하는 한계를 갖는다. 통상적인 기준은 없지만 10분위 분배율이 0.45 이상이면 고평등분배국, 0.45 이하 0.35 이상이면 저평등분배국, 0.35 이하이면 불평등분배국으로 분류된다.

1. 2 로렌츠 곡선

로렌츠 곡선(Lorenz curve)은 "계층별 소득분배 자료에서 인구누적비율과 소득누적비율 간의 대응관계를 표시한 곡선"이다. 만약 한 경제에 있어서 인구누적비율과 소득누적비율이 [그림 10-1]에서와 같이 $00'$을 잇는 대각선 형태로 이루어진다면 완전평등 상태를 나타낸다. 반대로 한 명이 경제의 전 소득을 차지한다면 로렌츠 곡선은 $070'$이 될 것이고, 이는 완전불평등 상태를 나타낸다. 그러므로 로렌츠 곡선이 아래로 늘어지게 그려질수록 소득불평등이 심하다는 것을 의미한다.

이와 같은 로렌츠 곡선은 불평등 정도를 한 눈에 알아볼 수 있는 장점이 있다. 그러나 많은 국가 간·지역 간 비교를 행할 때 많은 곡선들이 서로 교차하면 비교하기 힘들다는 단점도 있다(예를 들어 한 그래프 위에 몇십 개의 곡선을 그린다고 생각해 보라).

그림 10-1 로렌츠 곡선

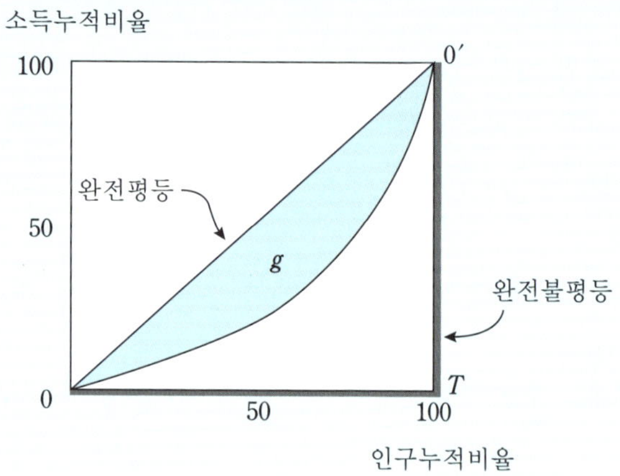

또한 로렌츠 곡선은 어떤 국가나 사회가 다른 국가나 사회에 비해 더욱 평등한지 그렇지 않은지만을 제시할 뿐 어느 정도로 더 평등한지는 알 수 없다는 단점이 있다.

1. 3 지니계수

로렌츠 곡선의 단점을 보완하기 위해 로렌츠 곡선이 나타내는 바를 하나의 구체적인 숫자로 표시한 것"을 지니계수(Gini coefficient)라고 한다. [그림 10-1]로부터 지니계수는 다음과 같이 구할 수 있다.

$$\text{지니계수} = \frac{\text{불평등 면적}(g)}{\Delta\, OTO'\text{의 면적}}$$

그러므로 지니계수는 0과 1 사이의 숫자로 표시되며 불평등 정도가 심할수록 1에 가까워진다. 지니계수는 다양한 형태의 소득이나 부의 불평등도를 측정하는 데 사용되고 있으며, 국가 간·지역 간 비교가 용이하다는 측면에서 다른 측정방법에 비해 폭넓게 사용되고 있다. 특히 소득분배를 측정한 지니계수를 소득지니계수라고 한다. 일반적 기준은 없지만 대체로 소득지니계수가 0.5 이상이면 높은 소득불평등 분배, 0.5 이하 0.4 이상이면

| 표 10-1 | 소득 10분위별 소득분배와 지니계수

출처	2006	2007	2008	2009	2010	2011	2012	2013	2014
1분위(%)	2.2	2.1	2.1	2.1	2.2	2.2	2.2	2.2	2.3
2분위(%)	4.4	4.2	4.2	4.3	4.3	4.4	4.4	4.4	4.5
3분위(%)	5.8	5.7	5.7	5.8	5.9	6.0	6.0	6.1	6.0
4분위(%)	7.0	7.0	7.0	7.1	7.3	7.3	7.3	7.4	7.3
5분위(%)	8.3	8.3	8.2	8.4	8.5	8.5	8.5	8.5	8.5
6분위(%)	9.6	9.6	9.6	9.7	9.7	9.7	9.7	9.7	9.7
7분위(%)	11.2	11.1	11.0	11.1	11.1	11.1	11.1	11.1	11.0
8분위(%)	13.1	13.0	12.9	13.0	12.9	12.8	12.8	12.9	12.8
9분위(%)	15.6	15.6	15.7	15.6	15.5	15.4	15.4	15.4	15.4
10분위(%)	22.9	23.3	23.5	23.0	22.6	22.6	22.6	22.3	22.4
10분위 분배율	0.5030	0.4903	0.4853	0.4987	0.5197	0.5210	0.5249	0.5337	0.5322
지니계수	0.306	0.312	0.314	0.314	0.310	0.311	0.307	0.302	0.302

출 처 통계청(http://kosis.kr)

중간 소득불평등 분배, 0.4 미만이면 낮은 소득불평등 분배라고 평가한다.

그러나 소득지니계수는 전 소득계층의 소득분배 상태를 하나의 숫자로 표시하기 때문에 특정 소득계층 간의 소득분배 상태는 반영하지 못한다는 약점이 있다.

[표 10-1]은 2006~2014년의 우리나라 10분위 분배율과 소득지니계수에 대한 통계자료를 나타낸다. 이러한 통계자료는 전체 가구를 대상으로 통계청이 매분기마다 작성·발표하는 전국의 가계수지 동향에 기초하고 있다.

2006~2014년 동안 우리나라의 10분위 분배율은 크게 변동하지 않았지만, 2008년 이후 꾸준히 소득분배가 개선되고 있다(2014년은 전년도에 비해 소폭 악화되었음). 그러나 2014년 최상위 10% 소득계층의 소득합계가 전체소득의 22.4%에 달한다. 한편 소득지니계수도 10분위 분배율과 마찬가지로 2008년까지 소폭 증가하다가 2008년 이후부터 조금씩 감소하였다.

지역별 소득지니계수

아래 표에는 1960년대·1970년대·1980년대·1990년대 전 세계 지역별 소득지니계수의 중위수(median)가 요약되어 있다. 우리는 평균적으로 남미국가들의 소득불평등이 가장 심하며 동유럽 국가들이 가장 평등하다는 사실을 알 수 있다. 1990년대 이전의 동유럽 국가들은 효율성보다는 형평성을 강조한 공산권 국가였기 때문에 낮은 수준의 소득불평등을 유지하였다.

그러나 1980년대 후반 이후 자유화 및 개방화의 물결과 함께 동유럽 국가들에서의 소득불평등이 심화되고 있음을 알 수 있다. 동유럽 국가들의 1970년대 소득지니계수의 중위수는 0.22에 불과하였는데, 1990년대에는 0.29로 크게 증가하였다.

| 지역별 소득지니계수의 중위수: 1960년대~1990년대 |

지 역	1960년대	1970년대	1980년대	1990년대
동유럽	0.23	0.22	0.25	0.29
남부아시아	0.32	0.32	0.32	0.32
OECD 및 고소득	0.33	0.33	0.32	0.33
동아시아 및 태평양 연안	0.35	0.34	0.34	0.35
중동 및 북아프리카	0.42	0.47	0.41	0.40
사하라사막 남부 아프리카	0.50	0.49	0.40	0.42
남 미	0.53	0.50	0.51	0.50

출처 Deininger, K. and L. Squire, "New Data Set Measuring Income Inequality," *World Bank Economic Review*, Vol. 10, 1996, pp. 565~591.

한편 중동 및 북아프리카와 사하라사막 남부 아프리카 국가들에 대한 소득지니계수의 중위수는 다소 감소하는 추세를 나타낸다. 예를 들어 사하라사막 남부 아프리카 국가들의 1960년대 소득지니계수의 중위수는 0.50이었는데, 1990년대에는 0.42로 다소 크게 감소하였다. 이러한 사실은 이 지역의 많은 국가들의 경우 내란·미개발 등의 이유로 대부분의 구성원이 가난한 형태로 분류됨으로써 소득분배의 불평등이 개선된 것으로 추측된다.

그러나 남부 아시아·OECD 및 고소득·동아시아 및 태평양 연안 국가들의 소득지니계수의 중위수는 시간의 흐름에 따라 쉽게 변하지 않고 있다.

2. 소득재분배정책

소득이 극히 소수의 사람에게 집중되고 대부분의 사회 구성원들이 최저 생활수준에서 허덕인다면, 계층 간 위화감이 심화될 뿐만 아니라 소득을 계속적으로 증가시키기 어려워진다. 그러므로 자원배분의 효율성과 함께 분배의 형평성은 시장경제에서 중요한 문제로 인식된다. 여기서는 분배의 형평성을 제고시키기 위한 정부의 소득재분배정책에 관해 살펴본다.

2. 1 조세의 소득재분배

정부가 조달하는 여러 가지 재원 중에서 조세는 법적 강제성을 가지고 반대급부 없이 징수된다. 조세는 납세자가 정부로부터 받는 수혜와는 직접적인 관련이 없이 발생하는 소득 또는 지출을 대상으로 하기 때문에 담세능력의 원칙에 따라 징수된다. 조세원칙은 시장의 교환과정에서 적용되며 수익자에게 비용을 부과하는 수익자 부담원칙과는 다르다.

소득재분배에 대한 영향을 기준으로 한 조세 체계는 직접세와 간접세로 구분된다. 직접세는 납세의무자와 조세부담자가 일치하며 소득자가 직접 납부하는 조세이다. 간접세는 납세의무자와 조세부담자가 일치하지 않으며 상품을 구매할 때 납부하게 되므로 소득이 없더라도 지출능력이 있을 경우에 부과되는 조세이다. 간접세는 소비자가 부담하지만 판매자가 징수하여 소비자를 대신하여 납부한다. 직접세의 대표적인 예로는 소득세·법인세가 있으며, 간접세는 부가가치세·특별소비세 등이 있다.

정부의 소득재분배에 대한 의지는 직접세 체계를 통해 실현된다. 조세 체계가 소득재분배를 지향할수록 소득세는 높은 누진세율을 채택하게 되며, 저소득층에 대한 면세혜택을 확대하게 된다. 간접세도 상품에 따라 차등 부과함으로써 소득재분배 효과가 있을 수 있다. 예를 들어 생활필수품에 낮은 세율을, 사치품에 높은 세율을 부과할 수 있다.

조세부과의 원칙: 효율성(efficiency)과 형평성(equity)

○ 직접세(종합소득세·법인세·재산세 등): 납세의무자와 조세부담자가 일치하는 세금 — 형평성을 강조(왜냐하면 소득이나 부가 많은 사람에게 높은 세율이 적용되기 때문)

○ 간접세(부가가치세·특별소비세·주세·수입관세 등): 납세의무자와 조세부담자가 일치하지 않는 세금 — 효율성을 강조(왜냐하면 소득이나 부에 관계없이 세율이 일정하기 때문)

그러나 조세를 소득재분배 수단으로 사용하는 데에는 현실적인 문제들이 존재한다. 조세부과에서 실제 부딪치는 문제는 과세포착에 대한 정확성과 고율의 과세에 대한 고소득자의 반발이다. 누진적인 소득세를 적용하여 소득재분배 효과가 있기 위해서는 먼저 소득이 정확히 파악되어야 하는 데 현실적으로 소득파악에는 한계가 따른다. 특히 급여생활자보다 자본소득과 자영업자의 소득을 파악하기가 어려운데, 납세자가 수입과 비용을 성실하게 신고할 때에만 소득파악은 정확성을 갖게 된다. 이를 위해서는 사회적인 신뢰가 요구되고 신용제도가 정착되어야 한다.

또한 누진세를 적용받는 고소득자가 여러 가지 방식으로 조세에 저항하게 된다. 첫째는 조세의 일부를 타인에게 전가할 수 있다. 자본소득을 대상으로 하는 경우 조세전가는 보다 쉽게 이루어진다. 기업에 대한 법인세·전문직에 대한 조세 등은 급여소득자를 대상으로 한 조세보다 더욱 소비자에게 전가되는 경향이 있다.

둘째는 누진세 때문에 투자를 기피하는 현상이다. 투자는 국민소득을 증가시키는 중요한 수단이며 기술발전과 국민경제의 성장을 촉진한다. 누진세는 개인의 투자의욕을 저해하며 자본투입을 회피하도록 만들기 때문에 경제성장을 상대적으로 정체시키는 요인이 되기도 한다.

경기가 침체하는 동안에는 투자가 경제성장을 위한 적극적인 요소로 활용되는데, 이 기간 중에는 누진세가 갖는 소득재분배 성격이 희생되기 쉽다. 정부는 투자를 활성화하기 위해 법인세를 감면하거나 또는 투자한 만큼의 소득에 대한 조세부과를 연기하는 방안을 경기부양 정책으로 활용한다. 법인세가 감면된 만큼 다른 조세항목에서 징수되어야 하며, 부족한 세수가 간접세에 의해 충당되는 경우가 많기 때문에 조세의 소득재분배 효과가 약화된다.

또한 조세를 감면하더라도 경기가 활성화되면 조세수입이 증가한다는 측면에서 일시적인 조세감면이 정당화되는데, 이 과정에서 누진세가 갖는 소득재분배 기능은 사실상 약화된다.

2. 2 정부지출의 역할

정부는 공공재를 공급하고 개인적인 투자가 어려운 사회간접자본 시설을 건설하기 위해 재정을 지출한다. 국가재정은 다양한 목적과 용도에 따라 투입되는데, 이 중에서 소득재분배와 직·간접적으로 관련되는 지출은 교육·보건·복지·주택건설을 들 수 있다.

교육은 모든 국민들에게 평등한 자기개발 기회를 제공하고 문화적인 수준을 높이며 사회적으로 필요한 인력을 육성한다는 목적을 갖는다. 교육받을 수 있는 기회가 차별되면 개인이 사회에서 직업을 선택하거나 또는 이러한 직업에 맞는 자질을 갖추는 데 불이익을 받게 된다. 평등한 교육기회는 국민 각자가 직업선택에 필요한 소양을 갖추는 데 기여하므로 교육에 대한 지출은 소득재분배에 적극적인 역할을 한다. 정부는 일정 수준까지 의무교육을 실시하고 수익자 부담의 원칙보다는 교육 균등화의 원칙을 준수한다.

교육이 국방이나 치안과 같은 공공재(public goods)처럼 조세부담 능력에 관계 없이 기회평등과 동등한 수혜의 원칙만으로 제공될 수는 없지만, 의무교육이 일정 수준까지는 개인적인 지출과는 관계 없이 시행되기 때문에 소득재분배를 위한 중요한 수단이 된다.

보건·복지·주택건설과 같은 정책들은 교육처럼 소득재분배에 적극적인 역할을 하지는 않는다. 이러한 정책들에는 수익자 부담 원칙이 기본적으로 적용되기 때문에 소득재분배 효과가 상대적으로 약화된다. 그러나 이 정책들은 목적하는 바에 따라 선별적인 효과가 있기 때문에 소득재분배 수단으로 활용된다.

보건은 국민의 건강과 문화적인 삶의 질을 높이는 데 기여하기 때문에 건강보험은 소득재분배 수단으로 적극 활용될 수 있다. 복지는 주로 저소득층을 대상으로 한 정부정책이며, 소득계층 간 격차 또는 세대 간의 소득격차를 축소시키는 데 기여하게 된다. 주택건설은 시장경제에 의해 주도되지만 정부는 저소득자를 위한 주택을 분양 혹은 장기임대로 공급할 수 있다.

2. 3 사회보장제도

경제가 발전함에 따라 사회보장에 대한 국민적인 관심이 높아지고 국가적으로 점차 제도적인 장치가 마련된다. 협의의 의미에서 사회보장은 국민의 기본생활을 보장하고 식생활·건강·주택 등과 같은 부문에서 삶의 질을 최소한의 수준으로 유지하도록 하는 데 있다. 그러나 경제가 발전함에 따라 정부는 협의의 사회보장에서 한 단계 나아가 국민의 삶의 질을 개선하기 위해 적극적으로 관여하게 된다. 광의의 의미에서 사회보장은 국가가 복지를 증진시킬 제반 사항을 제도화하고, 민주주의와 복지사회를 지향하고 실현하는 데 있다.

사회보장제도를 크게 분류하면, 연금제도·건강보험·실업보험의 세 가지 제도가 주축을 이룬다. 정부가 사회보장제도를 시행하면 소득 또는 자산이 있는 국민 모두가 구성원이 되며 일정 금액을 분담금으로 납부하고 제도의 목적과 특성에 따라 그에 대한 반대급부로 혜택을 받는다. 일반적으로 분담금은 개인소득을 기준으로 하여 부과되며 정기적인 소득이 없는 경우 개인이 보유한 자산을 기준으로 하여 부과되기도 한다.

사회보장제도에 납부하는 분담금을 산출하는 데 소득이나 자산이 지표가 되지만, 이에 대한 산출은 제도가 갖는 특성에 따라 다양하게 적용되며 정책적인 배려가 고려된다. 정책적인 기준은 사회보장의 각 제도에 자산적립 기능·보험기능·소득재분배 기능을 어떻게 적용할 것인가에 따라 달라지기도 한다.

연금에는 국민연금·공무원연금·사학연금·군인연금 등이 있으며, 이

중에서 대표적인 연금제도는 국민연금이다. 국민연금은 일정 기간 동안 적립하고 혜택을 받는 제도이다. 일하는 기간 동안 적립하고 은퇴 후 연금을 받기 때문에 세대 간 소득재분배와도 관계된다. 저소득층은 자신의 소득에 비례하여 적립한 이상으로 혜택을 받기 때문에 소득재분배 기능을 갖는다. 반대로 고소득층은 적립한 이하로 연금을 받기 때문에 소득의 일부를 저소득층을 위해 환원하게 된다.

건강보험은 가입자가 소득에 비례하거나 또는 자산과 연계하여 분담금을 납부하고 의료혜택을 받는 제도이다. 가입자가 의료혜택을 받을 수 있는 정도는 실제 의료 진료가 있을 경우 의료 진료의 유형, 수혜기간 등에 따라 분담하는 납부금에 의존하게 된다. 의료보험에는 주로 보험기능과 소득재분배 기능이 작용한다. 진료가 반드시 소득수준과 직접적으로 관계되지는 않지만 저소득층에 혜택이 따르는 경우가 많으며, 저소득층은 낮은 분담금에 비해 상대적으로 많은 의료서비스를 받게 될 가능성이 크다.

실업보험은 가입자가 직업에 종사하는 동안 소득에 비례하여 납부하며, 실직이 되었을 때 소득에 비례하여 또는 일정 한도 내에서 되돌려 받게 된다. 실업보험은 다른 연금이나 건강보험제도에 비해 보험기능이 강하며, 은퇴 시까지 직장을 계속 유지할 경우 혜택을 받지 못하게 된다. 그러나 실직이 되더라도 실업보험을 받을 수 있는 기간은 제한되며 기간이 연장되더라도 재취업에 대한 의지를 충분히 보일 때에만 받게 된다는 조건이 따른다.

대표적 사회보장제도: 연금제도·건강보험·실업보험

연 | 습 | 문 | 제

1. 일반적으로 한 국가의 소득불평등을 측정하기 위해 어떤 방법들이 사용되고 있는가? 이러한 방법들의 장·단점은 무엇인가?

2. 다음은 어떤 국가의 2015년 소득에 대한 5분위배율(소득계층을 20%씩 5등분 한 것)이다. 다음의 물음을 답하라.

구 분	소득점유율(%)
최상위 20%	40
2번째 20%	26
3번째 20%	17
4번째 20%	11
최하위 20%	6

(1) 최상위 20% 계층은 최하위 20% 계층보다 평균적으로 얼마나 더 많은 소득을 받고 있는가?

(2) 소득의 10분위 분배율을 구하라.

3. 현재 우리나라에서 채택하고 있는 사회보장제도 중 하나를 소득재분배 측면에서 설명하라. 또한 협의와 광의의 사회보장제도 차이를 설명하라.

4. 직접세와 간접세가 어떻게 상이한지 예를 들어 설명하라. 또한 직접세와 간접세는 각각 어떤 장점을 가지는지 제시하라.

5. 우리나라에서 채택하고 있는 국민기초 생활보장제도의 문제점을 설명하고, 세계의 거의 모든 국가에서 채택하고 있는 소득재분배정책이 지니는 문제점을 생각해 보자.

제 5 편

시장실패와 정보경제

제 5 편

시장실패와 정보경제

PART V

제11장 시장실패

오늘날 대부분의 경제는 시장체제를 통해 자원의 효율적 배분, 소득과 부의 공평한 분배, 고용안정 및 지속적인 성장을 추구하고 있다. 그러나 시장 메커니즘을 통해 효율적인 자원배분을 달성하지 못할 뿐 아니라 형평성이 훼손되고 소득과 부의 불평등이 더욱 심화되는 경우도 있다. 왜냐하면 시장 메커니즘의 내부에 자원배분의 비효율성을 가져오는 요인들이 있기 때문이다. 이와 같이 시장체제에서 나타나는 비효율적인 자원배분 및 소득과 부의 불평등 심화를 시장실패라고 한다. 본 장에서는 시장실패의 원인과 대책을 중심으로 살펴본다.

1. 시장실패의 원인

우리는 제 6 장 완전경쟁시장에서 시장 메커니즘이 완전하게 작용한다면 자원의 효율적인 배분이 달성됨을 공부하였다. 그러나 "현실적으로 여러 가지 이유로 말미암아 시장의 기능이 제대로 작용하지 못하는 경우"가 종종 발생하는데, 이를 시장실패(market failure)라고 한다. 여기서는 시장실패를 일으키는 몇 가지 주요한 요인들을 살펴본다.

1. 1 시장지배력

완전경쟁시장에서는 '보이지 않는 손'의 역할에 의해 수요와 공급이 조절되어 효율적인 자원배분이 이루어진다. 그러나 완전경쟁시장의 전제조건이 충족되지 못한다면 시장의 기능이 제대로 작동하지 않는다. 제 7 장에서 공부한 독점시장에서는 최적의 자원배분이 불가능하다. 즉 시장지배력(market power)이 존재한다면 시장에서 가격체계가 왜곡될 뿐만 아니라 최적의 생산조합이 나타나지 않게 된다. 예를 들어 전 세계의 항공산업이 독점화된다면 항공사는 가격결정자로서 여행객의 편익은 무시한 채 가능한 한 고가의 항공료를 부과하려 할 것이다. 또한 항공기 제작에 있어서도 최적의 생산량과는 괴리가 생겨나게 된다.

시장지배력이란 "단일 생산자나 소비자가 특정한 재화의 시장가격을 조절할 수 있는 능력을 가지고 있는 상황"을 말한다. 만일 경제학원론 시장에서 시장지배력이 가장 높은 출판사가 자사의 책값을 인상하게 된다면 학생들은 인상가격을 그대로 수용할 수밖에 없다. 특히 이 책이 교재로 사용된다면 그 수업을 듣는 학생들은 더욱이 이 가격에 대해 순응할 수밖에 없다. 그리고 이 책에 대한 독점권이 인정되어 유사한 경제학원론 교과서가 판매될 수 없다면, 이 출판사의 시장지배력은 더욱 커지게 된다. 구체적으로 특허권이나 지적재산권 등은 시장지배력을 보호해 주는 원천인 셈이다.

이미 독점시장에서 공부하였듯이 시장지배력은 자원의 통제·생산의 제한·대량생산의 효율성 등의 원인으로 생겨난다. 시장지배력의 원천이 무엇이든지 간에 그 직접적인 결과는 가격 신호에 대한 시장의 반응을 무시할 수 있는 자유 재량권을 지닌 하나 혹은 소수의 생산자가 나타난다는 것이다. 이들은 효율적인 생산을 위해 경제적으로 활동하기보다는 자신의 사적 이익을 극대화하기 위해 독점력을 행사하게 된다. 이런 경우 사회가 요구하는 최적의 재화나 용역을 생산하기 위한 합리적인 생산요소의 분배가 이루어지지 않아 시장실패가 발생하게 된다.

1. 2 외부성

"어떤 경제활동이 제 3 자에게 의도하지 않은 이익이나 손해를 입히는 경우"가 종종 발생한다. 예를 들어 흡연자가 담배를 피움으로써 자신은 만족을 증대시킬 수 있지만, 주변에 있는 비흡연자에게는 흡연자의 담배 소비가 고통이 될 수 있다. 즉 흡연이 다른 소비자에게는 불편함을 주며 건강을 위협한다. 이처럼 흡연자의 행동이 비흡연자에게 의도하지 않은 손해를 입히면서 아무런 대가를 지불하지 않는 경우를 외부비경제(external diseconomy)가 발생한다고 말한다. 이때 비용을 발생하게 한 주체가 부담하지 않는 비용을 외부비용(external cost)이라 한다.

외부비경제와는 반대의 현상으로 "어떤 경제활동이 제 3 자에게 이익을 창출하지만 아무런 대가를 받지 않는 경우"를 외부경제(external economy)가 발생한다고 말한다. 예를 들어 요즘 아파트 단지 내에 있는 초등학교들이 담장을 허물고 예쁜 정원을 조성하여 주민들에게 개방하는 경우가 많아지고 있다. 이때 주민들은 대가도 지불하지 않은 채 의도하지 않은 혜택을 받게 된다. 이와 같이 대가의 지불 없이 얻을 수 있는 이익을 외부편익(external benefits)이라 한다.

이러한 외부비경제와 외부경제를 합해 외부효과 혹은 외부성(externality)이라 한다. 외부성은 언제든지 존재하지만 시장에서 이를 정확하게 상품 가치로 얼마가 되는지 측정하기란 사실상 불가능하다. 외부경제가 발생할 경우에는 제 3 자에게 이익을 창출함에도 불구하고 대가를 받지 못하기 때문에 자원의 효율적인 배분에 의한 생산수준보다 낮은 과소생산이 이루어진다. 또한 외부비경제가 발생할 경우에는 제 3 자에게 손해를 입힘에도 불구하고 보상을 하지 않기 때문에 자원의 효율적인 배분에 의한 생산수준보다 높은 과잉생산이 생겨난다. 그러므로 외부성으로 인해 효율적인 자원배분보다 과소 혹은 과잉 생산되는 시장실패가 나타난다.

외부성에 대해 좀 더 구체적으로 살펴보자. 소비자는 효용을 극대화하는 수준에서 재화나 용역을 구매하고 생산자는 이윤을 극대화하는 수준에서 재화나 용역을 생산한다. 그러나 이런 과정에서 제 3 자의 복지가 소비자 및 생산자 행동에 의해 어떻게 영향을 받는지에 대해서는 소비자나 생산자 모두 관심이 없다. 예를 들어 자동차 구매 및 사용의 경우를 생각해 보자. 자동차를 구매하려는 고객은 자동차의 가격과 운영에 따른 비용만을 고려한다. 그러나 자동차를 운행하는 데에는 자신의 사적 비용뿐만 아니라 외부비용도 지불해야 한다. 왜냐하면 자동차를 운행하면 대기오염이나 소음 등의 공해가 발생하기 때문이다. 그럼에도 불구하고 자동차를 구매하는 사람은 이러한 외부비용을 고려하지 않는다. 단지 소비자는 자동차를 구매함으로써 얻을 수 있는 만족감만을 고려할 뿐이다.

따라서 시장에서의 자동차 수요는 사회에서 일어나는 모든 이해관계를 반영하지 못하고 개인의 이익만을 반영한다. 사회 전체적인 삶의 질을 위해서는 외부성의 존재를 고려해야 하기 때문에 시장수요가 아닌 사회적 수요를 고려해야만 한다. 그러므로 사회적 수요는 시장수요와 외부성의 합으로 이루어진다. 자동차의 운행에서 발생하는 외부성은 외부비경제이다. 즉 외부비용이 발생하기 때문에 사회적 수요는 시장수요보다 작게 된다. 만일 우리가 이런 문제를 고려한다면 불필요한 자동차 운행을 줄여 공해와 교통 혼잡 등의 문제를 완화시킬 수 있을 것이다. 그러나 자신의 편익만을 극대화한다면 외부성의 문제는 커지게 되고 결국 시장실패가 일어나게 된다.

외부성(혹은 외부효과): 외부경제와 외부비경제

○ 외부경제: 어떤 경제활동이 제 3 자에게 의도하지 않은 이익 ⇒ 시장기능에 맡기면 사회적으로 바람직한 생산수준보다 적은 양을 생산(과소생산)

○ 외부비경제: 어떤 경제활동이 제 3 자에게 의도하지 않은 손해 ⇒ 시장기능에 맡기면 사회적으로 바람직한 수준보다 많은 양을 생산(과잉생산)

이상의 예와는 반대로 외부경제가 발생할 경우에는 사회적 수요가 시장수요보다 크게 나타난다. 예를 들어 공공교육이나 기초과학 연구에 대한 정부의 효율적인 투자는 사회 전체적으로 과학수준을 높이고 인적자본의 축적을 확대해 효율적인 경제활동을 촉진함으로써 사회적 수요가 시장수요를 상회하게 된다. 그러므로 교육이나 연구개발에 대한 정부의 지원이 이루어진다.

이상과 같은 외부성이 발생할 경우 이해당사자 간의 자발적 협상을 통하여 사회적으로 바람직한 결과를 유도할 수 있다. 예를 들어 공해를 유발하는 사람과 공해로 인해 피해를 보는 사람 간의 자유로운 협상에 의해 효율적인 자원배분이 이루어질 수 있다. 구체적으로 공해를 유발하는 사람이 피해를 보는 사람을 위해 공해방지 장치를 설치한다거나 금전적 보상 등을 통해 외부성을 해결할 수 있을 것이다. 이와 같이 "외부성을 해결하기 위한 방법으로 자발적 협상에 의해 재산권을 재할당하는 것"을 코오즈 정리(Coase's theorem)라고 한다.

코오즈 정리의 평가

코오즈 정리는 자발적인 협상이 효율적인 결과를 유도하기 위해서 협상 및 계약 등의 과정에서 나타날 수 있는 이해 당사자들의 거래비용(transaction costs)이 아주 적게 든다는 가정을 하고 있다. 그러나 이런 가정은 다소 비현실적이다. 예를 들어 환경문제와 관련하여 복잡한 여러 집단 간의 이해관계를 조정하는 데에는 상당한 시간과 비용이 요구될 뿐만 아니라 만장일치의 협상결과를 유도할 가능성은 아주 낮을 것이다. 또한 이해 당사자 간의 협상능력에 차이가 있다면 공정한 해결책을 찾을 수 없게 된다. 이 외에도 공해를 유발하는 기업은 공해로 피해를 받는 개개인에 비해 조직화되어 있을 뿐만 아니라 자금력이나 로비력을 갖추고 있으므로, 힘이 우월한 쪽으로 유리한 협상결과가 귀착될 가능성이 크다.

또한 정확히 어떤 이가 얼마만큼의 외부성을 발생하였는지 판단하기 힘든 경우도 있다. 예를 들어 봄철이 되면 우리나라 전역에 영향을 미치는 중국으로부터의 황사문제나 산성비, 지구 온난화 현상처럼 범지구적인 환경문제의 경우 누가 얼마만큼이 외부성을 창출하고 있는지 정확히 알 수 없다.

그럼에도 불구하고 코오즈 정리는 잘 분할된 재산권이 경제적 효율성을 증진시킬 수 있다고 제시한다. 즉 사회적으로 바람직하지 않은 공해 및 수질오염과 같은 외부비경제와 관련된 어려운 문제들은 개인과 기업에 대한 재산권을 명확히 형성할 때 보다 합리적인 해결이 가능하다. 특정지역에 있어서의 이해 당사자 간 협상이 가능하다면 허용할 수 있는 공해의 양은 협상을 통해 결정할 수 있다. 만약 이러한 협상이 효과적이라면, 재산권은 명확해야 하고 교환이 가능해야 한다. 결국 한 개인이나 기업이 자신의 재산권을 팔거나 살 수 있어야 한다.

1. 3 공공재

시장경제에서 개별생산자들이 이윤극대화를 목적으로 생산하는 재화를 사유재(private goods)라고 한다. 사유재란 "각 단위를 한 사람만이

| 표 11-1 | 경합성과 배제성에 기초한 재화와 용역의 분류

	배제성	비배제성
경합성	사유재: 연필·신발·영화 관람권·빵 등	공동소유 자원: 사냥·낚시·고속도로 등
비경합성	배제성을 가진 공공재: 인터넷 TV·골프 회원권 등	배제성이 없는 공공재: 국방·방역·깨끗한 공기 등

소유할 수 있는 재화나 용역"을 말한다. 예를 들어 어떤 소비자가 경제학 책 1권을 사면 그 책은 다른 소비자가 소비할 수 없게 된다. 그러나 현실적으로 사유재와 대비되는 공공재(public goods)가 있다. 일반적으로 공공재에 대한 통설적인 정의는 없지만 "도로·공원·치안·국방 등과 같이 공공의 욕구를 충족하기 위한 재화나 용역"으로 정의할 수 있다.

공공재는 다음과 같은 두 가지 특성으로 말미암아 시장실패를 가져오게 된다. 첫 번째 특성은 소비의 비경합성(non-rivalry)으로써 어느 누구도 소비에 있어 경합하지 않는다는 것이다. 예를 들어 일기예보·도로·교량 등의 이용에 있어 경쟁이 형성되는 일은 없다. 두 번째 특성은 소비의 비배제성(non-excludability)으로써 어떤 대가를 치르지 않은 사람이라고 할지라도 소비에 있어 배제되지 않는다는 것이다. 예를 들어 어떤 이가 공원을 이용하고 있을 때 또 다른 사람이 이용한다고 해도 배제되지 않는다.

여기서 유의할 사항은 경합성과 배제성의 두 가지 특징 중에서 하나의 특징만을 충족시킬 가능성이 있다는 점이다. 예를 들어 사냥·낚시 등의 경우 배제성은 없지만 경합성이 있을 수 있다. 반대로 인터넷 TV·골프 회원권 등은 최초의 비용을 지불한 사람들만이 수요할 수 있다는 측면에서 배제성은 있지만 초기비용을 지불한 사람들 사이에서는 경합성이 없게 된다. [표 11-1]은 비경합성과 비배제성이라는 공공재의 두 가지 특징을 기준으로 재화나 용역의 예를 나누어 나타낸다.

그러므로 공공재의 경우 비경합성과 비배제성의 특성 때문에 어떠한 형태의 가격을 매기는 것이 가능하지도 않고 바람직하지도 않다. 비경합성 때문에 한 사람의 사용이 증가하였다고 비용이 증가하는 것이 아니다.

즉 공공재의 한계비용은 영(0)이 되므로 양(+)의 가격을 매기는 것은 효율적일 수 없다. 따라서 자유로운 시장기구에 맡겨 놓으면 모든 사람들이 공짜로 소비하는 무임승차자(free-rider)가 되려는 유인이 크게 작용한다. 결국 시장경제에서는 공공재를 어떤 이도 공급하지 않으려 할 것이므로 생산이 불가능하거나 과소생산이 불가피한 시장실패로 이어진다.

무임승차자의 사례

○ 학생들이 5인 1조로 리포트를 작성할 경우, 리포트 작성에 관여하지 않고 이름만 적어 낸다면 무임승차가가 된다. 또한 시험시간에 부정행위를 통해 높은 성적을 받으려 하는 학생들도 무임승차자가 되려는 것이다. 학생들뿐만 아니라 학계에서도 기여도에 관계 없이 논문의 공동저자로 이름을 올리는 무임승차자들이 여전히 많은 것으로 알려져 있다. 인사치레로 논문에 이름을 써 줄 뿐 아니라 연구비의 10%를 선배나 영향력 있는 인사들에게 위탁 과제비로 떼어 주는 경우까지 있는데, 이는 표절만큼이나 사회적으로 심각한 문제이다.

○ 어떤 도시에서 아름다운 거리를 조성하기 위해 담장 허물기 운동을 전개하고 있다. 초등학교와 같은 공공건물의 담장을 먼저 헐어 정원을 만들어 주민들에게 공개하기도 하고, 이 운동이 주민들의 호응을 얻어 이제는 가정집의 담장도 헐어 집안의 예쁜 정원을 행인들이 볼 수 있도록 제공하기도 한다. 이렇게 담장을 허물어 자신만의 정원을 불특정 다수에게 공개함으로써 이들이 얻는 총효용가치가 담장을 허무는 데 따른 비용을 초과하여 경제적 후생을 증가시키고 있다.

그러나 담장을 허물어 집안의 아름다운 정원을 누구나 볼 수 있도록 하는 것은 배제성이 없기 때문에 무임승차를 유인하게 된다. 즉 아름다운 정원을 가진 주택소유자는 담장을 허무는 데 따른 비용은 물론 방범을 위한 추가적인 비용이 요구된다. 그러나 이런 정원을 봄으로써 효용을 얻는 행인들은 어떠한 비용도 지불하지 않으려고 한다. 즉 무임승차 행위란 "어떤 사람이 어떤 재화를 소비하여 이득을 보았음에도 불구하고 이에 대한 대가를 지불하지 않는 행위"를 말한다.

공공재와 같이 배제성이 없는 것으로 공유자원(common resources)이 있다. 공유자원이란 "소유권이 어느 특정한 개인에게 있지 않고 사회 전체에 속하는 자원"으로 원하는 사람들이면 누구나 사용할 수 있는 공기·하천 및 국가나 지방자치단체가 소유하고 있는 토지 등이 이에 속한다. 그러나 공유자원은 소비에 경합성이 존재한다. 다시 말해 한 사람이 공유자원을 사용하면 다른 사람은 사용에 제한을 받는다.

예를 들어 봄철이면 우리나라에는 황사라는 불청객이 찾아온다. 그 출발지는 중국의 고비사막인데, 해마다 사막의 면적이 늘어나고 있어 우리를 긴장시키고 있다. 그런데 사막화가 최근 들어 빠르게 진행되는 까닭은 개혁·개방 이후 이곳의 유목민들이 양의 사육두수를 급격히 늘려 공유자원인 초지가 사라지고 있기 때문이다. 초기에는 양을 길러 많은 수입을 얻는 데 만족한 이들이 더 많은 돈을 벌기 위해 더 많은 양을 사육하기 시작하면서 초원은 풀을 스스로 보충할 수 있는 능력을 상실하게 되고 결국 초원은 사막화되었다. 초지를 잃은 유목민들은 자신들의 삶의 터전을 버리고 도시로 떠나버렸다. 결국 양이 사람을 초지에서 쫓아낸 것이다.

이와 같은 공유자원의 비극(tragedy of the commons)이 발생한 이유는 사적 유인과 사회적 유인 간의 괴리 때문이다. 이는 외부성 때문에 발생한 것으로 한 사람의 양떼가 초원의 풀을 뜯으면 다른 사람의 양떼가 먹을 풀의 양과 질이 떨어지게 된다. 그럼에도 불구하고 사적 이익을 극대화하기 위해 최종적으로 그들 모두에게 어떤 결과가 초래할 것인가에는 무관심한 채 서로 자신의 사육두수만을 늘려 갔다. 따라서 이런 비극을 피하기 위해서는 마을 주민들이 양의 사육두수를 자율적으로 규제하든지 아니면 양의 소유에 대한 세금을 부과하여 외부성을 내부화하거나, 정부가 초지를 개인에게 분할하여 과잉방목의 문제를 해결할 수 있다.

1. 4 공정성

자원의 효율적 배분을 가로막는 장애요인인 시장지배력·외부성·공공재 등이 시장에 존재할 경우에는 사회적으로 바람직한 최적의 산출물을 생산할 수 없음을 공부하였다. 그런데 시장에서 재화와 용역이 공정하게 배분되지 않는다면 공정성의 차원에서 정부는 소득재분배를 위해 시장에 개입하게 된다.

만약 시장 메커니즘이 소득이 많은 사람을 위해 생산하고 이들에게 더 많은 재화나 용역을 배분하는 방법으로 작동한다면, 효율성은 달성되지만 형평성의 문제가 야기된다. 즉 연령과 신체적 조건에 따라 소득격차가 크게 발생하고 최소생계를 유지할 수 없는 빈곤층이 늘어난다면 안정적인 시장 메커니즘을 유지하기 어려울 것이다.

이러한 공정성 측면을 보완하기 위해 정부는 이전지출(transfer payment)을 빈곤층에게 지급한다. 시장에서 제공되는 재화나 용역의 가격이 낮은 소득계층에게 너무 비싸거나 혹은 공급량이 적어 사회적으로 문제가 되는 경우, 이를 보전해 주기 위해 이전지출이 이루어진다. 이전지출은 "재화나 용역을 구매하기 위한 소득지출이 아니라 아무런 대가 없이 구매력을 이전한 것으로 정부가 지급하는 실업수당·의료보험금 등을 의미"한다.

사회적으로 빈곤 문제를 완화시키기 위한 소득재분배는 공공재의 성격을 지니고 있어 정부의 개입이 불가피하다. 그러나 실업자나 빈곤층에 대한 정부의 이전지출이 과연 빈곤문제나 실업문제를 해결하는 데 경제적으로 효과가 있는지는 논란의 여지가 있다. 사회복지제도가 너무 발달되어 실업수당으로 생계를 유지할 수 있다면 실업자는 새로운 일자리를 찾지 않으려 한다. 이는 국민들의 노동의욕을 떨어뜨릴 뿐 아니라 국민들은 더 많은 세금을 내야 하는 부담이 생겨나게 된다. 이처럼 공정성을 보완하기 위한 이전지출로 인해 시장 메커니즘이 왜곡될 수 있는 가능성이 발생한다.

2. 시장실패 교정을 위한 미시경제정책

시장의 기능에 의해 자원배분의 효율성과 형평성을 달성하지 못하는 시장실패를 공부하였다. 이러한 시장실패를 교정하기 위한 미시경제정책을 살펴보자. 우선 시장지배력의 원인인 시장실패를 해결하기 위한 가장 대표적인 정책수단으로는 독과점 시장에 대한 정부의 규제정책을 들 수 있다. 우리나라는 1980년에 '독점규제 및 공정거래에 관한 법률'을 제정하였으며, 정부기관으로 공정거래위원회를 설치하여 재벌의 내부거래 및 부당경쟁행위를 감독하고 산업에 대한 진입장벽 제거와 공정한 경쟁을 촉진하는 정책을 수행하고 있다.

외부경제(외부비경제)의 존재는 사회적 최적수준보다 낮은(높은) 과소생산(과잉생산)을 유발한다는 사실을 공부하였다. 이러한 외부성을 극복하기 위한 정부정책에는 경제학자들 사이에 이견이 존재한다. 즉 정부의 적극적인 개입을 주장하는 견해와, 정부는 시장에서 스스로 해결하는 것을 돕는 역할만을 해야 한다는 주장으로 나누어진다. 어떠한 형태의 정부 역할을 강조하더라도 외부성으로 생겨나는 문제를 해결하기 위한 접근 방법으로는 이미 설명한 소유권 확립 이외에도 시장유인방식(market-based approach)과 직접통제(command and control)를 통해 문제를 해결하려는 두 가지 접근법으로 나누어 설명할 수 있다.

먼저 시장유인을 활용하는 방법은 정부가 유인만을 제공하고 나머지 부분은 시장이 알아서 처리하는 방식이다. 가장 편리하고 대표적인 방법으로 보조금과 벌금을 들 수 있다. 즉 외부경제를 제공하는 사람에게 보조금과 같은 장려금을 줌으로써 생산을 늘리게 하고, 반대로 외부비경제를 발생시키는 사람에게 벌금 등을 부과하는 방법으로 생산비를 증가시켜 생산을 줄이게 하면 된다.

이러한 방식은 정책이 유연하게 운영될 수 있을 뿐만 아니라 직접통제보다 적은 양의 정보로도 가능하다는 장점이 있다. 그러나 현실적으로 외부편익이나 외부비용에 대해 정확히 얼마만큼의 대가를 지불해야 하는지 계산하기란 결코 쉬운 일이 아니다.

직접통제의 방식은 금지나 허용기준 등을 제도적으로 설정하고 실시한다. 예를 들어 인체에 치명적인 해를 주는 독극물의 배출금지, 환경보존을 위한 개발 제한구역의 설정 등은 현실적으로 쉽게 접할 수 있는 직접통제 방식이다. 이러한 직접통제는 단기간에 원하는 효과를 달성할 수 있다는 장점이 있는 반면, 통제방식이 경직적일 수밖에 없어 실제의 정책 실행과정에서 어려움을 수반할 가능성이 높다. 만약 수많은 개인이나 기업이 이러한 직접규제를 어길 경우 일일이 감시하기란 시간과 비용이 너무 많이 소요되기 때문에 제대로 효과를 기대하기란 어려운 일일 것이다.

3. 정부의 개입과 정부실패

시장실패가 나타날 경우 정부의 개입에 대한 필요성이 발생하지만 정부의 개입이 언제나 더 좋은 결과를 가져다준다는 보장은 없다. 오히려 "정부의 개입으로 시장실패가 해결되지 않고 자원배분의 비효율성 및 소득과 부의 불평등이 심화되는 결과"를 초래할 수 있는데, 이를 정부실패(government failure)라고 한다. 여기서는 정부실패가 발생하는 원인에 대해 살펴본다.

3. 1 정보의 불완전성

불완전 정보는 공공부문과 민간부문의 구분 없이 어디에서나 존재한다. 예를 들어 정부가 저소득층의 생계를 보장하기 위해 생활 보조금을 지불한다고 했을 때 그 대상자를 선정함에 있어 많은 비용이 소요된다. 정부가 정확한 대상자 선정을 위해 막대한 비용을 지불하면 할수록 그만큼 저소득층의 수혜액수는 줄어드는 모순이 발생한다. 또한 제한된 정보를 이용하여 결정되고 집행되는 정책이 의도된 성과를 얻기란 어려울 수 있다. 특히 정책의 대상인 민간부문의 반응이 정부가 예상한 것과는 다르게 나타날 수 있다는 점에서 정부실패가 발생할 가능성이 증가한다.

이처럼 정부가 합리적 판단을 내릴 수 없는 정보수준, 즉 정보궁핍(informational poverty)의 상황에서 정부의 시장개입은 사회적 후생수준을 하락시킬 것이다. 또한 정부가 정보궁핍을 해결하기 위해 보다 완벽한 정보수준을 추구하게 된다면, 많은 행정비용이 요구되기 때문에 비효율성으로 인한 정부실패의 가능성이 증가한다.

3. 2 관료조직의 비효율성

정부의 관료는 공적 이익을 위해 봉사해야 한다는 의무에도 불구하고 관료조직은 자신들의 사적 이익을 극대화하기 위해 조직을 확대시키는 경향이 있다. 사회주의 계획경제가 비효율성을 해결하지 못한 채 역사의 뒤편으로 사라진 이유도 관료조직의 비대화와 이에 따른 비효율성에 있다. 특히 민주주의 발전의 정도가 낮은 사회일수록 관료들이 공적 이익보다는 사적 이익을 추구하는 경향이 커져 정부정책의 실효성은 그만큼 낮아지게 된다.

정부의 각종 인·허가 제도나 규제정책 등도 사적 이익을 부추기는 결과를 초래하므로 사회경제적 비용을 발생시킨다. 정부의 시장개입이나 규제가 애초의 바람직한 방향으로 진행되다가도 시간이 지남에 따라 정부 관료조직의 경직성과 관료의 사적 이익 추구로 인해 비효율적으로 진행되는 경우가 종종 발생한다. 또한 정부조직 내부에서 일어나고 있는 각 부처 간 경쟁에 의한 부처 이기주의나 권리를 확보하려는 행위로 인해 예산의 낭비와 정부개입의 비효율성이 생겨난다.

3. 3 정치적 제약

정부의 정책이 정치권에서 논의되는 과정에서 정치적 타협으로 본래의 취지가 퇴색되거나 정책의 방향이 바뀌는 경우가 발생할 수 있다. 예를 들어 부동산 투기억제에 대한 강도 높은 정부의 정책에 대해 정치권에서는 선거를 의식해 정책집행을 지연시키거나 핵심사항 등을 완화시킴으로써 소기의 성과를 얻을 수 없게 한다. 부동산 투기를 억제해야 한다는 점에서는 모든 정치권이 동의하지만 정당마다 자신들의 이해득실에 따라 구체적인 정책에는 이견을 보이게 되고, 이러한 의견 차이로 인하여 정부정책은 왜곡되어 본래의 목적을 달성하는 데 실패하게 된다.

이처럼 정부가 아무리 비이기적일지라도 정보부족이나 집단적 의사결정 과정에서 발생하는 정부실패를 근원적으로 치유하기는 어렵다. 그러나 정보궁핍의 문제와 사적 이익추구를 어느 정도 해결할 수 있다면 정부실패의 사회적 비용을 낮출 수 있다. 이를 위해 정부는 가능한 개방적이고 경쟁적인 여건을 강화하여 특정 이익집단에게 특혜가 돌아가지 않도록 노력해야 한다. 즉 이익집단을 규제하기 위한 제도적 장치와 함께 경제운영에 객관성과 공정성을 확립함으로써 공공행정에 대한 엄격한 감독과 감시가 이루어져야 한다. 또한 정부는 민간부문의 참여를 유도하여 민간과 공공부문의 경쟁을 통한 공공재 공급의 효율화를 도모해야 한다.

○ 시장실패의 원인: 시장지배력, 외부성, 공공재, 공정성 등

○ 정부실패의 원인: 정보의 불완전성, 관료조직의 비효율성, 정치적 제약 등

연 | 습 | 문 | 제

1. 공공재의 두 가지 특성을 설명하고, 공공재는 왜 비효율적으로 자원배분이 이루어지는지 설명하라.

2. 시장실패(market failure)란? 시장실패를 조정하기 위한 미시경제정책은 크게 시장유인방식과 직접통제의 두 가지 접근법으로 나누어진다. 이들 두 접근법의 장·단점을 제시하라.

3. 보건복지부는 흡연인구를 줄이기 위해 2015년부터 담배 값의 인상을 발표하였다. 담배 값의 인상이 흡연인구를 줄일 수 있다고 생각하는가? 흡연의 경우 비흡연자에 대한 외부비경제를 어떻게 내부화할 것인가 하는 문제가 있다. 즉 사회적으로 효율적인 상태를 달성하기 위해 담배 값 인상으로 인해 증가된 수입액은 어떻게 사용되어야 하는가?

4. 고속도로의 건설은 외부경제를 창출할 뿐만 아니라 근교의 주민들에게 외부비경제를 발생시킬 수 있음을 설명하라.

5. 정부실패(government failure)란? 시장실패를 해결하기 위한 정부의 시장 개입이 정부실패로 이어진 구체적인 사례를 들어보자.

제12장 정보경제

만일 경제주체들이 시장에 대한 완전한 정보를 가지고 있다면 가장 합리적인 의사결정이 가능해진다. 그러나 현실적으로 완전한 정보라는 조건을 충족시키기란 불가능할 뿐만 아니라 정보를 얻기 위해 어떤 대가를 치르지 않고서는 획득할 수도 없다. 이는 정보가 경제재(economic good)라는 사실과 경제주체들 사이에 정보의 차이로 인한 시장의 불확실성이 생겨남을 의미한다. 정보경제학(information economics)은 불완전한 정보가 시장에 어떤 영향을 미치는지 규명하기 위해 출발하였다. 본 장에서는 정보경제학의 기초적인 개념에 대해 살펴본다.

1. 정보의 비대칭성 문제

정보의 비대칭성(asymmetry of information)은 효율적이고 합리적인 자원배분의 전제조건인 시장에 대한 정보가 경제주체 사이에 비대칭적으로 존재함으로써 자원의 효율적 이용이 이루어질 수 없음을 의미한다. 여기서는 정보의 비대칭성과 관련된 몇 가지 구체적인 개념을 공부한다.

1.1 역선택

시장에서 정보는 중요한 가치를 지니며, 우리는 정보를 얻기 위해 비용을 지불하기도 한다. 제품에 대한 정보 혹은 기업에 대한 정보를 담고 있는 경제전문 잡지나 경제신문이 시장에서 거래된다. 중고차를 구매하려는 사람은 중고차에 대한 정보를 얻기 위해 인터넷·신문·잡지 등에서 기초 자료를 수집하여 중고시장에 가서 실물을 보고 구매 여부를 판단한다. 이런 과정에서 사람들은 정보를 구매하는 데 기꺼이 대가를 지불한다. 그런데 기업 혹은 소비자가 대가를 지불하고 구입한 정보가 완전하지 않을 뿐 아니라 정보를 획득함으로써 얻는 편익보다 정보를 획득하는 데 수반되는 비용이 클 수도 있다. 이와 같은 불완전한 정보로 나타나는 결과가 역선택(adverse selection)의 문제이다.

"적은 양의 정보를 가진 사람이 정보를 많이 가진 사람 중 가장 바람직하지 않은 상대방과 거래할 경우, 적은 양의 정보를 가진 사람의 측면에서 역선택이 일어났다"고 한다. 일반적으로 정보의 비대칭성하에서 적은 양의 정보를 가지고 있는 사람은 정보를 많이 갖고 있는 사람들의 정보를 추측할 수밖에 없다. 예를 들어 보험회사는 수익을 크게 늘리기 위해 젊고 건강한 사람만이 보험에 가입하기를 원할 것이다. 그러나 보험회사가 피보험자의 건강상태에 관한 정확한 정보를 갖는다는 것은 불가능하기 때문에 막상 보험에 가입하는 사람들은 늙고 허약할 가능성이 존재한다. 이때 보험회사는 피보험자의 건강에 대한 정보의 부족으로 역선택을 행하였다고 한다. 그러므로 역선택은 감춰진 특성(hidden characteristics)이 비대칭적 정보의 상황을 야기하여 발생한다.

레몬(lemon)은 George A. Akerlof 교수의 레몬시장 이론에서 쓰인 용어로 우리나라의 '빛 좋은 개살구'처럼 겉만 멀쩡한 물건을 말한다. 이에 레몬을 개살구로 레몬시장을 개살구 시장으로 번역한다.

비대칭적 정보에 따른 결과 중 하나는 판매자와 구매자의 수가 상대적으로 적다는 것이다. "판매자와 구매자의 수가 상대적으로 적은 시장"을 얇은 시장(thin market)이라 한다. 예를 들어 중고차 시장은 전형적인 얇은 시장이다. 중고차를 팔려는 사람은 구매자보다 많은 정보를 가지고 있기 때문에 중고차에 대한 나쁜 정보를 감추려는 속성을 지니고 있으며, 가능한 한 불완전한 정보를 제공하려는 감춰진 행동(hidden action)을 하게 된다. 이처럼 겉은 멀쩡하지만 결함이 있는 차를 개살구(lemon)라고 한다. 만일 중고차 시장에 이런 매물로 가득 차 구매자들이 중고차 시장을 신뢰하지 못한다면 중고차 수요는 줄어들게 된다. 따라서 중고차 수요가 감소하여 가격은 하락하고 개살구의 비중은 증가하는 악순환이 일어나게 된다.

신호와 선별

정보의 비대칭성하에서 정보를 가진 측은 상대방에게 자신의 특성을 적극적으로 전달하려 노력한다. 이때 정보를 가진 측이 신호(signaling)를 발송한다고 말한다. 그러므로 신호는 "감춰진 특성(hidden characteristics)에 대한 관찰 가능한 지표"를 일컫는다. 한편 정보를 갖지 못한 측은 상대방의 감춰진 특성에 대해 간접적인 수단을 사용해서라도 알아내려 노력한다. 이런 행동을 선별(screening) 행위라고 부른다. 그러므로 선별이란 "정보를 갖지 못한 측이 정보를 가진 측의 유형을 판단하고자 하는 노력"을 말한다.

신호의 예로는 기업이 자사 제품에 대한 정보를 제공하는 광고를 들 수 있다. 막대한 자금으로 유명 연예인을 모델로 사용하여 자사 제품을 선전함으로써 소비자들에게 유명 인사들이 자사 제품을 소비하는 아주 우수한 제품이라는 암시를 제공한다.

한편 기업은 노동시장에서 우수한 인재를 채용하려 하지만 응시자 개인의 능력에 대한 직접적인 정보를 얻기란 매우 힘든 것이 사실이다. 이때 기업들은 학력과 각종 자격증 여부를 가지고 인재를 선발하게 된다. 이는 교육수준이 생산성을 결정하는 중요한 요인이라는 인식에 기초한다. 교육의 특성상 능력이 있는 사람이 높은 교육 성취도를 나타내고 교육수준이 낮은 사람들에 비해 생산성이 높다는 것이 일반적 사실이다. 즉 교육수준이 선별수단으로 활용되고 있는 셈이다.

1. 2 주인 대리인 문제와 도덕적 해이

어떤 일을 본인이 직접 하기에는 여러 가지 조건 때문에 어렵다고 판단되면 대리인을 선정하여 대신 일을 맡기게 된다. 즉 대리계약을 맺어 주인(principal)과 주인의 일을 대신하는 대리인(agent)의 관계가 성립되고, 이 관계에서 도덕적 해이(moral hazard)라는 문제가 발생하게 된다.

도덕적 해이란 "정보를 가진 측이 자신의 효용을 극대화하는 행위가 정보를 갖지 못한 측에서 보면 바람직하지 않는 행동으로 이어지는 경향"

이 있는데, 이와 같은 행동이 나타났을 때 도덕적 해이가 발생한다고 말한다. 예를 들어 화재보험에 가입한 사람이 화재예방에 얼마만큼 노력을 할 것인가에 관한 정보는 오직 가입자만이 갖고 있다. 정보를 갖지 못한 보험회사의 관점에서 볼 때 보험가입자가 화재예방을 게을리하는 등의 바람직하지 못한 행동을 할 수 있다. 이 경우 보험회사의 관점에서 보험가입자는 도덕적 해이를 행하였다고 한다. 일반적으로 화재보험의 가입자는 화재예방에 최선을 다할 것임을 명시적 혹은 암묵적으로 보험회사와 약속하지만 보험가입 후 행동은 그렇지 못하였다는 측면에서 도덕적 해이라는 표현을 쓴 것이다. 그러므로 도덕적 해이는 감춰진 행동(hidden action)이 비대칭적 정보의 상황을 야기하여 발생한다.

역선택(adverse selection): 사전적 의미 — 감춰진 특성

도덕적 해이(moral hazard): 사후적 의미 — 감춰진 행동

주인과 대리인의 관계는 주식회사라는 기업조직에서 가장 극명하게 발생한다. 주인(주주)과 대리인(전문경영인)은 각각 자신의 효용과 이익을 극대화하려 하기 때문에 이해관계가 상호 충돌하기 마련이다. 그러므로 주인은 이러한 위임관계하에서 자신의 이익을 극대화하려면, 우선 능력 있는 대리인을 선택해야 하고 그 대리인이 자신을 대신하여 업무를 효율적으로 수행하는지 효과적으로 감독할 수 있어야 한다. 그러나 주인이 대리인의 행동을 일일이 감시하고 통제하지 못하는 상황을 이용해 대리인이 자신만의 이윤을 극대화하는 도덕적 해이가 발생하게 된다. 이는 주인과 대리인 사이에 정보가 비대칭적으로 분포되어 있기 때문에 발생한다.

이 경우 대리인의 행동이나 경영성과를 감시하는 데 따르는 비용, 즉 대리인 비용(agency cost)이 생겨나게 된다. 예를 들어 대리인은 기업 접대비·사무실 집기·경영자 전용시설 등 비급여성 지출의 확대를 통하여 자신의 효용을 극대화하려 시도한다. 또한 대리인은 경영성과가 장기에 걸쳐 나타나는 장기투자나 R&D 및 신규투자를 회피하는 경우가 발생하므로 과소투자의 문제가 발생할 수 있다. 그러므로 대리인 비용의 최소화

를 위한 기업소유구조를 만드는 것이 기업의 이윤극대화를 위한 최선의 수단이다.

1. 3 탐색문제

우리가 어떤 상품을 구매하기로 결정하였다면, 그 상품에 대한 가격과 제품의 속성에 관한 정보를 필요로 한다. 이러한 정보를 얻기 위해 노력하는 과정에서 우리는 시장에서 가격이 공급자마다 약간씩 차이가 있음을 알게 된다. 따라서 소비자는 탐색행위(search activities)를 통해 보다 유리한 가격을 제공하는 판매자를 찾으려 한다. 그러나 이런 탐색행위에는 시간과 노력이 요구된다. 그러므로 소비자는 탐색행위를 하는 데 필요한 비용과 이에 따른 이득을 비교하여 탐색행위의 수준을 결정하게 된다.

탐색행위를 통한 이득은 동일한 상품을 좀 더 저렴한 가격으로 구입함으로써 얻어지는 효용으로 측정된다. 그러나 탐색이 길어지면 길어질수록 이에 따른 비용이 증가하여 한계편익(marginal benefit, *MB*)은 줄어든다. [그림 12-1]에서와 같이 탐색하는 시간을 수평축에 측정한 평면에서 탐색의 한계편익곡선(*MB*)은 우하향한다. 그 이유는 탐색에 사용되는 시간이 길

그림 12-1 합리적 탐색행위

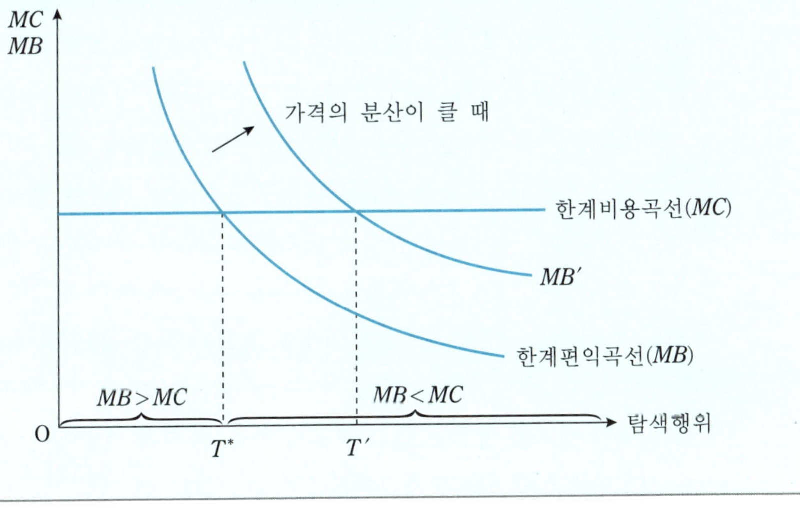

면 길수록 기대하는 한계편익이 줄어들기 때문이다. 우리는 상품의 가격을 알아보기 위해 더 많은 가게를 탐색함으로써 얻는 추가적인 이득이 작다는 것을 알 수 있다. 수평선 모양의 한계비용곡선(MC)은 탐색행위에 소요되는 한계비용이 일정한 수준에서 유지된다는 것을 가정한 것이다.

[그림 12－1]에서 보는 것처럼 한계편익곡선과 한계비용곡선이 교차하는 T^*점이 최적 탐색행위수준이 된다. 즉 탐색행위를 통한 한계편익이 한계비용보다 더 크다면(OT^*) 소비자는 계속 탐색행위를 하게 되며, 만일 한계비용이 한계편익보다 더 크다면(T^* 이후) 탐색행위를 줄일 것이다. 결국 소비자는 탐색행위의 한계편익과 한계비용이 일치하는 T^*점에서 탐색행위를 멈추게 된다. 만약 시장에서 가게마다 판매가격의 차이가 크다면(즉 가격의 분산이 크다면) 소비자는 탐색행위를 통해 더 많은 이득을 얻을 수 있는 가능성이 높아진다. 이때 동일한 탐색행위로 더 많은 이득을 얻을 수 있으므로 한계편익곡선 MB는 MB'으로 상방이동하게 된다. 그러므로 한계편익곡선과 한계비용곡선이 만나는 최적탐색수준은 T^*에서 T'으로 증가한다.

탐색행위에 필요한 비용은 시간과 관련된 기회비용이다. 예를 들어 휴대전화에 대한 수요를 생각해 보자. 어느 대리점이 다른 대리점보다 휴대전화를 싸게 판매할지라도 이 대리점이 모든 휴대전화를 독점 판매할 수는 없다. 여전히 비싸게 판매하는 대리점에서도 휴대전화는 판매되어진다. 가격을 인하하지 않은 대리점은 고객을 다소 잃어버릴 수는 있지만 모두 다 잃어버리지는 않는다. 그 이유는 탐색비용이 발생하기 때문이다.

일반적으로 고소득층일수록 시장에서의 탐색행위에 많은 시간을 사용하지 않으려 한다. 고소득 전문인이 단순히 약간의 비용을 절약하기 위해 많은 가게를 찾아다니며 가격을 비교해서 상품을 구매하는 것은 비경제적인 선택이다. 이런 소득계층은 추가되는 탐색에 따른 기회비용의 증가 때문에 저렴한 대리점을 찾아 헤매는 행위를 하지 않게 된다. 우리가 백화점에서 상품구매를 선호하는 이유도 이와 유사하다. 즉 백화점에서 상품에 대한 정보를 가장 손쉽고 빠르게 얻을 수 있기 때문에 상대적으로 적은 기회비용으로 높은 한계편익을 얻을 수 있다.

2. 정보 비대칭성의 해결방안

우리가 시장에 대한 정보를 아무리 많이 가지고 있다고 하더라도 완전한 정보를 소유하고 있는 것은 아니다. 이처럼 정보는 불완전할 뿐만 아니라 정보를 소유하고 있는 사람들 사이에도 비대칭성 문제가 생겨난다. 이런 정보의 비대칭성 문제를 해소하기 위한 방안을 살펴보자.

2. 1 유인에 의한 해결

정보가 부족한 상황에서 기업들이 좋은 품질을 생산해 판매할 수 있도록 유도하기 위해서는 시장에서 유인(incentive)이 있어야 한다. 유인은 자신의 이익에 충실하게 만드는 수단이다. 좋은 품질의 제품을 생산해 판매하는 기업이 그렇지 않은 기업보다 더 많은 편익을 얻을 수 있어야 한다. 그러나 소비자들이 품질은 약간 떨어지지만 값싼 제품을 구매함으로써 양질의 제품을 생산하는 기업을 시장에서 퇴출시킬 수도 있다. 따라서 좋은 품질의 제품만을 생산하게 하는 유인은 단순히 시장의 힘만으로 생겨나지 않을 수 있다. 이런 문제를 해결하기 위해 계약과 평판이라는 방법이 사용된다.

소비자들이 상품을 구매하여 일정 기간 동안 사용한 후 품질이나 디자인이 마음에 들지 않는다면, 환불 혹은 무상 보증수리 등과 같은 판매약관을 통해 역선택의 문제를 어느 정도 해소할 수 있다. 그러나 현실적으로 아무리 합리적인 계약이 이루어졌다고 할지라도 적용에는 매우 모호하고 자의적인 해석으로 인해 분쟁의 소지가 많은 것도 사실이다. 이처럼 계약도 불완전할 수 있기 때문에 유인의 문제를 계약을 통해 해결하기는 어려운 일이다. 또한 계약의 이행에 따른 비용도 발생하기 때문에 계약을 통해 유인의 문제를 해결하기란 더욱 어려워진다. 그러므로 계약은 유인의 문제를 부분적으로만 해결할 수 있는 제한적 수단인 셈이다.

2. 2 평판에 의한 해결

소비자들은 시장에서 상품을 구매할 때 소위 명품을 높은 가격에 구매하는 데 결코 인색하지 않은 경우가 있다. 명품을 지칭하는 고급브랜드가 비싼 가격에도 불구하고 소비자에게 높은 만족도를 가져다 주기 때문이다. 그 이유는 명품 브랜드가 소비자들 사이에 좋은 평판을 누림으로써 평판지대(reputation rent)가 발생하기 때문이다. 따라서 기업은 자신의 브랜드의 신뢰를 유지하기 위해 노력한다. 만일 이 브랜드가 소비자들로부터 좋은 평판을 얻지 못한다면 기업은 평판지대를 얻을 수 없게 되어 이윤이 감소하게 된다. 따라서 기업은 자신의 브랜드 가치를 유지하기 위해 고품질 제품을 생산하려고 노력한다.

명품 브랜드가 좋은 평판을 얻기 위해서는 많은 시간과 노력이 필요하기 때문에 새로운 기업의 진입은 상당한 제약이 있다. 또한 제 9 장에서 공부하였듯이 지대는 공급이 고정된 생산요소의 보수를 의미한다. 그러므로 명품 브랜드는 평판에 의한 지대를 추구할 수 있는데, 이를 평판지대라고 한다.

또한 평판은 진입장벽으로 작용한다. 우리나라 소비자가 저렴한 중국제 가전제품보다 국산제품을 구입하는 이유는 국내 브랜드에 대한 신뢰와 중국 브랜드에 대한 불신을 반영한다. 따라서 평판이 없거나 낮은 기업은 시장진입을 위해 아주 값비싼 대가를 치러야 한다.

완전경쟁시장에서는 가격이 한계비용과 같아지지만, 정보의 불완전성으로 인해 평판지대가 발생하는 시장에서는 비록 경쟁이 존재하더라도 가격이 한계비용보다 높게 형성될 수 있다. 이러한 평판지대를 소유한 기업은 가격을 낮추려 하지 않을 것이다. 만일 이 기업이 가격을 낮추게 되면 소비자들은 제품의 품질이 떨어졌다고 생각할 수 있어 브랜드의 가치가 동반 추락할 수 있다. 따라서 기업들은 기업의 평판 때문에 가격을 낮출 수 있어도 낮추려고 하지 않게 된다. 예를 들어 대형백화점에서 정기적으로 세일을 실시하지만, 소위 명품 브랜드만은 세일 행사에 참여하지 않는 것이 바로 이런 이유 때문이다.

2. 3 도덕적 해이와 유인

소유와 경영이 분리된 오늘날의 주식회사에서 기업의 이윤은 전문경영인이 기업의 이익을 위해 얼마나 열심히 일하는지에 달려 있다고 해도 과언이 아니다. 이는 기업의 주인인 주주들이 전문경영인의 도덕적 해이를 방지하는 데 큰 관심을 갖게 한다. 따라서 전문경영인이 자발적으로 열심히 일할 수 있도록 하기 위해서는 적절한 유인을 제공해야 한다. 그 유인책의 한 예는 실적에 비례한 보수의 지급을 들 수 있다.

전문경영인이 언제나 일정한 보수를 받고 있다면 구태여 회사의 발전을 위해 창의적으로 일하려 하지 않을 것이다. 전문경영인의 도덕적 해이를 방지하기 위해서는 경영실적에 따라 보수를 지급하는 방법을 도입할 수 있다. 최근 기업들이 활발히 도입하고 있는 스톡옵션(stock option) 제도가 가장 대표적인 사례이다.

기업은 이 제도를 통해 (i) 우수인력의 확보가 용이하며, (ii) 종업원의 복리후생의 증진을 꾀하며, (iii) 주주의 수익과 경영 효율성을 제고할 수 있고, (iv) 임직원의 주주화를 통한 대리인 비용의 절감 및 경영의 투명성 증대 등을 기대한다.

대리인의 도덕적 해이를 방지하기 위해 주인이 할 수 있는 또 다른 방법은 대리인에 대한 감독을 철저히 하는 것이다. 그러나 주식회사처럼 주주가 분산되어 있는 경우 주주가 대리인인 전문경영인의 활동을 감독하기란 불가능하다. 따라서 주주들은 감사나 이사회를 통해 전문경영인을 감독하는 내부통제 메커니즘을 구축하고, 이 조직을 효율적으로 운영하여 소기의 성과를 얻을 수 있다. 그러나 모든 사람들이 감독을 받고 있거나 실적에 따라 보수를 지급받는다고 해서 능동적으로 열심히 일을 한다고 할 수는 없다.

구소련이나 과거 중국과 같은 사회주의 계획경제에서 대리인인 공장상에 내해 실적에 따른 보수지불과 엄격한 관리를 실시했지만, 이들의 도덕적 해이를 해결하는 데 실패하였다는 사실이 이를 증명한다. 아무리 열심히 일을 해도 자신의 이익이 극대화되지 못하는 재산권의 제약이 있는 사회주의 계획경제에서는 주인 대리인 문제에 의한 도덕적 해이가 발생할 수밖에 없다. 따라서 개인의 이익과 전체의 이익을 위해 스스로 열심히 일하는 주인의식이 고취될 때 도덕적 해이 문제는 감소할 것이다.

스톡옵션 제도

스톡옵션이란 "법인의 설립과 경영 기술혁신 등에 기여하였거나 기여할 능력을 갖춘 법인의 임직원이 특별히 유리한 가격으로 해당 법인의 주식을 매입할 수 있는 권리"를 말한다. 부여 대상자는 법인의 임직원이며, 상장법인은 발행주식 총수의 15%, 벤처기업은 발행주식 총수의 50%까지 스톡옵션을 부여할 수 있다. 부여받은 주식은 3년이 경과한 후 재직 기간 중 행사가 가능하며 스톡옵션 부여자의 사망 시 상속 외에는 타인에 대한 양도가 금지된다. 보통 회사는 시가보다 싼 가격으로 주식을 임직원에게 주고 이것을 일정기간 이후 행사할 수 있도록 하고 있다. 따라서 그 회사의 주가가 상승하게 되면 큰 돈을 벌 수 있게 된다.

하지만 스톡옵션 제도로 인해 많은 부작용이 발생하기도 한다. 예를 들어 고위 임직원들이 스톡옵션으로 받은 주식을 팔기 위해 회사의 회계를 임의로 작성하고 이익률을 부풀려서 스톡옵션 값어치를 높이고, 그 시세 차익으로 엄청난 부를 만들려는 사례가 종종 발생한다.

1990년대에 미국 기업인들은 장기적 비전보다는 단기적인 수익에 초점을 맞추었다. 스타급 경영인들은 거액의 스톡옵션을 부여받고 불필요한 사업과 인력을 과감히 줄임으로써 투자자의 인기를 끌어 주가를 상승시켰다. 그러나 2002년 경기호황이 끝나면서 월드컴·엔론·타이코·임클론 등의 경영인들이 휴지조각으로 변한 스톡옵션을 보전받기 위해 회계장부 조작·내부자 거래·탈세 등 온갖 불법 행위를 자행하다가 결국 파산하였다. 스톡옵션이 경영인들의 노비문서로 전락한 셈이다.

연 | 습 | 문 | 제

1. 다음의 사항이 역선택인지 혹은 도덕적 해이인지 구분하라.

(1) 갑은 생명보험에 가입한 후 스카이다이빙 강좌를 수강한다.

(2) 일반적으로 고령자는 젊은 사람에 비해 많은 건강보험을 가지는 경향이 있다.

(3) 을은 금융기관으로부터 대출받은 금액의 상환을 회피한다.

(4) 겉모양이 매우 비슷한 그릇을 파는 시장에서 소비자는 질이 낮은 그릇을 사는 경우가 많아진다.

2. 역선택과 도덕적 해이를 주인 대리인 문제와 연관시켜 그 차이점을 제시하라.

3. 기업들은 정보의 비대칭성 문제를 해결하기 위한 유인(incentive)책으로 스톡옵션 제도를 도입하고 있다. 스톡옵션 제도의 장·단점은 무엇인지 설명하라.

4. 화재보험의 경우를 예를 들어 역선택과 도덕적 해이의 차이점을 설명하라.

5. 정보 비대칭성의 해결 방안으로 제시되는 유인에 의한 해결과 평판에 의한 해결을 간단히 설명하라.

제 6 편

국민소득 결정이론

제 6 편

국민소득 결정이론

PART VI

제13장 국민소득과 물가

지금까지 개별 경제주체와 개별 시장을 분석대상으로 삼는 미시경제이론을 공부하였다. 이제 국민경제 전체를 분석대상으로 하는 거시경제이론에 대해 설명하고자 한다. 거시경제이론은 국민총생산·물가·고용·이자율·환율 등과 같은 총량적인 경제지표를 분석대상으로 한다. 본 장에서는 거시적 측면에서 가장 중요한 총량적 지표인 국민소득과 물가에 대해 살펴본다. 국민소득과 물가에 관련된 각종 개념들에 대한 올바른 이해는 거시경제이론을 공부하기 위해 선행되어야 할 과제이다.

1. 국민소득

국민소득(national income)은 한 나라의 경제활동 또는 경제적 성과를 나타내는 지표로서 국민들의 경제적 복지(economic welfare)수준을 나타내는 지표로 활용되기도 한다. 여기서는 국민소득의 정의·추계방법·한계점 등과 관련된 내용을 공부하기로 한다.

1. 1 가계와 기업 간의 순환

현실 경제에서 가계와 기업 간에는 언제나 거래관계가 형성되기 때문에 모든 경제주체가 하나의 단위로 움직일 수 있다. 가계는 기업이 생산한 제품을 화폐를 지불하여 구매하고, 기업은 노동의 대가인 임금을 가계에 지불하여 노동을 수요한다. 우리는 이상의 거래가 계속되는 과정을 재화와 화폐의 순환으로 파악한다.

[그림 13－1]에서와 같이 국민 경제적 측면에서 가계가 제공한 노동은 생산요소가 되며, 이에 대한 기업측의 지불은 요소비용이 된다. 생산요

그림 13-1 가계와 기업 간의 순환

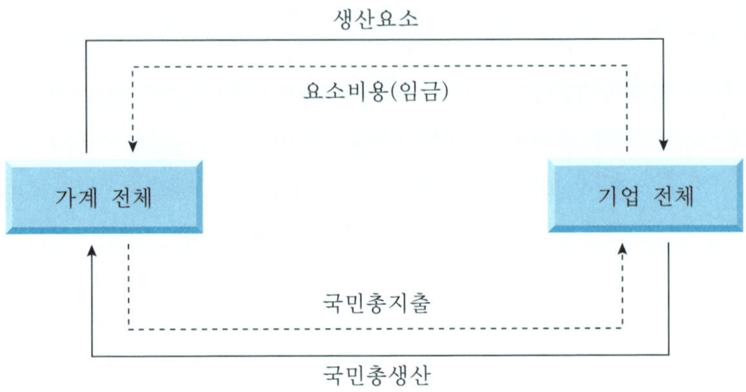

소를 사용해 생산한 총량이 국민총생산이며, 이에 대한 지불은 국민총지출이 된다. 이와 같이 거시경제이론은 가계와 기업 간의 순환에서 발생하는 모든 거래관계를 합한 총량적 지표를 분석하는 데 초점을 두고 있다.

1. 2 국내총생산의 정의

현실의 경제 분석에서 한 나라 국민의 총체적 소득수준의 지표와 복지수준을 나타내는 대표적인 변수로서 국내총생산(gross domestic product, GDP)이 널리 사용된다. 이로 말미암아 국내총생산을 국민소득이라고도 한다. 이러한 국내총생산은 "일정기간 동안 국내에서 생산되어 최종적인 용도로 사용되는 재화와 용역의 (화폐)가치를 합산하여 측정한 값"으로 정의된다.

여기서 「일정기간 동안」이라는 것은 GDP에 특정기간(보통 1년)이 명시되어야 함을 의미한다. 즉 GDP에는 한 해에 새롭게 생산된 최종생산물의 가치만이 포함되며, 그 이전에 만들어져 존재하는 생산물의 가치는 포함되지 않는다. 또한 GDP는 특정기간 동안 형성되기 때문에 유량(flow)의 성격을 지닌 변수이다.

유량과 저량

제 3 장에서 공부한 바와 같이 경제변수는 흔히 유량(flow)과 저량(stock)으로 구분한다. 특정기간을 밝혀서 표시하는 수량을 유량이라 하고, 특정시점을 밝혀서 표시하는 수량을 저량이라 한다. 그러므로 소득은 유량의 개념으로서 일정기간 동안의 임금·이자·배당·임대료 등으로 이루어진 반면, 자산은 한 가구 혹은 개인이 소유하는 재산의 총액으로 파악되는 저량의 개념이다.

「국내에서」라는 표현은 생산의 주체가 누구인가에 관계 없이 국내에서 생산된 모든 재화와 용역의 가치를 국내총생산에 포함시킨다는 것을 의미한다. 다시 말해 우리나라에 들어와 있는 외국인 기업에 의해 생산된 상품의 시장가치는 우리나라 GDP에 포함되며, 우리나라 기업이 외국에 가서 생산할 경우 그 생산품의 시장가치는 우리나라 GDP에 포함되지 않는다.

이와 같이 GDP는 한 나라의 '국경'을 중요시 여기지만 '국민'을 중요시 여기는 국민소득의 지표로서 국민총생산(gross national product, GNP)이 있다. 즉 GNP는 "일정기간 동안 한 국가의 국민에 의해 생산되어 최종적인 용도로 사용되는 재화와 용역의 (화폐)가치를 합산하여 측정한 값"으로 정의된다.

최근에는 한 나라의 경제수준을 나타내는 지표로서 GDP를 GNP보다 더 많이 사용한다. 이는 세계가 글로벌(global) 경제로 나아감에 따라 국내로 진출하는 해외기업이 많아지고 현지인을 고용하는 다국적기업의 수도 급격히 증가하는 현실을 반영한다고 볼 수 있다. 이러한 의미에서 볼 때 한 국가의 경제활동 지표로서 GDP가 GNP보다 더 좋은 개념이 될 수 있다. 결국 GDP와 GNP의 차이는 어떤 나라의 국민이 다른 나라에 나가 얻는 소득과 외국인이 어떤 나라에 들어와 얻는 소득의 차이 때문에 발생한다.

「최종적인 용도로 사용되는 재화와 용역」이라는 표현은 원재료 혹은 반제품과 같은 중간생산물은 GDP에 포함시키지 않는다는 것을 의미한다. 예를 들어 농부가 밀을 100원어치 생산하고 난 뒤 이 밀을 이용해서 제분업자가 밀가루 300원어치를 만들고 다시 이 밀가루를 이용해서 빵

제조업자가 600원어치의 빵을 만들었다고 하자. 이 경우 GDP에는 마지막 생산품인 빵의 600원만 추계된다. 이렇게 최종생산물인 빵만을 고려하는 이유는 빵에 밀과 밀가루의 가치가 포함되어 있으므로 이중·삼중의 추계를 피하기 위해서이다.

한편 GDP는 부가가치(value added)를 합해서 추계할 수 있다. 부가가치란 "각 생산자가 생산과정에서 새로 창출한 가치"를 의미하는데, 생산된 상품의 가치에서 사용된 중간투입물의 가치를 빼면 그 값을 얻을 수 있다. 앞선 예에서 농부는 생산원가가 전혀 없이 100원어치의 밀을 만들었다면 100원의 부가가치를 창출한 것이다. 제분업자는 100원어치의 밀을 가지고 300원어치의 밀가루를 만들었으므로 200원의 부가가치를 새로 창출하였으며, 빵 제조업자는 300원어치의 밀가루를 가지고 600원어치의 빵을 만들었으므로 300원의 부가가치를 창출하였다. 이러한 부가가치를 모두 합한 값이 GDP와 동일하게 된다.

$$\text{부가가치의 합계} = 100\text{원} + 200\text{원} + 300\text{원} = 600\text{원}$$

마지막으로 「(화폐)가치」를 바꾸어 표현하면 시장가치를 의미하는데, 이는 시장에서 평가된 생산물의 화폐액만 GDP에 포함된다는 것이다. 그러므로 시장이 잘 발달하지 못한 저개발국이나 사회주의 경제에서 GDP가 상대적으로 낮게 평가된다. 이는 GDP 개념의 여러 가지 한계점 중 하나로 여겨진다. 이 점은 GDP 개념의 한계를 논의할 때를 위해 남겨 두기로 한다.

국내총생산(GDP): 일정기간 동안 국내에서 생산되어 최종적인 용도로 사용되는 재화와 용역의 (화폐)가치를 합산 — 보통 1년 동안 생산의 주체와 관계 없이 국내에서 생산된 재화와 용역(중간생산물은 제외)의 시장가치의 합산

1. 3 명목 국내총생산 및 실질 국내총생산

이상에서와 같이 한 국가의 GDP는 각 생산물의 생산량에 가격과 수

표 13-1 명목 GDP와 실질 GDP 계산

연 도	자동차		휴대전화	
	가 격	생산량(대)	가 격	생산량(대)
2014년	2천만원	200	20만원	10,000
2015년	3천만원	200	25만원	10,000

량을 곱한 뒤, 이를 모두 더한 값으로 구할 수 있다. 그런데 현실적으로 가격이 해마다 바뀌므로 실제로 생산량의 변화 없이 GDP가 증가할 수도 있고 감소할 수도 있다. 이러한 가격변화를 반영하기 위해 명목 국내총생산과 실질 국내총생산을 구분하여 사용한다.

GDP를 계산함에 있어 명목 국내총생산(nominal GDP) 혹은 경상 국내총생산(current GDP)은 '당해 연도' 가격을 곱해 각 생산물의 시장가치를 구한 것이고, 실질 국내총생산(real GDP) 혹은 불변가격 국내총생산(GDP in constant market prices)은 '기준연도' 가격을 곱해 각 생산물의 시장가치를 구한 것이다. 그러므로 명목 GDP는 생산량의 변화뿐 아니라 가격에 생긴 변화에 의해서도 영향을 받게 되지만, 실질 GDP는 물가변동이 GDP 추계에 영향을 미치지 않도록 설정한다. 이러한 명목 GDP와 실질 GDP는 다음의 예를 통해 쉽게 이해할 수 있다.

어떤 경제가 자동차와 휴대전화만을 생산하며 2014년과 2015년 생산물의 가격 및 수량은 위의 [표 13-1]과 같이 생산량에는 변화 없이 가격만 올랐다고 가정하자.

이때 각 연도의 명목 GDP는 다음과 같다.

$$\text{2014년 명목 GDP} = (\text{2천만원} \times 200) + (\text{20만원} \times 10{,}000)$$
$$= \text{40억원} + \text{20억원} = \text{60억원}$$
$$\text{2015년 명목 GDP} = (\text{3천만원} \times 200) + (\text{25만원} \times 10{,}000)$$
$$= \text{60억원} + \text{25억원} = \text{85억원}$$

우리는 2015년에 실질적인 생산량이 증가하지 않았음에도 불구하고 명목 GDP가 2014년에 비해 25억원 상승한 것을 알 수 있다. 그러므로 명목 GDP에 의해서는 GDP의 증가가 생산량의 증가에 의한 것인지 물가상승에 의한 것인지를 알 수 없다는 문제점이 있다.

이제 기준연도를 2014년으로 설정하여 각 연도의 실질 GDP를 계산해 보자.

2014년 실질 GDP = (2천만원 × 200) + (20만원 × 10,000)
= 40억원 + 20억원 = 60억원
2015년 실질 GDP = (2천만원 × 200) + (20만원 × 10,000)
= 40억원 + 20억원 = 60억원

이상에서 실질 GDP는 2014년과 2015년이 동일하게 나타난다. 왜냐하면 동일한 기준의 물가수준을 사용하였으며, 2014년과 2015년의 생산량에는 변화가 없다고 가정하였기 때문이다. 그러므로 경제의 전반적 생산활동의 수준을 나타내는 지표로서 실질 GDP가 명목 GDP 보다 더욱 적합할 수 있다.

1. 4 삼면등가의 원칙

이상에서 살펴본 바와 같이 GDP는 생산 측면에서 국민소득을 측정한 것이다. 또한 GDP는 분배 측면에서 소득이라는 개념으로 파악될 수 있다. 생산된 국민소득은 항상 생산에 참여한 생산요소의 요소소득(factor income)이라는 형태로 귀속된다. 즉 노동·자본·토지·경영이라는 생산요소의 투입에 대하여 임금·이자·지대·이윤의 형태로 요소소득이 분배된다. 만약 팔리지 않은 물건이 있다면 이는 기업소득으로 처리된다. 또한 생산요소의 시장가치 속에 세금이 포함되어 있으면 정부의 소득으로 간주할 수 있다. 이러한 요소소득을 합하면 생산된 GDP와 동일하게 된다. 이를 「소득접근 방법에 의한 GDP 측정」이라 한다.

한편 GDP는 지출 측면에서 지출항목의 합계로 포착할 수 있다. 최종생산물은 가계·기업·정부·해외 부문 등 여러 경제주체에 팔리게 되거나 계획되지 않은 기업의 재고증가로 나타난다. 가계의 지출은 소비, 기업의 지출은 투자, 정부의 지출은 정부지출, 해외부문의 국내 GDP에 대한 지출은 수출이 된다. 이와 같이 경제주체들이 최종생산물을 구매하기 위해 지출한 모든 화폐액을 합하면 생산된 GDP와 동일하게 된다. 이를 「지출접근방법에 의한 GDP 측정」이라 한다.

이상의 세 가지 접근방법은 각각 다른 각도에서 GDP를 파악한 것에 지나지 않기 때문에 다음의 등식이 성립하게 된다.

부가가치의 합계＝요소소득의 총계＝지출의 총계

국내총생산＝국내총소득＝국내총지출

현실적으로 생산은 분배와 지출을 행하는 데 시차가 존재할 수 있다. 통상적으로 GDP를 1년 단위로 측정할 때, 1년 동안의 생산요소의 투입에 대한 요소소득이 그 해에 반드시 지출되어야 하는 보장은 존재하지 않는다. 그러나 이상의 시차를 무시하고 통계자료의 작성에 따른 통계오차가 존재하지 않는다면, 위의 등식은 항상 성립할 수밖에 없다. 이를 GDP 삼면등가의 원칙이라 한다.

분배 측면에서 측정한 국민소득을 나타내는 개념으로서 국민총소득(gross national income, GNI)이 최근 들어 널리 활용되고 있다. 총생산은 총소득과 같다는 삼면등가의 원칙에 의하면, GNI는 종래의 GNP와 동일한 개념임을 알 수 있다. 다만 무역을 통한 이익이나 손실을 기준연도 가격으로 평가할 수 있다는 측면에서 GNP와 구별된다. 그러므로 GNI는 한 나라 국민들의 생활수준을 나타낼 수 있는 유용한 지표로 도입되었다. 일반적으로 한 나라의 경제규모를 나타낼 때에는 GDP가 주로 사용되지만, 국가 간 생활수준의 비교를 위해서는 분배측면에서 파악한 GNI를 인구수로 나눈 1인당 GNI를 사용한다.

1. 5 국민총생산 개념의 한계

GDP는 한 나라의 경제수준 및 복지수준을 나타내기 위한 유용한 지표임에도 불구하고 다음과 같은 여러 가지 계측상의 문제점으로 말미암아 정확한 경제적 성과 및 복지수준을 나타내는 데에는 한계점이 있다.

첫째, 시장에서 거래되지 않은 재화나 용역은 GDP에 포함되지 않는다. 예를 들어 가정주부가 가족을 위해 행하는 가사노동은 대단히 중요함에도 불구하고 시장에서 거래되지 않기 때문에 GDP에 포함되지 않는다. 그러나 가사의 용역을 세탁소·가정부·청소부 등의 타인을 고용하여 동일한 일을 한다면 GDP에 포함된다. 즉 경제가 발전한 사회일수록 가사 노동을 시장화하는 경향이 증가하기 때문에 실질적인 재화나 용역의 증가 없이도 GDP가 증가한 것으로 나타날 수 있다. 이상의 이유로 말미암아 시장이 세분화되고 경제가 발전한 산업화된 국가(industrial country)일수록 개발도상국(developing country)에 비해 GDP가 과대평가될 가능성이 증가한다.

둘째, GDP는 여가(leisure)수준을 반영하지 못한다. 여가란 복지수준의 커다란 부분을 차지하므로 GDP는 복지수준을 잘 반영한다고 볼 수 없다. 예를 들어 어떤 사람의 소득수준이 상당히 높다면, 그 사람은 소득의 증가보다는 여가의 증가를 선호하게 될 것이다. 이 경우 GDP는 증가하지 않지만 국민들의 복지수준은 향상될 수 있다. 또한 GDP는 경제행위에 따른 복지수준을 정확히 반영하지 못한다. 예를 들어 음악에 열광적인 사람은 콘서트에서 즐길 수 있는 후생수준이 그 사람이 지불한 입장료보다 훨씬 높을 수 있지만, GDP에는 콘서트의 입장료만 계산된다.

셋째, GDP가 증가함에 따라 공해·대기 및 수질오염·교통 혼잡·소음 등의 여러 가지 사회적 비효용이 증가한다. 그런데 GDP는 공해를 증가시키는 물질적 생산은 계산하지만 공해로 인한 사회적 복지수준의 감소는 공제되지 않는다. 또한 GDP는 사채나 밀수 등과 같은 이른바 지하경제(underground economy)의 규모를 반영하지 못한다.

그러므로 GDP를 국민경제의 전반적인 복지수준을 반영한 지표라고 보기에는 여러 가지 어려움이 있다. 이와 같은 GDP 개념의 한계를 보완하기 위해 노드하우스(W. Nordhaus)와 토빈(J. Tobin)은 경제후생지표(measure of economic welfare, MEW)라는 개념을 발전시켰는데, 이는 다음과 같이 계산된다.

$$MEW = GDP + 가정주부의\ 용역 + 여가 - 공해비용$$

새무엘슨(P. Samuelson)은 MEW를 순경제후생(net economic welfare, NEW)이라고 불렀으며, 미국 경제의 NEW를 추계한 결과 경제규모가 커질수록 국민총생산(GNP)과 NEW 간의 격차가 증대되고 있음을 주장하였다.

최근에 이르러 환경의 중요성이 증가하면서 GDP에서 공해비용을 뺀 녹색 GDP(green GDP)의 개념도 등장하였다(녹색 GDP=GDP−공해비용). 그러나 이러한 지표들의 객관적인 수량화는 상당히 어렵기 때문에 정확한 계산에는 현실적인 어려움이 있다.

2. 경제성장

지금까지 살펴본 국민소득은 한 시점에서 측정된 값이다. 그러나 경제는 정지되어 있는 것이 아니라 시간의 흐름에 따라 끊임 없이 변화하고 있다. 이와 같이 시간의 흐름에 따라 국민소득의 변화를 파악하는 이론으로 경제성장과 경기순환을 들 수 있다.

2. 1 경제성장과 경기순환의 개념

경제성장(economic growth)이란 “시간이 흘러감에 따라 경제활동 규모가 커지는 현상”을 말하며, “경제활동이 상당한 규칙성을 보이며 변동하는 현상”을 경기변동(business fluctuation)이라 정의한다. 또한 “경제활동이 규칙성을 보이며 확장국면과 수축국면이 반복적으로 변동하는 현상”을 경기순환(business cycle)이라 한다. 여기서 경기란 경제활동 상태를 일컫는 말이다.

이와 같은 관계를 그림으로 나타내면 [그림 13−2]와 같다. 즉 경제성장이란 생산요소의 투입증가나 기술진보 등의 요인에 의하여 국민소득의 수준이 추세적으로 성장해 가는 현상을 말하며, 이러한 국민소득의 증가율을 경제성장률(rate of economic growth)이라 한다. 이미 실질 GDP가

그림 13-2 경제성장과 경기순환

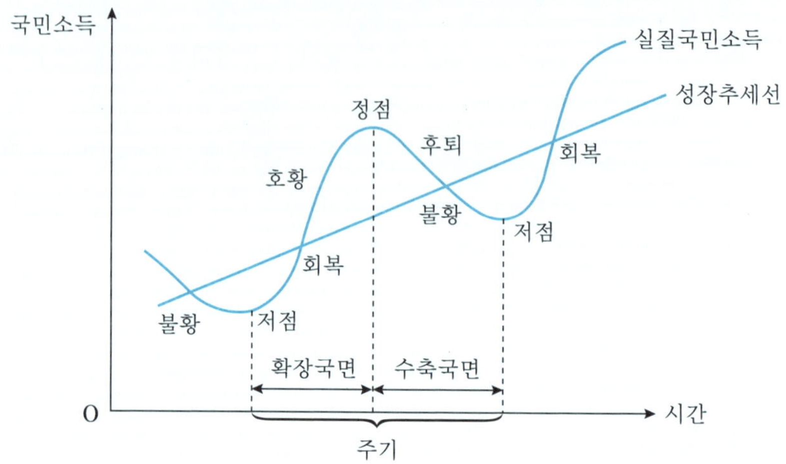

한 국가의 경제활동 규모를 측정하는 대표적인 지표임을 살펴보았다. 따라서 많은 경우에 있어 실질 GDP의 증가율을 경제성장률과 동의어로 사용하고 있다.

우리가 경제성장에 관심을 갖는 이유는 경제성장이 우리의 후생 수준과 밀접한 관련이 있기 때문이다. 다시 말해 경제가 성장한다는 사실은 국민들이 저마다의 희망대로 사용할 수 있는 재화나 용역의 총량이 증가한다는 의미에서 경제복지가 증진된다는 사실로 귀결된다. 따라서 세계 각국은 1인당 GDP의 지속적인 증가를 위해 노력하고 있다. 한 국가의 1인당 국민소득을 1인당 GDP로 측정한다면, t년도의 경제성장률은 다음과 같이 나타낼 수 있다.

$$t\text{년도의 경제성장률} = \frac{(t\text{년의 1인당 GDP}) - (t-1\text{년의 1인당 GDP})}{(t-1\text{년의 1인당 GDP})} \times 100$$

한편 경기순환은 물가수준·고용수준·국민소득수준이 주기적으로 순환하는 현상을 일컫는다. 이러한 경기의 순환성으로 말미암아 경기를 몇 가지 국면으로 나누어 살펴볼 수 있다. [그림 13-2]와 같이 경기순환 과정에서 경기가 가장 나쁜 상태를 계곡 혹은 저점(trough)이라 하고, 경기가 가장 좋은 상태를 정상 혹은 정점(peak)이라 한다. 이러한 저점과 정점을 기준으로 미첼(W. Mitchell)은 경기순환을 「확장국면－수축국면」의 2분법으로 분류하였다. 즉 저점에서 정점까지를 확장국면, 정상에서 저점까지를 수축국면이라 한다.

또한 저점에서 다음 저점 혹은 정점에서 다음 정점까지를 경기순환의 한 주기(cycle)라고 한다. 슘페터(J. A. Schumpeter)는 확장국면을 회복(recovery)과 호황(prosperity)으로 수축국면을 후퇴(recession)와 불황(depression)으로 구분하여 「호황－후퇴－불황－회복」의 4분법으로 분류하였다. 그러므로 경기순환은 2국면 혹은 4국면이 연결되어 하나의 단위 순환을 형성하게 된다.

2. 2 경제성장의 역사적 사실

경제성장과 관련된 역사적 사실을 살펴보면 몇 가지 흥미로운 점을 발견할 수 있다. 첫째, 세계경제를 주도하는 국가는 시간의 흐름에 따라 변화되어 왔다. [표 13－2]에서와 같이 1700년대 이후 네덜란드·영국·미국 등이 세계경제를 주도하여 왔다. 이러한 사실은 현재의 세계경제를 주도하는 미국 역시 언젠가는 그 자리를 다른 국가에게 물려 줄 수 있음을 암시한다.

또한 세계경제 주도국의 평균성장률이 보편적으로 증가하고 있다. 이는 1890～1979년까지의 미국의 평균성장률이 1785～1820년 혹은 1820～1890년까지의 세계경제를 주도했던 영국의 평균성장률보다 높게

표 13－2 세계경제 주도 국가의 노동생산성 증가율

기 간	세계경제의 주도국	노동생산성 증가율(%)
1700~1785년	네덜란드	－0.07
1785~1820년	영 국	0.5
1820~1890년	영 국	1.4
1890~1979년	미 국	2.3

출처 Maddison, A., *Phases of Capitalist Development*, Oxford University Press, 1982.

이루어진 사실을 통해 쉽게 확인할 수 있다. 한편 1700~1785년 동안 경제적으로 최강이었던 네덜란드의 평균성장률은 마이너스 0.07%인데, 이는 산업혁명을 거치며 영국이 세계경제의 주도권을 잡은 이후 경제성장이 본격화되었다는 사실을 나타낸다.

둘째, 국가 간의 1인당 국민소득수준이 특정 지역(대륙) 내에서는 비슷해지는 수렴현상(convergent phenomenon)이 나타난다. 이러한 수렴현상이 성립하기 위해서는 1인당 국민소득이 상대적으로 낮은 국가의 경제성장률이 높아야 한다. 즉 수렴현상으로 인해 대부분의 유럽·아시아·북미·남미 혹은 아프리카 지역(대륙)에서 국민소득수준이 상대적으로 낮은 국가가 높은 경제성장률을 기록해 소득수준이 대체로 비슷해지는 경향을 보인다. 또한 산업화된 국가 간의 소득수준에도 수렴현상이 성립된다. 그러나 산업화된 국가와 개발도상국 간의 소득수준에는 수렴현상이 반드시 성립하는 것은 아니다.

1인당 국민소득 4만 달러 도약과 민간소비의 역할

주요 산업화된 국가들이 1인당 국민소득 1만 달러에서 4만 달러에 도달하는 데 소요된 기간은 평균 22년이었다. 구체적으로 주요 산업화된 국가들은 1인당 국민소득이 1만 달러에서 2만 달러에 평균 8.8년, 2만 달러에서 3만 달러에 평균 7년을 소요하였다. 우리나라는 1만 달러에서 2만 달러에 11년, 2만 달러에서 3만 달러에 도달하는 데 9년이 필요한 것으로 나타났다. 또한 1인당 국민소득 4만 달러에 도달한 국가들은 3만 달러에서 4만 달러에 도달하는 데 평균 6년을 소요하였다.

아래의 표에서 알 수 있듯이 주요 산업화된 국가들은 1970년대 후반과 1980년대 초중반에 1인당 국민소득이 1만 달러에 진입하였으며, 2만 달러 진입은 1980년대 후반에서 1990년대 중반에 집중되었다. 그러나 우리나라는 1995년에 1만 달러, 2006년에 2만 달러를 달성함으로써 주요 산업화된 국가들에 비해 다소 늦은 편이다.

민간소비는 GDP의 절반 혹은 그 이상의 비중을 차지하며 경제적 파급효과가 타 부문에 비해 월등히 크기 때문에 높은 경제성장을 유지하기 위해서는 민간소비의 촉진이 상당히 중요하다. 실제로 주요 산업화된 국가들은 경제의 도약 시기에 민간소비 증가율이 GDP 증가율을 상회하고, GDP 대비 민간소비 비중도 높은 수준이었다. 그러나 우리나라는 민간소비 증가율이 GDP 증가율을 하회하고, 민간소

| 주요 산업화된 국가의 국민소득 달성 기간 |

국가	1인당 국민소득 진입연도				달성기간(년)		
	1만 달러	2만 달러	3만 달러	4만 달러	1→2만	2→3만	3→4만
미국	1978 (1978~1986)	1987 (1987~1996)	1997 (1997~2003)	2004	9	10	7
영국	1986 (1986~1994)	1995 (1995~2002)	2003 (2003~2004)	2005	9	8	2
독일	1979 (1979~1989)	1990 (1990~1994)	1995 (1995~2006)	2007	11	5	12
일본	1981 (1981~1986)	1987 (1987~1991)	1992 (1992~1994)	1995	6	5	3
한국	1995 (1995~2005)	2006 (2006~2015)	2015 (가정)	-	11	9	-

출처 이용화(2015), "1인당 국민소득 4만 달러 도약과 민간소비의 역할－선진국에선 도약의 디딤돌, 한국에선 걸림돌," 현대경제연구원 이슈리포트, 2015.

비 비중도 크게 하락하고 있는 실정이다. 따라서 민간소비의 지속적인 부진이 1인당 국민소득 4만 달러 달성에 걸림돌이 되지 않기 위해서는 다양한 정책대안이 요구된다. 즉 민간소비를 위축시키는 가계부채 문제의 완화, 양질의 일자리 창출 등의 다양한 가계소득 증대 방안 마련, 노인 빈곤화 문제의 해결 및 주거 불안 개선 등을 통해 민간소비를 회복 혹은 증진시키려는 노력이 필요하다.

셋째, 국가에 따라 경제성장률이 다르게 나타난다. 아주 빠른 속도로 성장하는 국가는 국민소득이 앞서 나가던 국가를 앞지르는(over-taking) 경우도 있다. 혹은 아주 늦은 속도로 성장하는 국가의 경우 국민소득이 작았던 국가에게 오히려 추월당하기도(lagging behind) 한다. 예를 들어 우리나라의 1950년 1인당 GDP는 1985년 미국 $ 기준으로 $ 564로 필리핀의 $ 898보다 낮았으나, 1960년대 이후 급속한 경제성장으로 1987년 우리나라 1인당 GDP는 $ 4,143인 반면, 필리핀은 $ 1,519에 불과하였다. 이는 우리나라 입장에서는 실질소득이 필리핀을 앞지른(over-taking) 것이 되며, 필리핀 입장에서는 실질소득이 우리나라에 추월당한(lagging behind) 결과가 된다.

넷째, 숙련 노동자 및 비숙련 노동자들이 가난한 국가(또는 지역)에서 부유한 국가(또는 지역)로 이주하는 경향이 있다. 이는 부유한 국가에서의 임금수준이 가난한 국가에서의 임금수준보다 높다는 사실을 반영한다. 한국동란 이후 오랫동안 우리나라 노동자들이 미국으로 이주하려 했던 '아메리칸 드림'이나 오늘날 중국 혹은 동남아 국가의 노동자들이 우리나라로 이주하려는 '코리언 드림'이 이러한 사실을 반영한다.

3. 물가지수

한 경제의 전반적인 가격수준을 물가(price level)라고 한다. 거시경제이론에서 말하는 물가는 모든 생산품의 평균가격 수준을 뜻하며, 이것이 변화하는 비율을 물가변동률이라고 부른다. 이러한 물가와 물가변동의 측정을 간단히 살펴본다.

3. 1 물가지수의 의미

물가는 일정한 수준을 유지하기보다는 끊임 없이 변화한다. 또한 물가가 오른다고 해서 모든 상품의 가격이 상승하는 것은 아니다. 예를 들어 물가의 상승과는 관계 없이 동일 품종의 컴퓨터의 가격은 계속적으로 하락하여 왔다. 또한 물가가 상승할 때 생산품마다 가격의 상승폭은 일반적으로 다르게 나타난다. 이러한 점은 물가가 모든 생산품의 가격을 종합한 평균적인 가격수준임을 의미하며, 이러한 물가의 변동을 측정하기 위해 물가지수가 필요하다.

물가지수(price index)는 "기준시점의 물가수준을 100으로 하여 다른 시점(혹은 비교시점)의 물가수준의 상대적 변화를 수치로 나타낸 지표"이다. 예를 들어 2010년(기준연도)의 물가지수를 100이라 하고 2015년(비교연도)의 물가지수가 117로 나타났다면, 2010년에서 2015년 사이에 물가가 17% 상승한 것을 의미한다.

현실에서 사용하는 물가지수는 여러 가지가 있는데, 고려하는 대상품목의 선정에 따라 소비자물가지수(consumer price index, CPI)·생산자물가지수(producer price index, PPI)·GDP 디플레이터(GDP deflator) 등이 있다.

한편 일정기간 동안 물가지수가 변화한 비율을 물가변동률이라 한다. 특히 물가지수가 상승한 비율을 물가상승률 혹은 인플레이션율(inflation rate)로 표현한다. 여기서 한 가지 유의할 사항은 한 나라의 물가수준과 물가변동률은 다른 개념이라는 사실이다. 다시 말해 물가 그 자체가 높다는 것과 물가상승률이 높다는 것은 전혀 다른 의미를 가진다. 예를 들어 일본의 경우 물가수준은 상당히 높지만 물가상승률은 안정적인 변화를 나타낸다.

3. 2 물가지수의 추계방법

소비자물가지수는 가계소득의 실질 구매력 변동을 측정하기 위해 소비자가 구매하는 재화나 용역의 가격변동을 나타내는 물가지수이다. 우리나라에서는 통계청이 전국 주요 도시에서 거래되는 생필품의 소매가격을 중요도에 따라 가중치를 달리하여 기준연도의 거래량을 기준으로 산술평균하여 작성·발표하고 있다. 조사대상의 품목과 가중치는 소비구조의 변화로 말미암아 5년 주기로 조정되고, 현재는 2010년을 기준연도로 사용하고 있으며 조사대상 품목은 481개이다.

다음의 간단한 예를 통해 소비자물가지수를 계산해 보자. 사과와 TV만을 생산하고 소비하는 단순한 경제를 상정하고, 그 경제의 2014년과 2015년 사과와 TV의 가격과 생산량은 [표 13-3]과 같다고 가정하자.

| 표 13-3 | 소비자물가지수 계산

	2014년		2015년	
	생산량	가격(원)	생산량	가격(원)
사 과	1,000상자	2만5천원	1,200상자	3만원
TV	500대	25만원	700대	30만원

우리는 2014년 소비자가 사과 1,000상자와 TV 500대를 소비하는 데 1억 5천만원(1,000×2만5천원+500×25만원)이 소요된다는 사실을 알 수 있다. 만약 동일한 상품의 수량을 2015년의 가격으로 구매하게 되면 1억 8천만원(1,000×3만원+500×30만원)이 된다. 결국 2014년과 동일한 상품 수량을 2015년에 구입하는 데 가격의 변동에 따라 3천만원이 더 필요하게 된다. 이러한 차이가 두 시점의 물가변동을 반영한 것이다. 즉 소비자 물가지수는 다음과 같이 간단히 계산될 수 있다.

$$\text{소비자물가지수} = \frac{1{,}000 \times 30{,}000 + 500 \times 300{,}000}{1{,}000 \times 25{,}000 + 500 \times 250{,}000} \times 100$$

$$= \frac{180{,}000{,}000}{150{,}000{,}000} \times 100 = 120$$

2015년의 소비자물가지수가 120이라는 것은 사과와 TV를 소비하는 데 2014년에 비해 2015년에는 20%가 상승한 것을 의미한다. 이와 같이 기준연도의 거래량을 기준으로 기준연도 상품을 구매하는 데 지출한 금액과 비교연도에 같은 상품을 구매하는 데 들어간 금액을 비교하여 작성한 물가지수를 라스파이레스 지수(Laspeyres index)라고 한다. 대부분의 국가에서 물가지수를 작성하는 데 라스파이레스 지수를 사용한다.

생산자물가지수는 생산자 입장에서 본 물가의 변동을 측정하기 위해 도매단계에서 거래되는 생산재 및 완전소비재의 도매가격의 변동을 측정한 물가지수이다. 우리나라의 경우 전국 주요 도시에서 거래되는 886개 주요 품목(2010년 기준)의 생산자 판매가격을 중요도에 따라 가중치를 달리하여 기준연도 대비 산술평균하여 작성·발표하고 있다. 실제 추계방법은 소비자물가지수와 동일하다. 다만 소비자물가지수는 통계청이, 생산자물가지수는 한국은행이 매월 작성한다.

[그림 13-3]은 2010년(기준연도)을 100으로 하여 소비자물가지수와 생산자물가지수를 나타낸다. [그림 13-3]에서 모든 물가지수는 지속적으로 상승하고 있다. 특히 생산자물가지수는 1980년대 초 급격히 상승한 이후 상승 폭이 상당히 둔화되는 반면, 소비자물가지수는 지속적으로 상

그림 13-3 우리나라 물가지수의 추이(1972~2014)

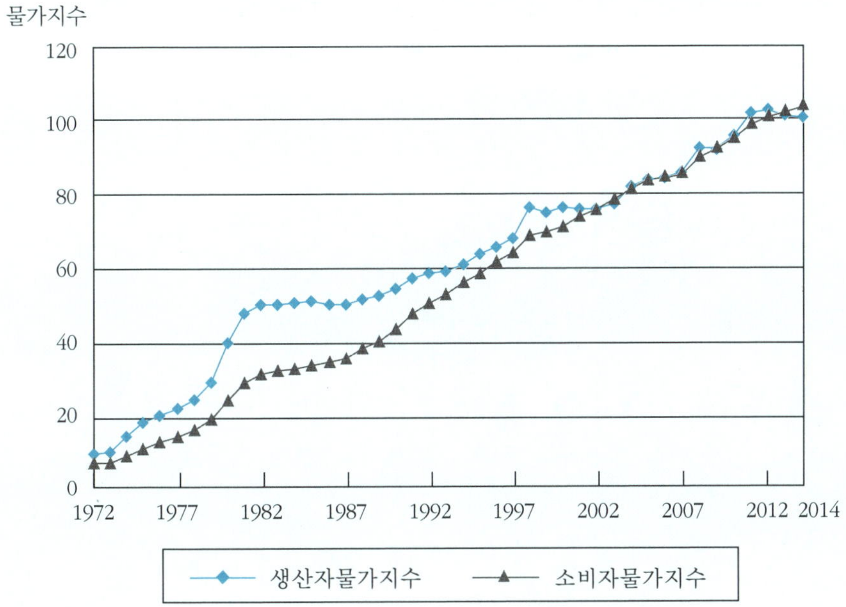

출처 통계청(http://kosis.kr)

승하여 2002년 이후에 이르러 소비자물가지수가 생산자물가지수보다 높게 나타났다. 이러한 점은 최근에 이르러 소비자물가지수에 포함되는 재화나 용역의 가격 상승이 생산자물가지수에 포함되는 재화나 용역의 가격 상승보다 높다는 사실을 반영한다.

또 다른 방식의 물가지수인 GDP 디플레이터는 명목 GDP를 실질 GDP로 나눈 값에 100을 곱하여 산출할 수 있다.

$$\text{GDP 디플레이터} = \frac{\text{명목 GDP}}{\text{실질 GDP}} \times 100$$

이러한 GDP 디플레이터는 명목 GDP와 실질 GDP를 추계한 후 구할 수 있기 때문에 다른 물가지수에 비해 오랜 시간이 소요된다. 그러나 GDP 디플레이터는 GDP을 측정하기 위한 모든 재화 및 용역의 가격을 종합한 가장 복합적이고도 대표적인 물가지수라고 할 수 있다. 따라서 GDP 디플레이터는 기준연도와 비교연도의 전반적인 물가의 변화를 나타내는 일종의 물가상승률이 된다. 우리나라의 GDP 디플레이터는 한국은행이 분기별로 작성하며, 소비자물가지수 및 생산자물가지수와 같은 방향으로 꾸준히 상승하였다.

○ 물가수준이 높다는 것과 물가변동률이 높다는 것은 전혀 다른 의미

○ 물가지수: 소비자물가지수·생산자물가지수·GDP 디플레이터

○ 물가상승률: 일정기간 동안 물가지수가 변화한 비율

연 | 습 | 문 | 제

1. 어떤 나라에서 피자와 맥주만을 생산·소비한다고 가정하자. 2014년에 피자 1판과 맥주 1병의 가격이 각각 10,000원과 2,000원이었다. 한편 2015년에는 피자 1판과 맥주 1병의 가격이 각각 12,000원과 2,500원으로 상승하였다. 그리고 2014년의 피자와 맥주의 생산과 소비량이 각각 15판과 10병이었으며, 2015년에는 각각 20판과 8병이다. 다음의 물음을 답하라.

(1) 2014년을 기준연도로 2014년과 2015년의 명목 GDP와 실질 GDP를 계산하라.

(2) 2014년에서 2015년의 명목 경제성장률과 실질 경제성장률은 각각 얼마인가?

(3) 2015년의 GDP 디플레이터는 얼마인가?

(4) 2015년의 인플레이션율은 얼마인가?

2. 명목 GDP가 1,230조에서 1,380조로 증가하고 실질 GDP가 1,120조에서 1,100조로 감소하였다면, 그 경제는 어떻게 변화하였다고 설명할 수 있는가?

3. GDP에 대한 개념을 정의하고 어떻게 측정될 수 있는지 설명하라. 이러한 GDP는 삼면등가의 원칙과는 어떻게 관련되는가? 또한 산업화된 국가가 개발도상국에 비해 GDP가 과대평가될 수 있는 예를 두 가지 이상 제시하라.

4. 다음에 열거한 사항이 실질 GDP에 어떤 영향을 미치는지 생각해 보자. 또한 실질 GDP의 변화가 경제적 복지수준에 유사한 영향을 야기하는지 논의해 보자.

(1) 노사 간의 이견이 증폭되어 파업이 결정되었다.

(2) 많은 대학생들이 허드레 일을 하기 위해 학업을 포기한다.

(3) 자녀들과 더 많은 시간을 보내기 위해 아버지 혹은 어머니가 근무시간을 축소한다.

(4) 국민들의 건강증진을 위해 담배소비와 관련된 세금을 급격히 인상한다.

(5) 부동산 투기 근절을 위해 부동산 관련 세제를 대폭 강화한다.

5. 2015년 우리나라의 1인당 GDP는 얼마인가? 경제성장이 중요한 이유를 설명하고, 한 국가의 경제성장률은 어떻게 측정되는가? 2015년 우리나라의 경제성장률은 얼마인가?

제14장 총수요–총공급 모형

개별 상품시장에서 가격과 수량이 수요와 공급의 상호작용에 의해 결정되듯이, 거시경제 전체의 물가수준과 실질총생산은 총수요(aggregate demand, *AD*)와 총공급(aggregate supply, *AS*)의 상호작용에 의해 결정된다. 이를 총수요–총공급 모형(*AD–AS* model)이라고 부른다. 총수요–총공급 모형을 공부함으로써 국민경제 전체의 흐름을 파악할 수 있다. 본 장에서는 거시경제의 구조 및 총수요·총공급 곡선의 도출과 이동에 대해 살펴본다. 또한 총수요와 총공급의 상호작용에 의해 결정되는 균형국민소득과 균형물가에 관해서도 알아본다.

1. 거시경제의 구조

거시경제의 전체적인 구조는 [그림 14–1]에서와 같이 결정요인과 거시적 성과의 결합 형태로 이루어져 있다. 거시적 성과에 영향을 미치는 결정요인으로는 크게 세 가지, 즉 내부시장의 상호작용·외부충격·정책수단을 들 수 있다. 내부시장의 상호작용(internal market forces)을 통해 인구성장·소비행위·발명과 혁신 등이 나타나며, 외부충격(external shocks)은 전쟁·자연재해·무역의 붕괴 등을 포함한다. 한편 정책수단(policy levers)으로는 조세정책·정부지출·규제·통화량 조절 등을 들 수 있다.

이와 같은 결정요인들이 상호작용을 통해 생산량·고용·물가·성장·국제수지의 균형 등의 거시적 성과에 영향을 미친다. 그러나 외부의 충격 혹은 정책수단 없이 완전히 격리된 내부시장의 상호작용에만 의존한 경제도 여전히 제 기능을 수행할 수 있을까? 이러한 내부시장의 상호작용으로 원하는 거시적 성과를 창출해 낼 수 있을지는 거시경제학의 중요한 관심사이다. 결론적으로 시장의 기능을 통해 완전고용과 물가안정의 목표를 달성할 수 있는지에 대한 견해는 고전학파(classical school)와 케인즈 학파(Keynesian) 사이에 첨예하게 대립된다.

1930년대 이전까지의 고전학파 경제학자들은 경제 자체가 내부적으로 항상 안정적이라고 생각하였다. 설령 생산량이 감소하고 실업이 증가할지라도 이는 단기적인 현상에 불과하며 물가는 물론 임금·이자율 등 모든 가격변수들이 완전 신축적(flexible)으로 오르내림으로써 시장불균형이 해소된다고 주장하였다. 고전학파 경제모형은 합리적인 경제인, 완전 신축적 가격변수 및 확실성(certainty)을 바탕으로 완전고용이 실현된 경제모형이다.

이와 같은 거시경제에 대한 낙관적인 견해는 「공급은 스스로 수요를 창출한다.」(Supply creates its own demand.)는 세이의 법칙(Say's law)으로 요약된다. 그러므로 고전학파 경제학자들은 경제 내부의 자기조정(self-adjusting)적인 역할을 수행하는 거시경제를 상정함으로써 [그림 14-1]의 정책수단과 같은 결정요인은 필요 없다고 여겼다.

그러나 1930년대 세계 경제의 대공황(great depression)은 고전학파 경제이론의 신뢰성을 허물어 버렸다. 1930년대 케인즈(John M. Keynes, 1883~1946)는 물가와 임금이 신축적으로 조정되어 시장불균형이 회복된다는 고전학파 이론을 신랄하게 비판하면서 거시경제에 대한 새로운 견

그림 14-1 거시경제의 구조

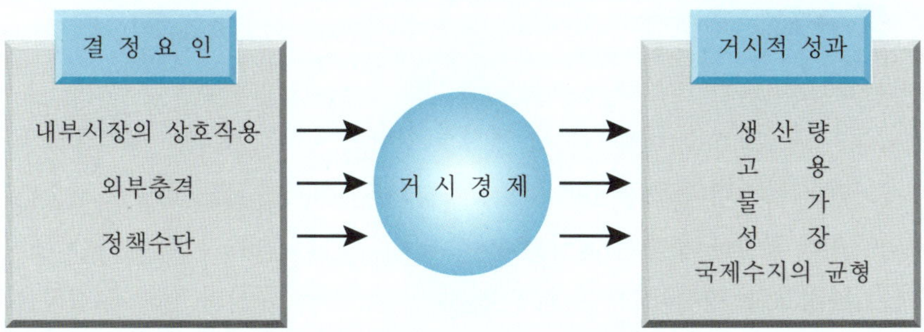

해를 제시하였다. 그는 장기계약의 존재나 노동조합의 영향력과 같은 여러 제도적 요인으로 말미암아 물가와 임금이 상당한 경직성(rigidity)을 가지므로 경제 내부의 자기조정에 의지할 경우 대공황과 같은 만성적인 경기침체가 나타날 여지가 있다고 믿었다. 그러므로 만성적 경기침체의 문제를 해결하기 위해서는 정부지출을 늘리거나 조세를 감면해 주는 등의 인위적인 정책수단을 사용해야 한다고 주장하였다.

오늘날 대부분의 경제학자들은 인위적인 정책수단의 사용이 거시적 성과에 어느 정도 영향을 미친다고 믿고 있다. 그러나 어떤 정책수단이 얼마나 효과적인지에 대해서는 여전히 심각한 이견이 존재한다. 심지어 고전학파 이론을 계승한 일련의 경제학자들은 인위적인 정책수단은 아주 단기적인 효과를 나타낼 뿐, 경제 내부를 더욱 불안하게 만든다고 주장하고 있다. 이러한 경제학자들 사이의 이견에 대한 논의는 제 9 편을 위해 남겨 두기로 한다.

○ 고전학파: 완전 신축적인 가격변수·낙관적인 확실성 — 세이의 법칙

○ 케인즈 학파: 물가와 임금의 상당한 경직성·만성적인 경기침체 — 인위적인 정책수단의 사용

2. 총수요

[그림 14－1]에 나타난 거시적 성과는 수요와 공급의 상호작용에 의한 시장거래의 결과이다. 그러므로 거시적 성과에 대한 영향은 반드시 수요와 공급을 통해서 전달된다. 다시 말해 [그림 14－1]의 왼쪽에 위치한 결정요인들이 수요와 공급을 통하지 않고서는 거시적 성과에 영향을 미칠 수 없음을 의미한다. 이러한 국민경제 전체와 관련된 거시적 측면에서의 수요와 공급을 총수요와 총공급이라고 표현한다.

2. 1 총수요곡선의 도출

개별 상품시장에서 수요는 각각의 가격수준에 구입할 의사가 있는 의도된 양이라고 정의하였다. 마찬가지로 다른 요인들이 일정하다는 가정하에 총수요(aggregate demand, *AD*)는 "각각의 물가수준에 수요자가 구매할 의사가 있는 의도된 총량"으로 정의된다. 그러므로 총수요는 다음과 같이 나타낼 수 있다.

$$총수요(AD) = 민간소비 + 투자 + 정부지출 + 순수출$$

위 식에서 순수출은 재화나 용역의 수출에서 수입을 뺀 값을 의미한다. 위 식의 오른쪽 항은 지출 접근방법에 의한 GDP를 나타내기도 한다. 그러나 총수요와 GDP 사이에는 중요한 차이점이 존재한다. 지출 접근방법에 의한 GDP에서는 생산된 상품이 다 팔리지 않았을 때 발생하는 재고의 변화도 기업의 재고투자 지출에 포함되지만, 총수요는 구입하고자 하는 의도를 나타내기 때문에 의도되지 않은 재고투자는 포함하지 않는다.

총수요를 그림으로 나타낸 것을 총수요곡선(aggregate demand curve)이라 한다. [그림 14-2]와 같이 총수요곡선은 세로 축에 물가(*P*)를, 가로 축에는 총생산(*Y*)을 측정한다. 총수요곡선은 개별상품의 시장수요곡

그림 14-2 총수요곡선

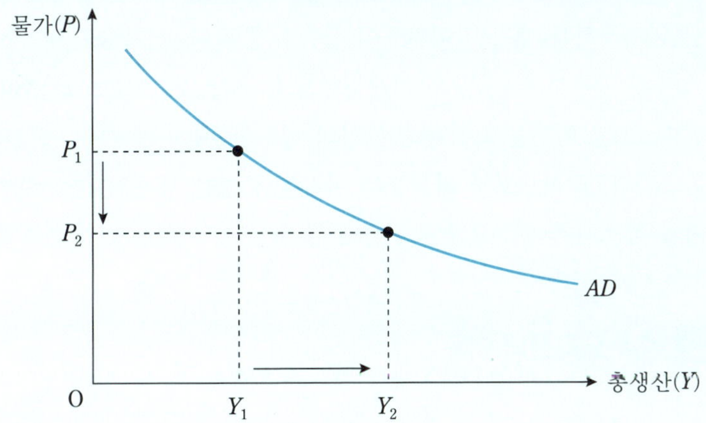

선처럼 우하향하는 형태를 취한다. 즉 물가수준이 P_1에서 P_2로 하락하게 되면 총생산은 Y_1에서 Y_2로 증가하게 된다. 이렇게 총수요곡선이 우하향하는 이유로는 실질잔고효과·무역효과·이자율효과를 들 수 있다.

첫째, 실질잔고효과(real balance effect)는 총수요곡선이 우하향하는 가장 본질적인 이유로서 물가의 변동이 소비자의 소득 및 금융자산의 가치를 변동시켜 상품구매력에 영향을 미치는 효과이다. 예를 들어 물가가 떨어지면 현금뿐만 아니라 채권과 같은 금융자산의 가치가 상승해 소비자의 소득 및 부를 증대시키는 효과가 나타난다. 이렇게 실질적으로 증대된 소득 및 부는 더 많은 재화와 용역에 대한 상품구매력을 상승시켜 소비가 증가하게 된다.

둘째, 무역효과(foreign trade effect)는 물가의 변동이 수입과 수출을 통해 실질총생산에 미치는 효과이다. 예를 들어 물가가 오르면 우리나라 수출상품의 가격상승으로 이어지기 때문에 수출이 감소하고 상대적으로 가격이 싼 외국제품의 수입이 증가한다. 이렇게 수입이 증가하고 수출이 감소하면 순수출(=수출−수입)이 감소하여 총수요가 줄어들게 된다.

셋째, 이자율효과(interest rate effect)는 물가의 변동으로 사람들이 차입하고자 하는 금액을 변화시켜 이자율에 영향을 미치게 된다. 또한 이자율 변동은 민간소비와 투자의 변동으로 연결되어 총수요를 변화시킨다. 만약 물가가 오르면 사람들은 종전보다 더 많은 현금을 필요로 하기 때문에 현금에 대한 수요가 증가한다. 결국 사람들의 차입 증가로 이어져 현금을 사용하는 대가인 이자율이 상승하게 된다. 이자율이 상승하면 현재소비를 희생시켜 더 많은 미래소비를 추구할 것이므로 민간소비가 감소한다. 또한 이자율의 상승은 기업의 대출비용을 증가시켜 기업의 투자가 감소한다. 그러므로 물가상승은 이자율 증가를 통해 민간소비 및 기업투자를 감소시켜 총수요가 줄어들게 된다.

2. 2 총수요곡선의 이동

물가 이외에도 총수요에 영향을 미치는 다양한 요인이 존재한다. [그림 14−2]에서 총수요곡선을 도출할 때 물가 이외의 요인들은 고정되었다고 가정하였다. 왜냐하면 2분면상의 그래프를 그릴 때 두 변수(즉 물가와 총생산)만 나타낼 수 있기 때문이다. 그렇다면 물가와 함께 총수요에 영향을 미칠 수 있는 다른 요인들이 동시에 변화할 경우 그래프상에는 어떻게 나타낼 수 있을까? 이와 같이 물가 이외에 총수요에 영향을 미칠 수 있는 요인을 수요충격(demand shock)이라 하고, 총수요곡선 자체를 오른쪽 혹은 왼쪽으로 이동시켜 나타낼 수 있다.

총수요곡선이 오른쪽(왼쪽)으로 이동할 경우 동일한 물가수준에서 총생산은 증가(감소)하게 된다. 그렇다면 어떤 요인들의 변화가 총수요곡선을 오른쪽으로 이동시키는가? 총수요는 민간소비·투자·정부지출·순수출로 구성되기 때문에 물가수준과는 관계 없이 이들 항목 중에서 어느 하나가 증가하면 [그림 14−3]과 같이 총수요곡선은 오른쪽으로 이동한다. 구체적으로 몇 가지 중요한 요인들을 살펴보면 다음과 같다.

첫째, 민간소비 심리가 커지면 물가수준에 관계 없이 총수요가 증가하게 된다. 과소비 풍조와 같은 소비 심리의 변화는 물가는 물론 실질적인 소득이나 부의 증가 없이 형성된 것이다. 또한 다른 조건이 일정할 경우 인구의 증가는 소비수요의 증가를 야기할 수 있다. 예를 들어 한 가정

그림 14−3 총수요곡선의 이동

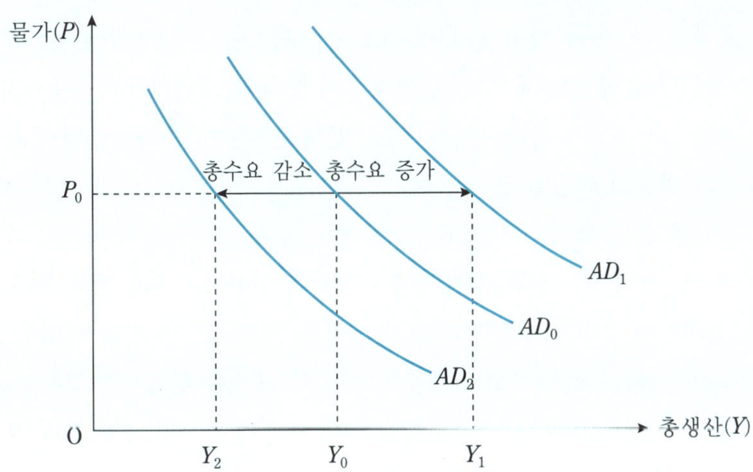

의 자녀 수가 증가하면 다른 변수의 실질적인 변화 없이 소비가 증가하는 경향이 있다. 이와 같은 소비수요의 증가는 총수요곡선을 오른쪽으로 이동시킨다.

둘째, 기업가들이 미래에 대한 낙관이 형성되어 대규모의 투자수요가 확대되면 총수요가 증가하게 된다. 최근 유전공학과 같은 첨단산업이 고부가가치를 창출할 것으로 기대되므로 다른 변수들의 변화 없이 투자를 실행하면 총수요곡선은 오른쪽으로 이동한다. 또한 계속적으로 주식시장이 호황을 유지한다면 기업의 투자는 물론 투자자의 자산가치가 증가해 민간소비의 증대로 이어진다.

셋째, 총수요곡선을 오른쪽으로 이동시키는 가장 보편적인 방법으로 확대재정정책과 확대금융정책을 들 수 있다. 확대재정정책은 정부가 조세를 감면하거나 정부지출을 늘려서 총수요를 증가시키는 일련의 정책을 의미한다. 확대금융정책은 통화량을 늘려 총수요를 자극하는 정책을 일컫는다. 반대로 조세를 증가시키거나 정부지출을 감소시키는 긴축재정정책이나 통화량을 감소시키는 긴축금융정책을 실시하면 총수요곡선은 왼쪽으로 이동한다. 이상의 내용은 제 9 편 경제안정화정책의 효과를 논의할 때 상세히 설명하기로 한다.

넷째, 외국에서 우리나라 제품의 수요가 증가하거나 우리나라에서 외국제품의 수요가 감소하면 순수출이 증가해 총수요곡선이 오른쪽으로 이동한다. 예를 들어 1988년 서울 올림픽이나 2002년 한일 월드컵 이후 우리나라 제품의 국제적 평판이 좋아져 외국 소비자들의 우리나라 제품에 대한 선호가 증가하였다. 이로 인해 순수출이 증가하면 총수요곡선이 오른쪽으로 이동한다.

이상의 요인들이 반대로 작용하면 총수요의 구성 항목들이 감소하게 되어 [그림 14－3]과 같이 총수요곡선이 왼쪽으로 이동하게 된다. 즉 근검절약의 풍조가 조성되거나, 정치적 불안정 등으로 인한 기업의 투자의욕이 위축되거나, 해외시장의 침체 등의 이유로 우리나라 상품의 수출이 감소하거나, 정부가 긴축재정·금융정책을 실시하면 총수요가 감소하게 되어 총수요곡선이 왼쪽으로 이동한다.

○ 총수요곡선이 우하향하는 이유: 실질잔고효과·무역효과·이자율효과

○ 수요충격: 물가 이외의 총수요에 영향을 줄 수 있는 요인 — 총수요곡선 자체가 오른쪽 혹은 왼쪽으로 이동

3. 총공급

거시경제에서 총공급은 한 국민경제의 모든 기업이 생산한 상품 공급량을 합한 것을 의미한다. 다시 말해 총공급은 개별 상품시장에서 기업의 공급을 국민경제 전체의 개념으로 확장시킨 것이다.

3.1 총공급곡선의 도출

총수요곡선이 물가수준에 영향을 받는 것과 마찬가지로 총공급곡선(aggregate supply curve, *AS*)도 "각각의 물가수준에 공급자가 공급할 의사가 있는 의도된 총량"을 나타낸다. 이때 물가 이외의 다른 요인들은 일정한 값으로 고정되어 있다고 가정한다. 즉 총공급곡선은 총수요곡선과 마찬가지로 세로 축에 물가(P), 가로 축에 총생산(Y)을 측정한다.

총공급곡선은 [그림 14-4]와 같이 개별상품의 시장공급곡선처럼 우상향하는 형태를 취한다. 즉 물가수준이 P_1에서 P_2로 상승하면 총생산은 Y_1에서 Y_2로 증가한다. 그 이유는 물가가 오르면 기업들이 생산하는 상품의 가격이 상승하기 때문에 기업은 상품 생산량을 늘릴 것이기 때문이다. 이를 좀 더 구체적으로 살펴보면 다음과 같다.

완전경쟁시장에서 가격(P)은 한계수입(MR)과 동일하므로 기업이 상품 1 단위를 추가적으로 생산함으로써 얻는 이윤은 가격(혹은 한계수입)과 추가생산에 필요한 한계비용(MC)과의 차이가 된다. 총공급곡선을 정의할 때 물가 이외의 다른 요인들은 불변이라고 가정하였으므로, 물가가

그림 14-4 총공급곡선

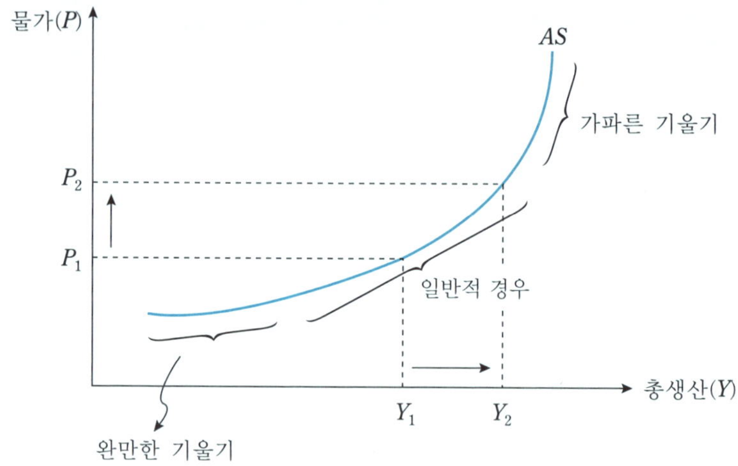

올라 상품의 가격이 상승하면 상품 1단위를 추가적으로 생산함으로써 얻는 이윤이 양(+)의 값이 된다. 왜냐하면 추가생산에 필요한 한계비용에 영향을 미치는 임금·지대·원자재 가격·기술수준 등은 고정된 값으로 가정하였기 때문이다.

그러므로 상품 가격의 상승은 곧바로 기업의 이윤 증가로 연결되어 물가가 올라가면 기업들은 더 많은 이윤 획득을 위해 상품 생산량을 늘릴 것이므로 총공급곡선은 우상향하는 모양을 취한다. 일반적으로 물가가 오른다 할지라도 임금과 같은 생산요소의 가격이 즉각적으로 조정되지 않는다. 왜냐하면 임금·지대·원자재 가격 등은 대체로 1년 혹은 일정기간 계약의 형태로 고정되어 있기 때문이다. 그러므로 물가가 올라 상품가격이 상승하면 적어도 단기에는 기업의 이윤이 증가하게 되어 생산량이 늘어나게 된다. 개별기업의 생산량이 증가하게 되면 국민경제 전체의 총생산도 늘어나게 된다.

총공급곡선은 [그림 14-4]와 같이 생산량이 낮은 수준에서는 아주 완만한 기울기이고, 생산량이 증가함에 따라 기울기가 점점 증가하며 생산량이 높은 어느 수준에 이르게 되면 거의 수직선에 가까운 형태를 취한다. 이와 같이 총공급곡선이 완만한 혹은 수직선에 가까운 형태를 취하는 이유는 다음과 같다.

만약 경제에 생산 공급의 초과능력(excess capacity)이 존재할 경우에는 비용에 대한 별다른 희생을 치르지 않고서도 생산량을 증가시킬 수 있다. 예를 들어 1930년대 대공황처럼 생산설비의 유휴가 만연한 상태에서는 추가적인 생산요소의 구입이 필요 없게 되어 물가를 상승시키지 않으면서 얼마든지 유휴설비를 이용해 생산을 증가시킬 수 있기 때문에 총공급곡선은 거의 수평선이 된다.

그러나 생산가동 능력이 증가할수록 생산은 힘들어진다. 왜냐하면 생산설비를 100% 가동하여 생산하는 경우 생산량을 늘리기 위해서는 노동자들의 초과수당 혹은 임금수준 자체를 올려야 하기 때문이다. 또한 생산에 필요한 다른 생산요소에 부가적인 비용을 지불해야 한다. 따라서 생산요소가 완전고용수준에 접근할수록 적어도 단기에는 최대 생산량수준에 한계가 생겨날 수 있다. 이로 인해 높은 생산수준에서 총공급곡선은 거의 수직선이 된다.

현실세계에서 총공급곡선은 극단적인 수직선이나 수평선의 형태로는 나타나지 않는다. 물가수준이 오르면 실질총생산이 증가하는 우상향하는 형태의 총공급곡선이 보편적이다. 그러므로 본서에서는 별다른 언급이 없는 한 우상향하는 총공급곡선을 상정한다.

3. 2 총공급곡선의 이동

물가 이외에도 총공급에 영향을 미치는 요인은 다양하게 존재한다. 총수요의 경우와 마찬가지로 물가 이외에 총공급에 영향을 미칠 수 있는 요인을 공급충격(supply shock)이라 하고, [그림 14-5]와 같이 총공급곡선 자체를 오른쪽 혹은 왼쪽으로 이동시키는 것으로 나타낼 수 있다. 총공급곡선을 이동시키는 몇 가지 요인을 살펴보면 다음과 같다.

첫째, 화폐임금이 하락하면 동일한 물가수준하에서 실질임금의 감소를 의미한다. 실질임금이 하락하면 기업에서의 노동 고용량이 증가하고 생산량이 상승하게 된다. 동일한 물가수준에서 생산량이 상승할 경우 총

그림 14-5 총공급곡선의 이동

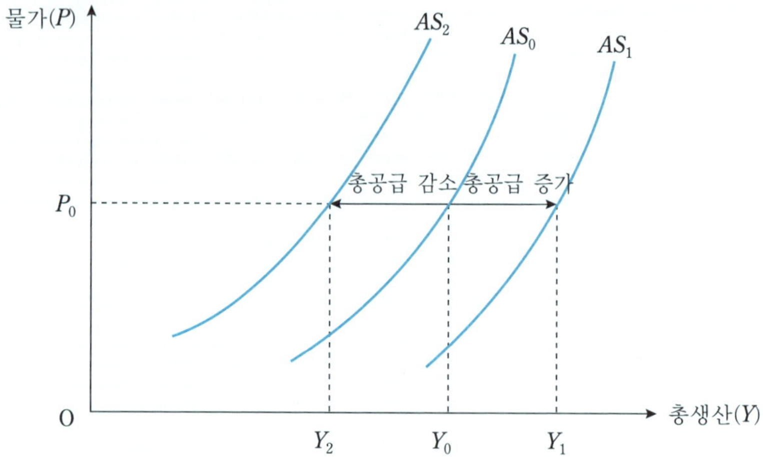

공급곡선은 오른쪽으로 이동하게 된다. 실질임금 이외에도 임대료·원재료·에너지 등의 가격이 하락하면 기업의 생산비용은 감소하므로 생산량이 증가하고 총공급곡선은 오른쪽으로 이동한다.

둘째, 기술진보가 발생해 생산기술이 향상되면 동일의 노동과 자본의 투입량에 대한 각각의 생산요소의 한계생산성이 증가한다. 동일한 생산요소의 투입에 대한 생산량의 증가는 총공급곡선을 오른쪽으로 이동시킨다.

셋째, 생산량은 생산요소의 투입과 기술수준의 물리적인 관계에 의해서만 결정되는 것은 아니다. 즉 생산량은 노동자의 근로의욕·사기 등과 같은 정신적인(심리적인) 요인에 의해서도 영향을 받는다. 높은 노동의욕은 보다 많은 생산량을 창출하고 총공급곡선은 오른쪽으로 이동한다.

넷째, 만약 기업들이 장래에 물가가 오를 것으로 예상한다면 제품을 나중에 파는 것이 유리하지만, 장래의 인플레이션이 현재 진행되는 인플레이션보다 낮아질 것으로 예상하면 현재에 보다 많은 제품을 파는 것이 유리할 것이다. 그러므로 예상 인플레이션이 현재 진행되는 인플레이션보다 낮을 경우 총공급곡선은 오른쪽으로 이동한다.

이상의 요인들이 반대로 작용하면 [그림 14-5]와 같이 총공급곡선은 왼쪽으로 이동하게 된다. 즉 화폐임금·임대료·원재료·에너지 등의 생산요소 가격이 상승하거나, 전쟁 등의 이유로 생산시설이 파괴되거나, 노사불안 등의 이유로 근로의욕이 저하되거나, 예상 인플레이션이 현재 진행되는 인플레이션보다 높을 경우 총공급곡선이 왼쪽으로 이동한다.

○ 총공급곡선이 우상향하는 이유: 물가상승 → 상품가격 상승 → 개별기업의 공급증가 → 총생산증가

○ 공급충격: 물가 이외에 총공급에 영향을 줄 수 있는 요인 → 총공급곡선 자체가 오른쪽 혹은 왼쪽으로 이동

4. 균형국민소득과 균형물가

개별시장에서 균형수량과 균형가격이 수요와 공급의 상호작용에 의해 결정되듯이 국민경제 전체의 경제활동수준을 나타내는 균형국민소득 및 균형물가의 수준은 이미 공부한 총수요곡선과 총공급곡선에 의해 결정된다.

4. 1 균형국민소득과 균형물가의 결정

[그림 14-6]과 같이 총수요곡선과 총공급곡선이 서로 만나는 E점에서 균형국민소득 Y_e와 균형물가 P_e가 결정된다. 그러나 경제가 언제나 총수요와 총공급이 일치하는 균형에 머무는 것은 아니다. 만약 경제가 호황을 누린다면 총수요가 총공급보다 큰 초과수요(excess demand)가 발생한다. 즉 물가수준이 P_e보다 낮은 P_1 수준에 머물러 있을 경우 경제주체들이 원하는 상품의 수량이 공급되는 수량보다 많게 된다. 따라서 경제주체들의 구매경쟁으로 개별상품의 가격이 상승하게 되어 물가가 균형물가의 수준인 P_e까지 오르게 된다.

그림 14-6 균형국민소득과 균형물가의 결정

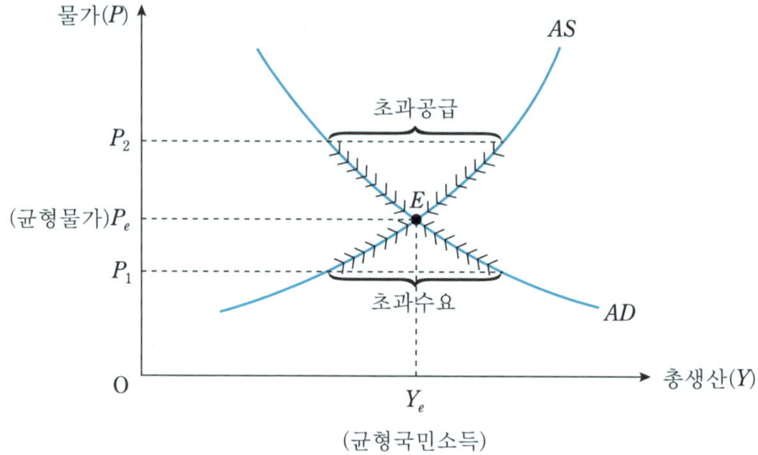

만약 경제가 불황에 접어들면 총공급이 총수요보다 큰 초과공급(excess supply)이 발생한다. 즉 물가수준이 P_e보다 높은 P_2 수준에 있을 경우 개별기업이 원하는 만큼의 상품 수량을 경제주체들이 사려 하지 않기 때문에 기업들의 상호경쟁으로 개별상품의 가격이 하락하게 되어 물가는 균형물가의 수준인 P_e까지 내리게 된다. 물가가 P_e 수준에 머물러 있을 경우에만 초과수요와 초과공급이 없이 그 수준을 계속적으로 유지하게 된다.

만약 [그림 14-7]과 같이 균형국민소득 Y_e가 완전고용국민소득 Y_f보다 더 큰 경우에는 총수요가 당장 공급할 수 있는 총공급보다 크게 된다. 이 둘 사이의 차이를 인플레이션 갭(inflationary gap)이라 부른다. 이러한 용어는 인플레이션이 생겨날 가능성이 크다는 사실을 반영한다. 이와 같은 경기 호황이 생겨나면 단기적으로 기업이 갖고 있는 재고품을 출하함으로써 공급을 충당한다.

반대의 현상으로 균형국민소득 Y_e가 완전고용국민소득 Y_f 보다 작을 경우에는 총공급이 총수요보다 크게 된다. 이 둘 사이의 차이를 경기침체 갭(recessionary gap) 혹은 디플레이션 갭(deflationary gap)이라 부른다. 이러한 용어는 경기가 침체되고 실업률이 높아지는 현상이 생겨날 가능성

그림 14-7 인플레이션 갭과 경기침체 갭

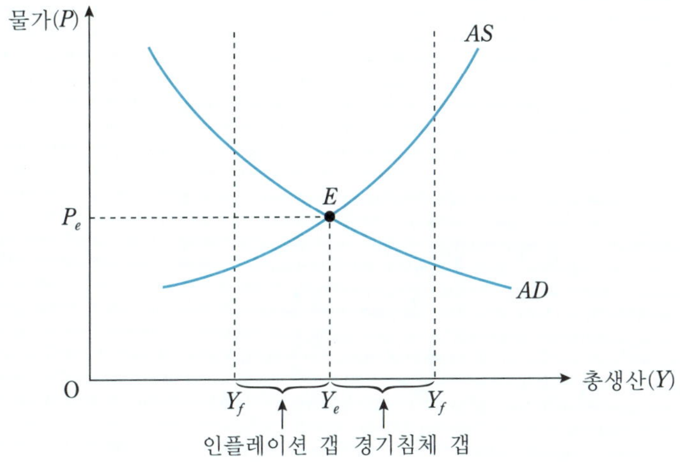

이 크다는 사실을 반영한다. 이와 같은 경기불황이 생겨나면 단기적으로 기업의 재고증가로 이어진다. 이러한 재고증가는 기업이 스스로 만든 제품을 구입한 것과 같으므로 국민경제 전체로는 재고증가가 투자가 되므로 총수요를 증가시키는 역할을 수행한다. 결국 의도된 재고변동을 통해 사후적으로 총수요와 총공급은 같아지게 된다.

그러나 장기적인 측면에서 인플레이션 갭이 발생할 경우 기업들은 밀려드는 수요에 부응하기 위해 근로자들에게 초과근무를 요구할 뿐만 아니라 근로자를 확보하기 위한 기업들의 경쟁이 심해지면서 임금이 상승하게 된다. 이미 공부한 바와 같이 생산요소 가격의 상승은 총공급곡선을 왼쪽으로 이동시켜 균형으로 회복하게 된다. 한편 경기침체 갭의 경우에는 실업률이 높아지고 생산활동이 둔화되면서 임금과 다른 생산요소의 가격이 점차 낮아져 총공급곡선이 오른쪽으로 이동한다. 그러므로 여러 요인들에 의해 총수요곡선과 총공급곡선의 이동이 생겨나게 되는데, 이를 통해 균형국민소득 및 균형물가의 수준에 영향을 미치게 된다.

총수요곡선(*AD*) = 총공급곡선(*AS*) ⇒ 균형물가 P^*와 균형국민소득 Y^*를 결정

4. 2 균형국민소득과 균형물가의 변화

먼저 총공급곡선은 변하지 않는 데 총수요곡선이 변화하면 어떤 현상이 일어나는지 알아보자. 이미 본 장 「2.2 총수요곡선의 이동」에서 살펴본 바와 같이 총수요의 증가, 즉 민간소비 수요가 증가할 경우, 투자의욕이 확대될 경우, 해외 시장에서 우리나라 제품의 선호가 증가할 경우, 정부지출의 증가·조세의 감면·통화량의 증가와 같은 확대정책을 실시할 경우 총수요곡선은 오른쪽으로 이동한다.

[그림 14-8]에서 총수요가 증가하여 총수요곡선이 AD_0에서 AD_1로 오른쪽으로 이동한다고 하자. 이 경우 원래의 균형점 E_0은 더 이상 균형점이 될 수 없다. 왜냐하면 원래의 물가수준 P_0에서 초과수요가 생겨나기 때문이다. 이러한 초과수요로 경제주체들은 더 높은 가격에서라도 상품을 구매하려 할 것이고 기업의 재고는 감소하게 된다. 이는 물가를 상승시키게 되며 물가의 상승은 총수요의 감소와 총공급의 증가를 유도한다. 여기서 물가의 상승에 따른 총수요 및 총공급의 변화는 총수요곡선 및 총공급곡선상에서의 이동으로 나타난다.

총수요와 총공급이 일치하는 새로운 균형점 E_1에서 초과수요는 사라

그림 14-8 총수요곡선의 이동과 새로운 균형

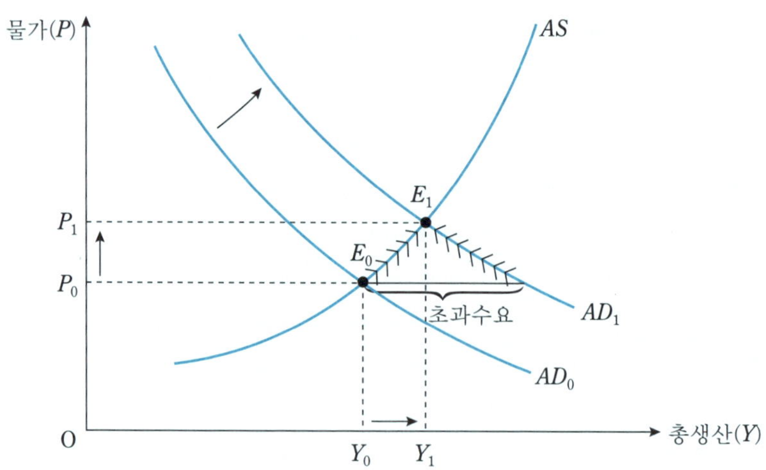

지게 된다. 새로운 균형점 E_1을 원래의 균형점 E_0와 비교해 보면 총생산이 증가하고 물가수준이 오르는 결과를 가져온다. 이는 개별시장에서 수요곡선이 오른쪽으로 이동하면 가격이 상승하고 거래량이 증가하는 경우와 동일하다. 반대로 총수요곡선이 왼쪽으로 이동하면 총생산이 감소하고 물가가 하락한 결과가 나타난다.

이제 총수요곡선은 변하지 않는 데 총공급곡선이 변화하면 어떤 현상이 일어나는지 알아보자. 이미 본 장 「3.2 총공급곡선의 이동」에서 살펴본 바와 같이 여러 가지 요인들에 의해 총공급곡선은 오른쪽 혹은 왼쪽으로 이동한다. 구체적으로 노동조합의 교섭력이 증가하여 임금이 오른 경우를 예로 들어 살펴보자. 임금이 상승할 경우 기업의 입장에서는 생산비용이 증가한 것이므로 고용을 줄이려 한다. 만약 고용을 줄이지 못한다면 생산비용의 상승으로 이윤이 감소할 것이고, 경우에 따라서는 음(−)의 이윤을 기록하는 기업들이 생겨나 이들 기업들은 시장에서 퇴출될 것이다. 그러므로 생산비의 상승은 국민경제 전체적인 측면에서 총생산의 감소로 이어진다.

총공급의 감소는 [그림 14−9]와 같이 총공급곡선이 AS_0에서 AS_1로 왼쪽으로 이동한다. 이 경우 원래의 균형점 E_0은 더 이상 균형점이 될 수

그림 14−9 총공급곡선의 이동과 새로운 균형

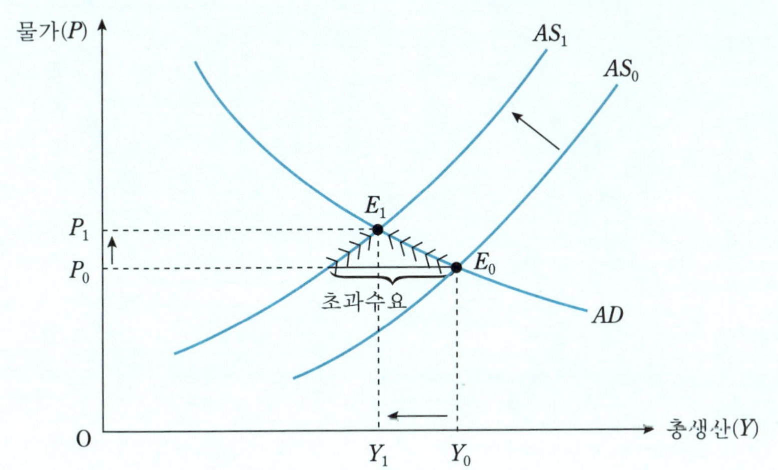

없다. 왜냐하면 원래의 물가수준 P_0에서 초과수요가 생겨나기 때문이다. 이미 공부한 바와 같이 초과수요는 물가를 상승시키며, 물가의 상승은 총공급의 증가와 총수요의 감소를 유도한다.

총수요와 총공급이 일치하는 새로운 균형점 E_1에서 초과수요는 사라지게 된다. 새로운 균형점 E_1을 원래의 균형점 E_0와 비교하면, 총생산이 감소하고 물가가 상승하는 결과를 가져온다. 이는 개별시장에서 공급곡선이 왼쪽으로 이동하면 가격이 상승하고 거래량이 감소하는 경우와 동일하다. 반대로 총공급곡선이 오른쪽으로 이동하면 총생산은 증가하고 물가가 하락하는 결과가 나타난다.

여기서 이상의 논의와 관련된 두 가지 사실을 지적하고자 한다. 첫째, 총공급곡선이 왼쪽으로 이동하면 총생산이 감소하고 물가수준은 오르는데, 이러한 현상을 스태그플레이션(stagflation)이라 한다. 즉 "생산이 감소하는 경기침체(stagnation)와 물가상승(inflation) 현상이 동시에 나타난다는 것"이다. 많은 국가에서는 1970년대 발생한 두 번의 석유파동(oil shock)으로 심각한 스태그플레이션 현상을 경험하였다.

둘째, 지금까지 총수요곡선과 총공급곡선 중 한 곡선의 이동에 따른 총생산과 물가수준의 변동을 파악하였다. 그러나 두 곡선이 동시에 변화

그림 14-10 총수요곡선 및 총공급곡선의 동시 이동

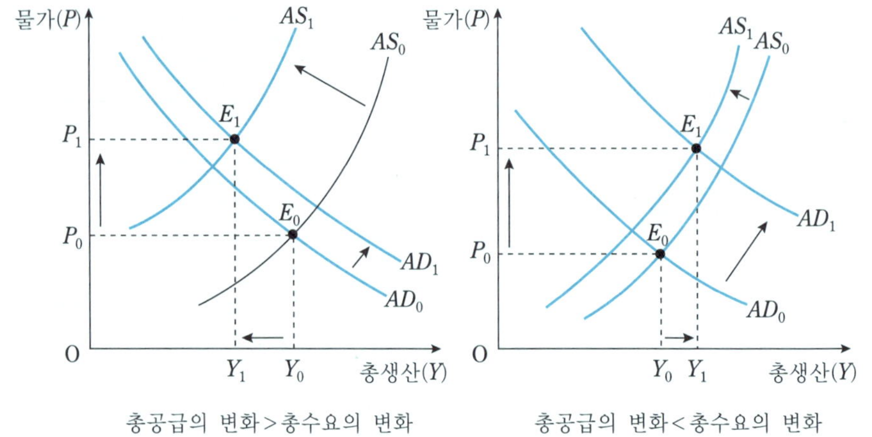

하는 경우가 보다 현실적이다. 예를 들어 정부가 경기부양을 위해 정부지출의 증가 혹은 조세감면(총수요곡선 오른쪽 이동)과 수입 원자재·에너지 가격의 상승(총공급곡선 왼쪽 이동)이 동시에 형성될 수 있다. 이 경우에는 두 곡선의 이동 정도에 따라 새로운 균형국민소득과 균형물가의 수준이 결정된다.

예를 들어 [그림 14－10]과 같이 총공급의 변화가 총수요의 변화보다 클 경우에는 큰 폭의 물가상승과 함께 총생산은 줄어들게 된다. 반대로 총수요의 변화가 총공급의 변화보다 클 경우에는 여전히 물가는 오르지만 총생산은 오히려 증가하게 된다. 따라서 두 곡선이 동시에 이동할 경우 물가 및 총생산의 변화는 총수요의 변화 및 총공급의 변화의 상대적 크기에 의존한다.

1970년대 스태그플레이션

공급충격의 대표적인 사례로서 석유수출국기구(Organization of Petroleum Exporting Countries, OPEC)가 석유생산을 급격히 감소함으로써 나타난 두 번의 석유파동(oil shock)을 들 수 있다.

1973년에 발생한 1차 석유파동은 아랍 산유국과 이스라엘 사이에 벌어진 제 4차 중동전(1973년 10월 6일)을 계기로 아랍 산유국들이 석유를 무기로 사용함에 따라 유가가 급등하였다. 또한 OPEC 10개국은 미국이 이스라엘을 지지했다는 이유로 미국 등에 석유금수 조치를 단행해 1973년 1월 유가가 배럴당 $ 2.59에서 1974년 1월에는 배럴당 $ 11.65로 무려 4.5배나 급등하였다. 이로 인해 다음 표에서와 같이 많은 국가에서는 마이너스 성장과 함께 높은 인플레이션이 동시에 나타나는 스태그플레이션(stagflation)을 경험하였다.

2차 석유파동은 이란의 회교혁명이 유혈폭동 사태로 발전하자 전면적인 대외 석유수출 중단(1978년 12월 27일)을 계기로 발생하였다. 이 당시 유가는 배럴당 $ 12.7(1978년 12월) 정도였는데, 1980년 10월에는 배럴당 $ 37.0으로 약 3배 급등하였다. 그러나 2차 석유파동은 유가가 1년여에 걸쳐 단계적으로 인상되었을 뿐만 아니라 여러 국가들이 신축적으로 대응하여 1차 석유파동에 비해 충격이 상대적으로 완화된 현상을 보였다.

최근 들어 유가가 가파른 속도로 상승하는 경우를 종종 경험하곤 한다. 이러한 사실은 1970년대의 경험이 언제나 재현될 수 있음을 암시한다. 그러므로 유가 상승에 따른 공급충격에 충분히 대응할 수 있는 전략이 절실히 요구된다. 언제나 그랬듯이 아랍 국가들에서 일어나는 사태는 세계경제의 잠재적인 충격의 원인이 될 수 있다.

| 경제성장률과 인플레이션율 |

국 가	경제성장률(%)				인플레이션율(%)			
	1973	1974	1979	1980	1973	1974	1979	1980
미 국	5.9	- 2.2	3.2	- 0.8	5.6	10.2	11.3	13.5
영 국	5.3	- 0.5	1.5	- 3.0	7.3	11.2	13.4	18.0
서 독	5.3	0.4	4.5	1.8	5.8	6.5	4.1	5.5
일 본	10.2	- 3.3	5.9	5.4	12.0	26.0	3.6	8.0
OECD 전체	6.3	0.3	3.3	1.0	7.5	12.3	9.9	12.9

출 처 삼성경제연구소 『CEO Information』, 제212호.

연 습 문 제

1. 총수요-총공급(*AD* - *AS*) 곡선을 이용하여 다음을 분석하라.

(1) 우리나라의 경우 국제 유가의 변동이 국내 경제에 큰 영향을 미칠 수 있다는 사실을 여러 번 경험하였다. 만약 석유와 같은 주요한 생산요소의 가격이 급격히 상승할 경우 어떠한 조정과정을 통해 균형국민소득과 균형물가의 수준에 영향을 미치는지 상세히 설명하라.

(2) 정부는 민간소비를 증가시키기 위해 특별소비세를 인하하는 조치를 단행하였다. 이러한 정책이 균형국민소득과 균형물가의 수준에 어떤 영향을 미치는지 설명하라.

2. 총수요곡선이 우하향하는 이유를 실질잔고효과·무역효과·이자율효과로 나누어 설명하라.

3. 세이의 법칙(Say's law)에 의하면 공급은 스스로 수요를 창출한다. 이러한 현상은 어떠한 가정조건에 근거한 것인가? 구체적으로 설명하라.

4. 극단적인 경우 총공급곡선은 수평선 혹은 수직선의 모양으로 나타날 수 있다. 이러한 형태로 나타날 수 있는 이유를 경기 호황 혹은 불황과 같은 경제 환경과 연관시켜 설명하라.

5. 소비함수가 $C^D = 100 + \frac{2}{3}(Y - T)$이고, 투자 $I = 100$, 정부지출 $G = 60$, 조세 $T = 60$이라면, 균형국민소득은 얼마인가?

제15장 케인즈의 유효수요 이론

1930년대 경제 대공황과 함께 등장한 케인즈는 이전의 고전학파가 주장한 완전고용은 특수한 상황에 불과하며 만성적인 실업이 존재하는 것이 일반적인 현상이라고 주장하였다. 또한 케인즈는 정부가 경제에 적극적으로 개입하여 유효수요(총수요)를 증가시킬 때 완전고용 총생산수준에 근접할 수 있다고 보았다. 본 장에서는 고전학파와 케인즈 이론의 차이점을 살펴보고 완전고용국민소득과 균형국민소득의 괴리에 대해서도 설명한다. 또한 케인즈 모형을 설명하는 데 중요한 역할을 하는 승수효과에 관해서도 공부한다.

1. 고전학파와 케인즈 이론의 차이점

케인즈 이전의 고전학파 경제학은 세이의 법칙에서와 같이 공급이 바로 수요를 창출한다고 여겨 왔다. 고전학파 경제학에 의하면, 공급은 시장에서 가격을 매개로 언제나 수요와 일치하게 되어 시장불균형이 해소된다. 다시 말해 고전학파 경제학자들은 특정한 상품에 대한 초과수요나 초과공급과 같은 시장불균형은 일시적인 현상이며, 물가·임금·이자율 등 모든 가격변수들의 완전 신축성(flexibility)으로 말미암아 이런 불균형은 곧바로 해소될 것이라고 믿었다.

또한 고전학파 경제학자들은 모든 가용한 생산요소들이 언제나 생산에 참여하는 완전고용된 모형을 상정하여 구조적으로 실업이나 경기침체는 경제 내의 내생적 원인에 의해 발생하지 않는다고 생각하였다. 그들은 비록 단기적으로 계절적 요인이나 마찰적(frictional) 요인에 의한 일시적인 실업은 존재하더라도 장기적으로 구조적이고 본원적인 실업은 발생하지 않을 것으로 보았다.

그러나 1930년대 전례를 찾아볼 수 없는 높은 실업률과 심각한 생산 감소에 따른 경기침체의 현실은 고전학파 경제학자들의 주장과는 판이하게 달랐다. 이렇게 새로운 거시경제 이론이 필요한 때에 케인즈는 「고용, 이자 및 화폐의 일반이론」(*The general theory of employment, interest and money*)을 1936년에 발간하면서 등장하였다.

케인즈는 여러 제도적 요인으로 인해(예를 들어 장기계약의 존재·노동조합의 영향력 등) 물가·임금·이자율 등 모든 가격변수들이 상당한 경직성(rigidity)을 갖는다면, 총수요가 부족하여 총공급을 완전히 활용할 수 없는 실업이나 경기침체는 당연한 귀결이라고 주장하였다. 특히 총수요가 부족한 상황이 장기간 지속될 수 있으며, 이에 따라 만성적인 경기침체가 나타날 가능성이 항상 존재한다. 이와 같은 이유로 케인즈는 국민경제의 공급능력과는 상관 없이 총공급과 종국적으로 일치하는 총수요, 즉 유효수요(effective demand, 케인즈는 이러한 총수요를 유효수요라고 부름)가 총생산수준을 결정한다고 생각하였다.

그러므로 케인즈는 만성적 경기침체의 문제를 해결하기 위해 유효수요 확대의 필요성을 강조하였다. 유효수요를 확대하기 위해서는 정부지출을 늘리거나 조세를 감면해 주는 등의 인위적인 수요팽창정책을 사용할 필요가 있다는 것이 케인즈 유효수요 이론의 핵심이다.

이상에서와 같이 고전학파와 케인즈 이론은 첨예하게 대립하고 있다. 고전학파 이론은 완전고용과 장기적인 조정을 중요시 여기는 경기호황 시기에 적합한 모형인 반면, 케인즈 이론은 실업과 단기적인 조정을 중요시 여기는 경기불황 시기에 보다 적합한 모형이다. 이러한 상반된 거시경제 이론에 대한 논의는 오랜 기간 지속되어 왔다. 고전학파의 전통은 신고전학파와 새고전학파경제학으로 계승된 반면, 케인즈 이론은 케인즈학파와 새케인즈경제학으로 발전되었다.

2. 완전고용국민소득과 균형국민소득의 괴리

케인즈의 유효수요 이론은 완전고용국민소득과 균형국민소득의 괴리로부터 설명할 수 있다. 어떤 국민경제의 완전고용국민소득은 단기에 일정한 수준으로 주어져 있는데, 이를 Y_f로 나타낸다. [그림 15-1]에서 45° 선은 국민소득으로 나타낸 총공급이 모두 수요되는, 즉 총수요와 총공급이 동일한 균형점의 궤적이다. 즉 원점에서 45°의 기울기로 그려진 직선은 X축과 Y축에 수직으로 그려지는 직선의 길이가 동일하기 때문에 총수요와 총공급이 일치하는 점은 이 직선상에 있게 된다.

[그림 15-1]은 균형국민소득 Y_e가 완전고용국민소득 Y_f 보다 더 작은 것으로 나타나 있다. 이는 생산자원 중 일부가 생산과정에 투입되지 못한 채 유휴상태에 있는 경기침체를 의미한다. 이러한 상태를 [그림 14-7]에서는 경기침체 갭이라고 정의하였는데, Y_e와 Y_f 사이의 차이가 클수록 경제가 한층 더 심각한 경기침체 상태임을 의미한다.

이미 언급한 바와 같이 고전학파 경제학자들은 경기침체가 발생하면 물가·임금·이자율 등 모든 가격변수들의 신축적인 조정을 통해 종국에는 경기침체가 해소된다고 주장하였다. 즉 경기가 침체되면 기업의 재고

그림 15-1 완전고용국민소득과 균형국민소득

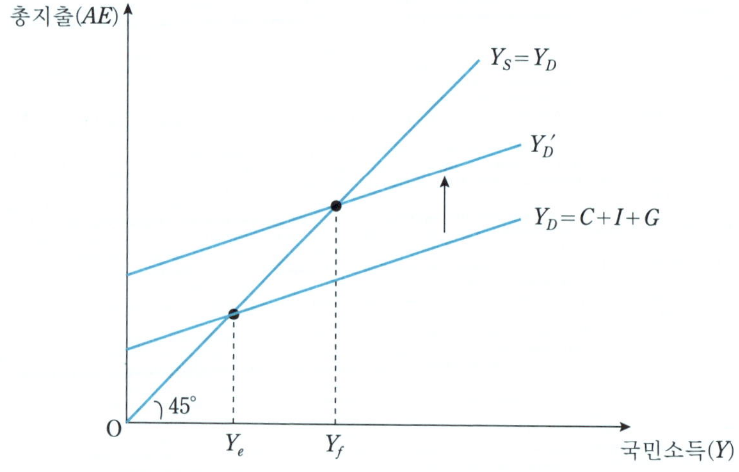

가 늘어나 가격이 하락하여 물가가 떨어지게 된다. 물가가 떨어지면 총수요가 증가하게 되어 종국에는 균형국민소득이 완전고용국민소득과 같아진다.

그러나 케인즈는 고전학파와 같은 조정과정은 아주 장기적인 경우에만 성립할 수 있으며, 보다 현실적인 단기적 관점에서는 시장의 조정기능에 맡겨 놓을 경우 더욱더 불균형 상태에 빠질 수 있다고 보았다. 왜냐하면 케인즈는 가격변수들이 단기적으로 경직성을 나타낸다고 생각하였기 때문이다. 결국 경기침체에서 탈출할 수 있는 유일한 방법은 유효수요를 증가시킬 수 있는 정부의 의도적인 총수요확대정책밖에 없다고 강력히 주장하였다. 이러한 총수요확대정책은 단기적으로 주어진 총공급 능력에 맞추어 유효수요(총수요)를 증가시키는 일련의 정책을 일컫는다. 이러한 총수요확대정책은 제 9 편에서 상세히 논의된다.

유동성 함정과 정부정책

유동성 함정(liquidity trap)이란 케인즈가 1930년대 경제 대공황의 원인과 대책을 설명하기 위해 도입한 개념 중 하나이다. 케인즈에 의하면 이자율이 더 이상 떨어질 수 없다고 여겨지는 최저수준까지 낮아질 경우 모든 사람이 이자율이 올라갈 것을 기대해 채권보다 화폐를 보유한다고 생각하였다. 왜냐하면 현재 낮은 이자율을 지급하는 채권을 사두는 것보다 이자율이 오른 이후에 높은 이자율을 지급하는 채권을 사는 것이 더 많은 수익을 보장하기 때문이다. 이처럼 "화폐수요는 이자율이 조금만 변화해도 급격히 변화하는, 즉 이자율에 대해 완전탄력적인 경우"를 유동성 함정이라 한다.

이 경우 소비나 투자를 촉진하기 위해 확대금융정책을 실시하면 만족스런 효과를 나타내지 못한다. 왜냐하면 화폐공급을 아무리 확대하더라도 경제주체는 현금만을 보유하려 하기 때문에 소비나 투자와 같은 실물경제에 어떠한 영향도 미치지 못하는 현상이 발생한다.

지난 1990년대 장기 불황을 겪은 일본 경제는 유동성 함정에 빠진 대표적인 사례이다. 당시 일본은 공정할인율(우리나라 콜금리에 해당)을 0%대로 끌어 내렸지만(물가를 감안한 실질 이자율은 마이너스 수준), 소비나 투자는 살아나지 않고 많은 현금이 금융권 내에서만 맴돌았다. 국내 많은 경제전문가들도 우리나라 경제가 유동성 함정에 빠질 수 있다는 우려감을 표명하고 있다. 왜냐하면 많은 경제학자들은 콜금리 인하가 침체된 내수회복을 활성화할 수 있다는 데에 회의적으로 생각하기 때문이다. 그러므로 케인즈는 경제가 유동성 함정 구간에 있을 경우 이자율을 인하시키는 정책보다 세금감면과 정부지출 확대와 같은 확대재정정책이 더 효과적이라고 주장하였다.

총수요확대정책을 실시하면 유효수요가 증가하여 상품재고가 감소할 뿐만 아니라 기업은 생산을 늘려 새로이 생겨난 수요에 대처하려 할 것이다. 이러한 유효수요의 증가는 [그림 15 – 1]에서 총수요를 상방으로 이동시킨다($Y_D \rightarrow Y'_D$). 특히 경기침체의 정도가 심한 상황에서는 생산이 늘어나고 고용수준이 높아지더라도 임금이 상승할 가능성이 적고 따라서 물가도 별로 상승할 유인이 없게 된다. 이로 인해 케인즈는 단기적으로 물가는 생산량수준에 따라 변하지 않는 고정된 값으로 가정한다. 그러므로 총수요확대정책의 실시를 통한 유효수효의 증가가 물가의 희생 없이 경기침체를 극복할 수 있다는 것이 케인즈 이론의 핵심이다.

이와 같은 케인즈의 유효수요 이론은 총수요확대정책과 같은 정부의 역할을 일깨워 주었다는 점에서 의의를 찾을 수 있다. 또한 기존의 공급 중심에서 수요 측면의 중요성을 제시하였으므로 케인즈의 유효수요 이론을 「국민소득의 수요결정이론」이라 한다. 마지막으로 케인즈의 견해는 물가·임금·이자율 등 모든 가격변수들의 경직성을 가정한다는 점에서 단기적인 시각을 바탕으로 한 설명이라고 할 수 있다.

3. 승수효과

지금까지 논의한 케인즈 모형에 따르면 균형국민소득의 크기는 총수요 Y_D의 크기에 의하여 결정된다. 그런데 총수요의 증가는 그 증가분만큼 국민소득을 증가시키는 것이 아니라 그 몇 배 이상 만큼을 증가시키게 되는데 이러한 효과를 승수효과(multiplier effect)라고 하고, 다음과 같은 수식으로 간단히 나타낼 수 있다.

$$승수 = \frac{균형국민소득\ 증가분}{최초의\ 총수요\ 증가분} = \frac{\Delta Y_e}{\Delta Y_D}$$

승수효과는 다음에서 제시되는 케인즈의 단순 거시경제모형을 통해 쉽게 확인할 수 있다. 논의를 단순화하기 위해 해외부문이 없을 때의 균형국민소득은 다음과 같다.

$$Y_e = C + I + G$$

위 식에서 C는 민간소비, I는 투자, G는 정부지출을 나타낸다. 케인즈는 소득이 많으면 소비가 늘어날 것이고 소득이 적으면 소비가 줄어들 것이라는 관점에서 민간소비 수요는 가처분소득(disposable income)의 절대적 크기에 의존한다는 소비함수를 가정하였다. 이를 케인즈의 절대소비함수라고 부르는데, 수식으로 나타내면 다음과 같다.

$$C = a + b(Y - T) \quad (a > 0,\ 0 < b < 1)$$

위 식에서 $(Y-T)$는 소득(Y)에서 세금(T)을 공제한 것이므로 가세부문이 마음대로 사용할 수 있는 처분가능소득 혹은 가처분소득이 된다. 상수 a는 소득수준이 0일 때에도 소비해야 하는 기초소비 혹은 최저소비수준을 나타낸다. 기울기 b는 "가처분소득이 1단위 증가할 때 소비가 얼마만큼 증가"할 것인가를 나타내는 한계소비성향(marginal propensity to consume, *MPC*)이다. 한계소비성향이 0에서 1 사이의 값을 갖는다는 것은 가처분소득이 증가할 때 그 증가분이 모두 소비로 이어지지 않는다는 것을 의미한다.

소득의 증가분이 소비로 쓰이지 않은 부분은 저축의 증가로 이어진다. 다시 말해 "가처분소득이 1단위 증가할 때 저축이 얼마만큼 증가"할 것인가는 한계저축성향(marginal propensity to save, *MPS*)으로 나타낸다. 그러므로 한계저축성향도 0에서 1 사이의 값을 갖게 될 것이며, 한계소비성향과 한계저축성향을 합하면 1이 된다.

한계소비성향(MPC) + 한계저축성향(MPS) = 1

케인즈는 투자에 영향을 미치는 가장 중요한 요소로 불확실한 미래에 대한 기업가의 동물적 직감(animal spirit)을 제시하였다. 그러므로 투자는 기업가의 판단에 의해 결정되는 외생변수로 생각하였다. 또한 케인즈는 단순한 거시경제모형을 제시하면서 정부지출과 조세는 정부가 일정한 값으로 정하는 것이므로 주어진 값으로 취급하였다. 결국 케인즈의 단순 거시경제 모형에서 투자·정부지출·조세는 외생적으로 주어졌다고 가정하였으므로, 이들의 값을 각각 $I_0 \cdot G_0 \cdot T_0$로 표현하기로 한다.

$$I = I_0, \qquad G = G_0, \qquad T = T_0$$

이제 케인즈의 절대소비함수와 외생적으로 주어진 투자·정부지출·조세를 균형국민소득에 대입하여 정리하면 다음과 같이 나타낼 수 있다.

$$Y_e = a + b(Y - T_0) + I_0 + G_0$$

균형국민소득의 조건에 의하면, $Y_D = Y_e = Y$이기 때문에 위의 식을 Y_e에 대해 정리하면 균형국민소득은 다음과 같이 표현된다.

$$Y_e = \frac{1}{1-b}(a - bT_0 + I_0 + G_0)$$

이제 다른 조건은 일정하다고 가정하고 투자가 ΔI_0만큼 증가하면 균형국민소득도 증가하게 되는데, 이를 ΔY_e라고 하자.

$$Y_e + \Delta Y_e = \frac{1}{1-b}(a - bT_0 + I_0 + G_0 + \Delta I_0)$$

$$Y_e - \frac{1}{1-b}(a - bT_0 + I_0 + G_0) + \Delta Y_e = \frac{1}{1-b}\Delta I_0$$

앞의 식에서 Y_e는 $\frac{1}{1-b}(a-bT_0+I_0+G_0)$와 동일한 값이므로 $\Delta Y_e = \frac{1}{1-b}\Delta I_0$와 같이 된다. 이를 다시 정리하면 다음과 같이 간단히 나타낼 수 있다.

$$\frac{\Delta Y_e}{\Delta I_0}=\frac{1}{1-b}=\frac{1}{1-MPC}=\frac{1}{MPS}$$

그러므로 투자의 증가에 대한 균형국민소득의 증가는 투자의 증가분에 대해 $\frac{1}{1-b}$을 곱한 값과 같다. 이러한 $\frac{1}{1-b}$을 투자승수(investment multiplier)라고 한다. b는 한계소비성향을 나타내며 0과 1 사이의 값이므로, 분자 값이 분모 값보다 크게 되어 투자승수의 값은 1보다 큰 값을 갖게 된다. 그러므로 한계소비성향이 크면 클수록(다시 말해 한계저축성향이 작으면 작을수록) 투자승수의 값은 크게 된다.

케인즈 모형에서 총수요 증가가 승수효과를 가지는 이유는 다음과 같이 논리적으로 설명할 수 있다. 투자가 1단위 증가하게 되면 총수요가 증가하게 되며, 케인즈 이론은 수요의 증가에 의해 국민소득이 증가하므로 총수요의 증가는 곧장 국민소득을 증가시킨다. 이렇게 국민소득이 증가하면 국민소득의 증가분 b 단위만큼 민간소비가 증가하게 된다. 민간소비가 b 단위만큼 증가한다는 것은 다시 총수요가 증가한다는 것을 의미하며, 다시 b 단위만큼 국민소득이 증가함에 따라 $b^2(b\times b)$ 단위만큼 민간소비가 증가한다. 이런 과정이 끊임없이 되풀이 되면 다음과 같은 투자승수를 구할 수 있게 된다.

$$\text{투자승수}=1+b+b^2+\cdots\cdots=\frac{1}{1-b}$$

이상과 동일한 방법으로 외생적으로 주어진 정부지출과 조세가 변화할 때 각각의 정부지출승수와 조세승수를 아래와 같이 구할 수 있다.

$$\text{정부지출승수}=\frac{1}{1-b}=\frac{1}{1-MPC}=\frac{1}{MPS}$$

$$조세승수 = \frac{-b}{1-b} = \frac{-MPC}{1-MPC} = \frac{-MPC}{MPS}$$

만약 정부가 조세의 증가를 통해 정부지출을 늘린다면 국민소득에는 어떤 영향을 미칠 것인가? 이 경우 조세의 증가는 민간소비를 위축시키므로 총수요를 감소시키는 반면, 정부지출의 증가는 직접적으로 총수요를 증가시키는 상반되는 힘이 동시에 작용하게 된다. 세금을 더 거두어 정부지출을 늘리는 균형재정팽창하에서는 $\Delta T = \Delta G$가 된다.

이 경우 정부지출승수와 조세승수를 합하면 $\frac{1}{1-b} + \frac{-b}{1-b} = \frac{1-b}{1-b} = 1$이 된다. 즉 정부재정의 균형적인 증대 또는 감소는 그 변동된 균형재정만큼의 크기로 균형국민소득에 영향을 미친다. 이러한 현상을 균형재정승수의 정리(balanced budget multiplier theorem)라고 한다. 그러므로 케인즈 모형에서 균형재정팽창의 승수효과는 한계소비성향의 크기에 관계 없이 1이 된다.

4. 절약의 역설

저축은 장래에 생겨날 수 있는 불확실성 예방, 자녀의 교육을 위한 자금 마련, 보다 더 낳은 투자의 확보 등의 이유로 미래소비를 위해 현재소비를 희생한 것이다. 그러므로 개인의 입장에서 파악하면 저축은 미덕일 수 있다. 그러나 국가경제의 전체적인 측면에서 파악하면 저축은 악덕이 될 수 있다고 케인즈는 주장한다.

이미 알아본 바와 같이 b는 한계소비성향(MPC)이므로, $(1-b)$는 소득이 1단위 증가할 때 저축의 증가분인 한계저축성향(MPS)을 나타낸다. 그러므로 저축이 증가하면 승수효과가 감소하게 된다. 예를 들어 MPS가 0.2에서 0.5로 상승한다면, 승수효과는 5(1/0.2)에서 2(1/0.5)로 감소한다. 그러므로 국민소득의 증가분을 저축에 더 많이 쓰면 쓸수록 승수효과는 줄어들어 균형국민소득의 증가분이 작아지게 된다. 이러한 현상을 절약의 역설(paradox of thrift)이라 한다. 일반적으로 근검절약과 저축을 강조할 때 높은 경제성장을 달성할 수 있다는 통설과 반대된다는 측면에서 역설이란 표현을 사용하였다.

그렇다면 케인즈 모형에서처럼 저축은 악덕인가? 고전학파 이론을 계승한 경제학자들은 케인즈와 다른 시각을 가지고 있다. 그들에 의하면 케인즈는 너무 단기적인 현상에 국한하여 저축된 자원이 어떻게 사용되는지 고려하지 않았기 때문에 절약의 역설이 생겨날 수 있다고 주장한다. 단기에는 저축이 늘어나면 민간소비가 줄어들어 총수요가 감소하는 효과가 분명히 나타난다. 그러나 저축한 자원을 이용하여 투자를 늘리면 생산확대와 함께 더 많은 국민소득을 창출할 수 있다.

또한 저축의 증대는 이자율의 하락으로 이어져 기업으로 하여금 투자를 하는 데 따른 비용을 감소시킨다. 이로 인해 투자가 증가하면 투자의 승수효과가 발생하고 경제 전체의 소득이 증가하게 된다.

그러므로 소비는 단기적으로 총수요를 증가시켜 국민소득의 증대를 유도하기 때문에 소비가 미덕이 될 수 있지만, 장기적으로는 저축이 투자와 국민소득의 증대에 기여함으로 절약이 미덕이 된다. 또한 절약의 역설은 투자기회가 부족하여 투자가 잘 되지 않는 부유한 나라에서 나타난다. 그러나 투자할 곳이 너무 많아서 항상 저축이 부족한 나라에서의 저축은 개인적으로나 국가적으로 미덕이 된다.

연 | 습 | 문 | 제

1. 다음과 같은 케인즈의 단순 거시모형과 관련된 물음을 답하라. 여기서 모든 변수는 상품수량으로 표시된 실질변수를 나타낸다.

총 수 요: $Y_D = C + I$

소비수요: $C = 100 + 0.8Y$

투자수요: $I = 150$

균형조건: $Y_D = Y$

(1) 균형국민소득 Y_e를 구하라.

(2) 균형국민소득(Y_e)의 결정을 그림으로 보여라.

(3) 한계소비성향(MPC)과 한계저축성향(MPS)을 구하라.

(4) 만약 기업들이 미래에 대해 낙관적인 견해를 가짐으로써 I를 150에서 200으로 증가시킬 경우 투자승수와 새로운 Y_e를 구하라.

(5) 결국 I의 변화가 새로운 Y_e에 미치는 영향에 대하여 어떤 결론을 내릴 수 있는가? (힌트: 투자승수를 이용하여 설명하라)

2. 절약의 역설(paradox of thrift)이란 무엇인가? 이는 절약이 미덕이라는 우리의 일반적 관념과는 정면으로 배치되는 결론이다. 이러한 결과가 가능한 이유를 설명하라. 그러나 고전학파 경제학자들은 절약의 역설이 생겨날 수 없다고 주장하는데, 그 근거를 간략히 제시하라.

3. 생산물에 대한 총수요가 민간소비와 독립투자만으로 이루어진다고 하자. 균형국민소득이 2,000이고 독립투자가 300일 때 소비함수가 $C = 100 + BY$라면 한계저축성향(MPS)의 크기는 얼마인가?

4. 다음의 거시경제모형을 고려하자.

$$Y = C + I + G,\ C = 100 + 0.75(Y - T)$$

위 식에서 $G = T = 120$, $I = 150$에서 경제가 균형상태에 있다면, 평균소비성향의 크기는 얼마인가?(힌트: 총소득 대비 총소비의 비율을 '평균소비성향'이라 함)

5. 조세의 증가를 통해 정부지출을 늘릴 경우 국민소득에 어떤 영향을 미치는지 균형재정승수의 정리를 이용하여 설명하라.

제 7 편

실업과 인플레이션

제 7 편

실업과 인플레이션

PART VII

제16장 실 업

의사가 환자의 건강상태를 알기 위해서는 혈압·맥박·체중 등의 측정치를 필요로 한다. 이와 같은 지표들이 의사에게 환자의 건강상태에 대한 정확한 정보를 제공하지는 않지만, 환자 건강의 전반적 상황을 파악할 수 있는 기본적 지표로 사용될 수 있다. 이와 마찬가지로 경제학자들이 경제의 전반적 건강상태를 측정하기 위해 사용하는 세 가지 중요한 거시경제 지표는 국내총생산·실업률·인플레이션율이다. 이미 국내총생산에 대해서는 공부하였으며, 본 장과 다음 장에서는 실업과 인플레이션의 기본 개념과 그 원인에 대해 살펴본다.

1. 실업의 정의와 측정

실업은 중요한 경제적 문제 중 하나이다. 우리나라는 1990년대 말 경제위기 때 2백만 명의 실직자가 발생하였으며, 실업률이 7%까지 치솟는 실업대란의 시대를 경험하였다. 최근에는 청년실업·구직단념자·불완전취업자 등과 같은 문제가 여전히 심각한 실업문제로 나타나고 있다. 여기서는 실업의 정의·측정·유형에 대해 알아본다.

1.1 실업의 정의

실업은 개인적 혹은 사회적 측면에서 볼 때 여러 가지의 부정적 비용을 발생시킨다. 개인적 측면에서 직장을 잃은 실업자는 임금소득을 얻을 수 있는 생계수단이 박탈되기 때문에 경제적 수입이 단절되고 경제생활의 어려움을 겪게 된다. 사회 전체적 측면에서 볼 때 실업은 유용한 자원을 사용하지 않음으로써 자원이 낭비되고 있는 상태를 의미하며, 경제에 대규모의 실업이 존재하면 국내총생산은 잠재적 생산량(potential GDP)보다 적은 수준에서 결정된다. 그 밖에도 실업은 가정파괴·범죄의 증가·자살률의 증가와 같은 사회적 불안을 증대시킨다.

이러한 실업문제를 분석하고 실업률을 측정하는 데 있어서 실업의 정의는 중요한 의미를 지니게 된다. 왜냐하면 실업을 어떻게 정의하느냐에 따라 취업자와 실업자의 구분과 이로 인한 실업률이 달라지기 때문이다. 일반적으로 실업은 "일할 의사와 능력을 지니고 있는데도 취업의 기회가 주어지지 않은 상태"로 정의된다. 또한 실업자란 일자리를 원하는데도 불구하고 직업을 구하지 못한 사람을 뜻한다. 그러므로 경제학에서 실업문제는 일할 의사와 능력을 갖지 않은 자발적 실업이 아닌 일할 의사가 있는데도 불구하고 직업을 구하지 못한 비자발적 실업 문제가 분석의 대상이 된다.

1. 2 실업의 측정: 실업률

한 나라의 인구는 각 계층이 지닌 경제·사회적 특성에 따라 다음과 같은 몇 가지 형태로 구분된다. 이를 통해 취업자와 실업자의 구분 기준을 알 수 있을 뿐만 아니라 경제활동 참가율과 실업률을 측정할 수 있다.

총인구는 경제활동에 참여할 수 없는 사람과 충분히 노동능력을 갖추고 경제활동에 참여할 수 있는 사람으로 구분된다. 우리나라에서는 15세 이상이 되면 경제적으로 노동이 가능한 능력을 지니고 있다고 보며, 이들을 생산활동 가능인구로 분류한다. 생산활동 가능인구는 다시 경제활동인구와 비경제활동인구로 구분된다. 이때 경제활동인구는 일할 의사와 능력이 있는 인구를 의미하며, 비경제활동인구는 일할 의사가 없거나 일을 할 수 없는 사람들인 학생·심신장애자·구직단념자 등을 포함한다.

생산활동 가능인구 = 경제활동인구 + 비경제활동인구

경제활동 참가율은 경제활동인구를 생산활동 가능인구로 나눈 비율로 다음과 같이 측정된다.

$$경제활동\ 참가율 = \frac{경제활동인구}{생산활동\ 가능인구} \times 100$$

경제활동인구는 취업자와 실업자로 구분된다. 이때 취업자와 실업자를 어떻게 정의하느냐에 따라 실업률의 측정이 달라지며, 우리나라는 국제노동기구(ILO)의 정의를 사용하고 있다. 우리나라에서 취업자는 1주일 동안 수입을 목적으로 1시간 이상 일한 사람으로 정의된다. 또한 1주일에 18시간 이상 가업을 보조하기 위해 일한 무급가족종사자와 일시적 신체장애·일기불순·노동쟁의 등의 이유로 일시적 휴직자도 취업자로 분류된다.

비록 1주일에 겨우 1시간밖에 일하지 않은 사람을 취업자로 볼 수 있을 것인가 하는 문제가 있지만, 우리나라 실업통계는 국제노동기구의 권고에 따라 노동의 최소단위 개념을 사용하고 있다. 한편 실업자는 일할 의사와 능력이 있고 적극적 구직활동을 하였으나 수입이 있는 일에 종사하지 못한 사람을 의미한다.

경제활동인구 = 취업자 + 실업자

이러한 실업의 정의에 기초하여 실업률은 실업자를 경제활동인구로 나눈 비율로 구해진다.

$$실업률 = \frac{실업자}{경제활동인구} \times 100$$

[그림 16－1]은 우리나라의 1970～2014년 동안 실업률의 추이를 나타내고 있다. 과거 약 40여 년 동안의 실업률 추이를 볼 때 경제적 상황의 변화에 따라 실업률이 달라져 왔다. 1970년대의 실업률은 4% 수준에 머물러 있었으며, 1980년대 중반 이후 2% 수준으로 낮아졌다. 그러나 1998년에 실업률은 7% 수준으로 급격히 상승하였으며, 이는 과거 약 40여 년 동안 가장 높은 수준이다. 2000년 이후 경제가 점차 회복되어 실

그림 16-1 우리나라 실업률의 추이

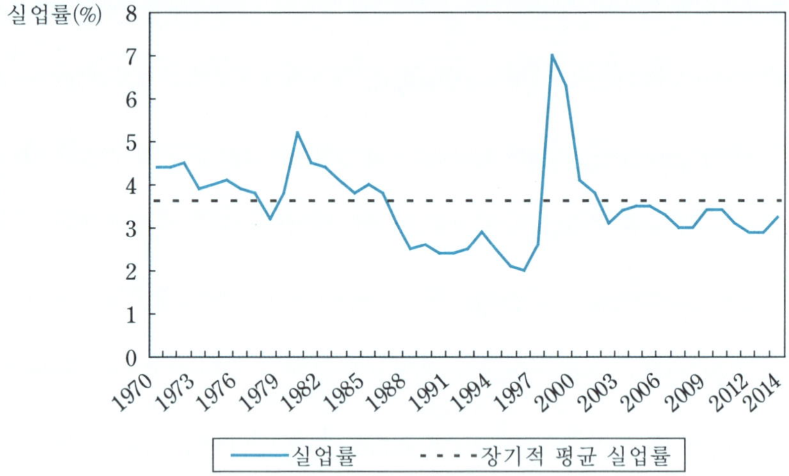

출처 통계청, 「경제활동인구조사」

업률이 3% 수준으로 낮아지기는 하였으나, 실망노동자 수의 증가·비정규직 고용문제·불완전취업자·높은 청년실업과 같은 문제가 표출되고 있다.

특정 국가의 실업률의 추이를 살펴보는 데 있어서 중요한 사항은 각 연도의 실업률수준의 변화보다 장기적 평균 실업률이 어떠한 패턴을 나타내느냐 하는 것이다. 노동시장의 장기적 평균 실업률을 자연실업률(natural unemployment rate)이라 하는데, 각 연도의 실제실업률은 자연실업률을 중심으로 변동하게 된다. [그림 16-1]에서 우리나라의 1970~2014년 동안의 장기적 평균 실업률은 3.56%이다. 이러한 우리나라의 장기적 평균 실업률은 서구 산업화된 국가들의 자연실업률인 5~6%에 비교하면 상대적으로 낮은 수준이다.

1. 3 실업의 유형

현실 경제에는 여러 가지 유형의 실업자가 존재한다. 어떤 사람은 다니던 직장이 망해서 실업자가 될 수 있지만, 어떤 사람은 현재의 직장을 그만두고 더 나은 직장을 구하기 위해 일시적인 실업 상태에 있을 수도 있다. 또한 스키장 또는 해수욕장과 같은 관광업에 종사하는 사람들은 계절적으로 실업자가 될 수 있고, 정보기술 혁신으로 인해 컴퓨터와 인터넷을 활용할 능력을 지니지 못한 비숙련 노동자들은 기술적 실업자가 된다. 현실에는 이와 같이 다양한 실업이 존재하지만 이를 몇 가지 유형으로 구분하는 것은 중요한 의미를 갖는다. 왜냐하면 실업의 종류에 따라 실업의 기간이나 그 경제적 비용 및 실업대책이 달라지기 때문이다.

1) 마찰적 실업

마찰적 실업(frictional unemployment)은 "개인이 취업을 위한 정보의 모색과정에 있거나 직업의 이동과정에서 발생하는 일시적인 실업"이다. 마찰적 실업의 예로 대학을 졸업한 이후 자신의 능력과 적성에 맞는 직장을 구하기 위해 취업정보를 모색하고 있는 과정에서 발생하는 일시적 실업이나, 개인이 현재 근무하고 있는 직장보다 더 높은 보수와 대우를 제시하는 다른 직장으로 옮기는 과정에서 발생하는 실업 등을 들 수 있다. 이와 같이 개인이 취업기회를 모색하고 더 나은 직장으로 이동하는 과정에서 며칠 또는 몇 주일 동안에 일자리가 확정되지 않은 상태의 실업을 마찰적 실업이라 한다.

우리나라 실업률 통계

우리나라 실업률 통계는 국제노동기구(ILO)의 다소 엄격한 기준에 의해 통계청에서 작성·발표하고 있다. 이를 위해 매월 전국 약 33,000 표본가구에 15세 이상 인구를 대상으로 하여 경제활동인구·취업자·실업자를 조사한다. 취업자는 ILO의 기준에 따라 1주일 동안 수입을 목적으로 1시간 이상 일한 사람으로 정의된다. 이때 무급가족종사자와 일시휴직자도 모두 취업자에 포함되기 때문에 취업률이 높게 추정될 가능성이 있다.

이와 같은 실업의 개념과 기준은 매우 엄격한 것으로 실업률 통계에 포함되지 않은 불완전취업자·실망실업자·청년실업자와 같은 실업현상을 도외시하고 있다는 문제가 지적되고 있다. 또한 실업자로 적용되는 구직활동 기간은 1주일로 하고 있는데, 이러한 짧은 구직활동 기간은 실업률이 낮게 추정되는 오류를 가져온다. ILO는 구직활동 기간을 1주일로 하고 있으나 OECD는 4주일로 하고 있다. 따라서 어떠한 기준에 의해 실업률이 작성되는가에 따라 실업통계가 달라지는데, OECD 기준을 적용하면 실업률이 ILO 기준보다 다소 높아지게 된다.

최근 실업문제가 논의될 때 구직단념자·불완전취업자·청년실업자 등과 같은 개념이 사용되고 있다. 우리나라는 취업기회를 갖기 힘들어 아예 취업을 포기하는 구직단념자가 많다는 것이 실업률을 낮추는 중요한 원인이 되고 있다. 구직단념자(discouraged worker) 또는 실망실업자는 취업의사와 능력이 있으나 노동시장의 특수성으로 일거리를 구하지 못한 사람 가운데 지난 1년간 구직 경험이 있었던 사람들이다. 경제 불황이 심각하고 장기화되면 취업기회를 갖는 것이 어려워지고 이에 따라 청년층·비숙련 노동자 등은 노동시장의 특수성으로 구직단념자가 된다.

실업통계에서 또 다른 중요한 지표는 불완전취업자와 청년실업자 문제이다. 불완전취업자(또는 추가취업희망자)는 자신의 의사와 관계 없이 일상적 근로시간보다 적게 일하고 있는 취업자를 의미한다. 즉 근로시간이 1주일에 18시간 미만, 하루에 3시간 미만인 단시간 근로자들로서 파트타임 종사자·비정규직 노동자·일시휴직자 등을 들 수 있다. 또한 최근 청년실업은 심각한 사회·경제적 문제로 등장하고 있다. 청년실업은 청년층 인구인 15~29세의 실업률을 나타내는데, 청년층의 실업률이 전체 실업률보다 2배 이상 높은 것으로 나타나 있다.

또한 개인이 실제 피부로 느끼는 체감실업률과 정부가 발표하는 실업률 간에는 괴리가 발생할 수 있다. 실업통계가 국제기관에서 제안한 엄격한 기준에 의해 작성되면, 고용시장에서의 현실 실업상태를 정확히 반영하지 못한 허점을 노출하게 된다. 아래 표에서는 어떠한 개념과 기준을 선택하느냐에 따라 실업률이 달라질 수 있음을 보여준다.

| 다양한 실업 통계 |

	2001	2006	2011	2014
실업률	4.0%	3.5%	3.4%	3.5%
구직단념자	9만 명	12만 2천 명	21만 1천 명	39만 4천 명
18시간 미만 취업자	62만 6천 명	82만 1천 명	116만 8천 명	117만 7천 명
청년실업률	7.9%	7.1%	7.3%	8.7%

출 처 통계청, 「경제활동인구조사」, 2015.

마찰적 실업은 개인이 자신에게 더 많은 경제적 기회를 제공하고 새로운 직장을 통해 더 큰 만족을 얻기 위한 직업을 구하는 과정에서 발생하는 단기적 실업이다. 또한 개인의 실업 기간은 더 나은 취업 기회의 모색을 위한 투자 시간으로 이해될 수도 있다. 경제 전체로 볼 때 마찰적 실업은 개인에게 더 높은 생산성과 자신의 능력에 적합한 취업기회를 모색하는 과정에서 발생하는 것이기 때문에 바람직한 노동력의 이동 상태를 나타내기도 한다. 이러한 측면에서 볼 때 마찰적 실업은 노동시장 여건의 변화에 따른 단기적 실업이며, 개인이 더 나은 직장을 구하기 위한 자신의 선택의 결과이므로 자발적 실업(voluntary unemployment)의 성격을 지니고 있다.

실업률이 영(0)이 되는 완전고용은 현실적으로 가능하지도 않으며 경제적으로 바람직하지도 않다. 또한 정부는 실업자를 전부 취업시키고 실업률을 0%로 만들 수 있는 완전고용 정책을 지니고 있지도 않다. 어떻게 보면 경제에서 개인이 더 나은 직장을 얻기 위해 직업의 이동과정에서 발생하는 마찰적 실업은 자연스러운 노동력의 이동현상이며, 또한 항상 존재하기 마련이다. 따라서 마찰적 실업이 존재하는 실업률을 완전고용 실업률 또는 자연실업률이라 한다. 마찰적 실업을 해결하기 위해서는 취업 정보의 모색과 직업의 이동과정에서 발생하는 시간을 줄일 수 있는 고용대책이 필요하다. 예를 들면 취업기회에 대한 최근 정보를 제공하거나 노동시장의 유연성을 제고시킬 수 있는 고용정책이 마련되어야 한다.

2) 경기적 실업

1930년대 발생한 대공황은 세계경제에 대량실업과 극심한 불황이라는 경제위기를 가져왔다. 이 시기에 서구 공업 국가들은 역사상 가장 높은 실업률을 경험하였으며 수백만명의 대량 실업자가 발생하였다. 이와 같이 "경기의 불황으로 인해 일자리가 충분히 제공되지 않아 발생하는 실업"을 경기적 실업(cyclical unemployment)이라 한다.

일반적으로 경기변동 과정에서 호황기에는 일자리가 많이 생겨나지만 불황기에 접어들면 노동의 수요가 감소하고 일자리도 줄어든다. 이와 같이 경기 변동의 상황에 따라 일자리를 원하는 사람에 비해 노동의 수요가 더 적을 때 발생하는 실업이 경기적 실업이다. 이 경우 실업은 개인이 직업의 이동과정에서 발생하는 마찰적 실업이나 자신의 선택에 의한 일시적 실업 상태에 있는 자발적 실업과는 다른 성격을 지닌다. 오히려 경기적 실업은 노동력에 대한 적절한 수요가 확보되지 않기 때문에 일할 의사가 있음에도 불구하고 일자리를 구하지 못한 비자발적 실업(involuntary unemployment)의 성격을 지닌다.

마찰적 실업은 일시적·단기적 실업이지만, 경기적 실업은 성장둔화와 심각한 경제 불황에 의한 것으로 자칫하면 장기적 실업이 될 수 있다. 또한 경기적 실업은 노동수요의 부족과 노동공급의 불일치에서 발생하는 수요부족형 실업(demand-deficient unemployment)이다. 총수요의 부족으로 인한 장기적인 경기적 실업은 가용한 인력자원의 미활용과 임금소득의 감소 등으로 실업과 경제 불황을 더욱 가중시키는 구조적 문제를 야기하기도 한다. 정부는 일할 의사와 능력이 있는데도 일자리가 제공되지 않는 경기적 실업을 해결하는 것이 중요한 고용정책으로 인식하고 있다. 경기적 실업을 줄이고 일자리를 창출하기 위해 정부는 정부지출을 늘리거나 조세를 삭감하는 것과 같은 확대재정정책을 실시하게 된다.

3) 구조적 실업

취업을 원하는 노동력 가운데 고용주가 필요로 하는 기술과 능력을 갖추지 못하기 때문에 몇 개월 또는 몇 년 동안 직업을 구하지 못하고 실업의 상태에 있는 사람들이 있다. 또한 경제구조의 장기적 변화에 따라 노동력의 수요와 공급 패턴이 달라지며, 이에 따른 노동 수급의 불균형으로 실업자가 되는 경우도 있다. 이와 같이 "경제구조의 변화에 따라 직종 간·산업 간·지역 간 노동력 수급의 불균형 때문에 발생하는 실업"을 구조적 실업(structural unemployment)이라 한다. 구조적 실업은 개인의 의사와 관계 없이 경제구조의 변화에 따라 발생한 비자발적 실업의 성격을 지니고 있기 때문에 실업의 사회적 비용이 크게 나타난다.

구조적 실업은 급격한 산업화나 기술진보와 같은 경제구조의 변화에 따라 필요로 하는 기술 인력이 제공되지 못함으로 인해 발생하는 실업의 유형이다. 새로운 기술혁신이나 산업의 발전은 전통적 산업을 사양화시킨다. 이때 전통적 산업에 종사하던 비숙련 노동자는 일자리를 잃게 되는데, 이들이 바로 구조적 실업자이다.

예를 들어 우리나라의 섬유산업은 1960년대에 고용과 수출증진에 기여하는 전통적인 수출산업으로 각광을 받았다. 그러나 패션업의 변화와 후발 경쟁국가인 중국·인도 등의 저임금 경쟁으로 최근 섬유산업에 종사하던 비숙련 노동자들은 직장을 잃고 실업자가 되었다. 또한 신경제의 전개와 정보화시대의 도래에 따라 정보기술력을 지닌 숙련 노동자의 고용기회는 증대되었지만, 정보기술력을 지니지 못한 비숙련 노동자는 일자리를 찾지 못하는 구조적 실업자가 되었다.

"산업구조의 발전과 새로운 기술혁신에 따른 구조적 요인에 의한 실업"을 기술적 실업(technical unemployment)이라 한다. 일반적으로 기술혁신은 노동절약형 기술진보의 형태를 띠게 되며 더 적은 노동력의 투입으로 더 많은 생산량의 산출을 가능하게 한다. 이와 같은 노동절약형 신기술이 도입되면 노동수요가 감소하게 되고, 비숙련 노동자는 새로운 기술을 습득하지 않는 한 기술적 실업자가 된다. 구조적 또는 기술적 실업은 노동시장의 여건 변화에 대응하여 노동력의 질적 수준이 민감하게 반응하지 못하기 때문에 발생한다. 이러한 유형의 실업을 줄이기 위해서는 새로운 기술을 습득할 수 있는 직업재훈련 정책과 새로운 산업으로 노동력의 이동성을 증진시킬 수 있는 고용정책이 실시되어야 한다.

자발적 실업: 마찰적 실업
비자발적 실업: 경기적 실업·구조적 실업·기술적 실업

2. 자연실업률

거시경제학에서 실업을 설명할 때 자주 거론되는 개념 가운데 하나가 바로 자연실업률이다. 자연실업률은 “장기적으로 일정한 평균 실업률로 새로이 직업을 얻는 사람과 직업을 잃는 사람의 수가 동일하여 노동시장이 안정적 상태”에 이른 것을 의미한다. 오랜 기간 동안 경제학자들은 실업이 경제에 항상 존재하는 현상을 어떻게 설명하며, 장기적으로 가장 낮은 수준의 실업률은 무엇인가에 대해 관심을 기울여 왔다.

지금까지 경제학자들은 자연실업률을 장기적 평균 실업률·마찰적 실업·노동시장의 안정적 상태의 실업률·최소한 지속되는 실업률 등과 같은 개념으로 사용하여 왔다. 특히 경제학자들은 경제의 실업률이 자연실업률과 같으면 실질적으로 완전고용이 이루어졌다고 간주하였다. 즉 경제에 존재하는 실업은 더 나은 일자리를 얻기 위해 직장을 옮기는 과정에서 발생한 마찰적 실업이며, 노동시장이 안정상태를 달성한 최저한의 실업률수준이라면 현실적으로 완전고용이 달성된 것이다.

거시경제학에서 자연실업률이 중요한 이유는 이 개념이 단지 실업이론에만 국한되어 적용되는 것이 아니고 실업과 물가상승의 관계를 설명하는 데 유용하게 사용되기 때문이다. 자연실업률은 경제가 감내하여야 하는 최저수준의 실업률을 의미하기 때문에 정부가 실제실업률을 자연실업률 이하의 수준으로 낮추려는 정책을 실시하면, 실업률은 더 이상 낮아지지 않고 오히려 물가만 상승하는 결과를 초래한다. 이와 같이 물가인상을 초래하지 않고 노동시장의 안정성을 유지할 수 있는 수준의 자연실업률을 물가안정실업률(non-accelerating inflation rate of unemployment, NAIRU)이라 한다. 이 가설에 의하면 실제실업률이 자연실업률보다 낮은 수준에 있으면 물가상승의 압력이 나타나고, 실제실업률이 자연실업률보다 높으면 물가하락의 압력이 존재한다.

자연실업률은 국가에 따라 서로 다른 수준을 나타내며 특정 국가에서도 시간의 흐름에 따라 변화한다. 즉 자연실업률은 항상 동일한 수준으로 일정한 값이 아니고 제도적 요인이나 노동시장의 변화에 따라 변동될 수 있다. 정부가 마찰적 실업을 줄이기 위해 일자리에 관한 정보를 효율적으로 제공하거나 직업 재훈련을 통해 성장산업으로 노동력을 이동시키는 고용기회를 창출한다면 장기적으로 자연실업률은 낮아지게 된다.

이에 반해 특정 국가의 마찰적 실업과 자연실업률을 높이게 하는 제도적인 예로 실업보험(unemployment insurance)을 들 수 있다. 실업보험은 개인이 직장을 잃은 후 일정기간 동안 자신이 받았던 임금의 일부를 지원받는 제도이다. 사회보장제도와 실업보험이 잘 발달된 유럽의 국가들은 실직자에게 일정기간 동안 그들의 생활에 필요한 생계비를 지원해 주기 때문에 실업으로 인한 고통을 줄일 수 있다. 따라서 실업자들은 새로운 직업을 덜 적극적으로 구하려 할 것이며, 이는 결국 마찰적 실업을 증가시키고 자연실업률을 상승시킨다. 실업보험 제도가 자연실업률을 증가시킨다는 가설은 유럽의 실업률이 미국의 실업률에 비해 높다는 사실에 의해 뒷받침된다.

자연실업률 = 장기적 평균 실업률 = 마찰적 실업
= 노동시장의 안정적 상태의 실업률 = 최소한 지속되는 실업률

3. 비자발적 실업과 임금경직성

실업이 모두 마찰적 실업과 같은 자발적 실업만 존재한다면 심각한 사회·경제적 비용은 발생하지 않는다. 그러나 현실에서의 실업이 구조적 실업이나 경기적 실업과 같은 비자발적 실업이라면 심각한 경제적 문제를 야기한다. 노동시장이 불안정 상태에 있고 균형이 달성되지 않으면, 노동자는 주어진 임금수준에서 일하기를 원하는 데도 불구하고 일자리가 주어지지 않는 비자발적 실업자가 된다.

노동시장의 안정성은 노동의 수요와 공급을 조절하는 임금의 신축성 정도에 의존한다. 노동의 수요가 공급보다 많아 노동의 초과수요가 발생하면 임금은 균형임금수준으로 상승하고, 반대로 노동의 수요가 공급보다 적어 노동의 초과공급이 발생하면 임금은 균형임금수준으로 하락된다. 이때 노동시장의 안정성이 유지되고 실업 문제가 해결된다. 그런데

만일 노동시장에서 임금이 균형임금보다 높아 노동의 초과공급이 발생하는데도 불구하고 임금수준이 하락하지 않으면 초과공급에 해당하는 실업이 발생하게 된다. 이와 같은 임금경직성으로 인한 노동의 초과공급을 비자발적 실업이라 한다.

이러한 실업을 해결하기 위해서는 임금이 하락해야 함에도 불구하고 노동시장의 제도적 요인으로 인해 현실적으로 임금이 높은 수준에 고정되어 있는 경직성이 나타나는 경우가 있다. 이와 같은 현상을 임금의 경직성에 의한 비자발적 실업이라 한다. 거시경제학에서 임금경직성으로 인한 비자발적 실업이 발생하는 원인으로 노조의 영향력·최저임금제·효율성 임금의 세 가지를 들고 있다.

3. 1 노동조합

노동조합(labor union, 노조)은 임금의 하방경직성을 가져오는 가장 중요한 제도적 요인으로 지적되고 있다. 노조는 고용주와 임금 및 근로조건에 대해 교섭하는 노동자들의 단체이다. 노조가 조직된 기업에서의 임금은 노동의 수요와 공급의 조절을 통해서가 아니라 노조와 고용주 간의 단체교섭에 의해 결정된다. 노조는 임금 이외에도 근로시간·작업조건·승진기준·각종 후생복지 제도 등에 대해 고용주와 단체교섭을 한다. 노조가 조합원의 이익을 극대화하는 조직체인 이상 그들은 단체교섭 과정에서 임금인상을 요구하게 된다. 경기가 침체되어 있는 상황에서 노조가 임금을 균형임금수준보다 높게 요구하면 노동의 공급량은 증가하고 수요량은 감소하여 노동의 초과공급, 즉 실업이 발생하게 된다.

그런데 노조의 임금인상 요구에 의한 비자발적 실업의 발생은 노동자의 상이한 두 집단, 즉 내부 노동자(insider)와 외부 노동자(outsider)에게 서로 다른 영향을 미치게 된다. 노조의 조합원으로 이미 취업하고 있는 내부 노동자는 임금 인상으로 더 나은 상태에 놓이게 된다. 그러나 노조의 조합원이 아닌 외부 노동자(잠재적 취업자)는 높은 임금으로 인해 고용기회를 갖지 못하고 비자발적 실업자가 되어 불리한 영향을 받게 된다.

이와 같은 노조의 임금 인상에 대한 내부 노동자와 외부 노동자 간의 갈등은 중요한 사회·경제적 문제로 부각되고 있다.

외부 노동자의 교섭력 > 내부 노동자의 교섭력: 임금 하락 유인
외부 노동자의 교섭력 < 내부 노동자의 교섭력: 임금 상승 유인

3. 2 최저임금제

오늘날 많은 국가들에서 노동자의 최저 생계 수준을 보장하기 위해 최저임금제(minimum wage)를 실시하고 있다. 이와 같은 노동자의 기본적 생활을 보장해 주기 위한 최저임금제가 임금의 경직성을 통한 실업의 주요 요인으로 지적되고 있다.

일반적으로 최저임금은 노동의 수요와 공급이 일치되는 균형임금보다 높은 수준에서 결정된다. 이로 인해 노동공급량은 증가하고 노동수요량은 감소하여 노동의 초과공급이 생겨난다. 이러한 노동의 초과공급을 해소하기 위해서는 임금이 하락해야 하는데, 정부가 최저임금제를 실시하면 임금이 균형임금수준으로 하락하는 것이 법적으로 금지되므로 임금경직성이 나타나고 실업이 발생하게 된다.

최저임금제로 인한 실업은 특히 10대의 청소년 노동력이나 교육·훈련을 제대로 받지 못한 비숙련 노동자에게 더 부정적 영향을 미치게 된다. 즉 일자리 수에 비해 일자리를 구하는 사람의 수가 훨씬 많기 때문에 실업자가 발생하게 되는데, 이들의 대부분은 비숙련 노동자이다. 또한 최저임금제로 인해 균형임금보다 더 높은 임금의 지급은 고용주로 하여금 파트타임 고용·비정규직 고용과 같은 고용관행의 왜곡 현상을 유발하기도 한다.

이러한 측면에서 보면 최저임금제는 부분적으로 노동자의 최저생계를 보장하여 준다는 긍정적 효과가 있지만, 다른 한편으로 임금경직성에 의한 비자발적 실업을 발생시킨다는 부정적 효과를 나타내기도 한다.

3. 3 효율성 임금

임금경직성에 의해 실업이 발생하는 제도적 요인으로 효율성 임금(efficiency wage) 가설이 있다. 이 가설에 의하면, 높은 임금이 노동의 생산성을 높이는 데 큰 영향을 미치기 때문에 기업은 과도한 수준이 되더라도 균형임금보다 더 높은 수준의 임금을 노동자들에게 기꺼이 지급하려 한다.

이러한 효율성 임금 가설에 의하면, 기업은 높은 생산성을 유지하기 위해 높은 임금을 지불함으로써 임금의 하방경직성을 가져와 노동의 초과공급과 실업을 초래한다. 효율성 임금 가설이 설득력을 얻기 위해서는 높은 임금이 노동 생산성에 어떠한 영향을 미치는지 설명해야 한다. 높은 임금이 노동생산성에 긍정적 영향을 미칠 수 있다는 이론적 근거는 다음과 같다.

첫째, 기업이 높은 임금을 지급하면 자질이 우수한 근로자들을 확보할 수 있기 때문에 생산성이 높아진다.

둘째, 임금수준이 높을수록 근로자들이 직장을 떠나는 빈도를 낮추어 새로운 직원을 고용하고 훈련하는 시간과 비용을 줄일 수 있어 생산성이 높아진다.

셋째, 높은 임금은 근로자들의 근로 열의를 높이고 직장에서 공동체적 협력을 증진시키는 데 기여한다.

넷째, 임금과 근로자의 건강은 밀접한 양(+)의 관계가 형성되기 때문에 기업이 높은 임금을 지불하면 근로자의 건강상태가 좋아져 결국 생산성이 증가된다.

그러므로 임금이 노동생산성에 의해 결정되고 노동의 수요·공급 조건에 따라 변동한다는 전통적 이론과는 달리 효율성 임금 가설에서는 기업이 더 높은 생산성을 유지하기 위해 균형임금보다 더 높은 임금을 노동자에게 지급한다.

연 | 습 | 문 | 제

1. 통계청은 2015년도 우리나라 생산활동 가능인구(15세 이상 인구)가 42,513,000명, 비경제활동인구가 15,977,000명, 실업자가 937,000명이라고 발표하였다. 이 경우 경제활동인구는 몇 명이며 경제활동참가율은 몇 %인가? 또한 실업률은 몇 %인가?

2. 최근 경기불황이 심화되면서 구직단념자가 증가하고 있다. 구직단념자의 개념을 설명하고 구직단념자가 증가하면 실업률에 어떠한 영향을 미치는지 설명하라.

3. 실업의 유형을 간략히 설명하라. 또한 여러 가지 실업의 유형 가운데 어떠한 실업이 가장 많은 사회적 비용을 유발하는가?

4. 자연실업률에 대해 설명하라. 실질실업률이 자연실업률보다 높아지는 경우는 언제인가? 또한 사회복지제도의 한 형태인 실업보험이 자연실업률에 어떠한 영향을 미치는가?

5. 비자발적 실업이 발생하는 이유를 제시하라. 또한 효율성 임금 가설이 어떻게 비자발적 실업을 유지하게끔 하는지 설명하라.

제17장 인플레이션

인플레이션이 발생하면 개인이 지니고 있는 화폐의 구매력이 떨어져 실질소득이 하락하게 된다. 특히 인플레이션은 저소득층의 생계비 부담을 가중시켜 서민들의 생활을 더욱 어렵게 만든다. 따라서 많은 사람들은 급격한 물가상승에 대해 많은 부담을 안고 있으며, 정부는 물가안정 목표를 달성할 수 있는 거시경제정책에 대해 많은 관심을 기울여 왔다. 본 장에서는 인플레이션이란 어떠한 경제적 현상을 의미하는지 알아보고, 인플레이션의 원인과 그 경제적 비용에 대해서도 살펴본다.

1. 인플레이션의 정의

특정한 재화의 가격이 상승하는 현상과 인플레이션은 서로 다른 의미를 지니고 있다. 인플레이션은 특정한 재화의 가격이 상승하는 현상을 의미하는 것이 아니고 전반적인 물가수준이 상승하는 현상을 의미한다. 예를 들어 커피 가격이 상승하면 이는 특정한 재화의 가격이 상승하는 것을 나타낼 뿐 전반적 물가수준이 상승하는 인플레이션 현상은 아니다.

시장에서 교환되는 전반적인 상품가격의 변화를 알아보기 위해서는 개별상품 가격을 종합해야 하는데, 모든 상품의 가격을 일정한 기준에 따라 평균하여 산출한 것이 물가지수(price index)이다. 이러한 물가지수를 통해 물가의 전반적인 움직임을 알 수 있으며, 물가지수의 변화율을 측정함으로써 인플레이션율을 알 수 있다. 인플레이션율이 물가지수의 상승률을 통해 측정되기 때문에 인플레이션은 "일반적인 물가수준의 지속적인 상승 현상"으로 정의된다.

제13장에서 설명한 바와 같이 물가의 전반적인 수준을 나타내는 물가지수로는 소비자물가지수·생산자물가지수·GDP 디플레이터 등이 있

다. 각각의 물가지수들은 서로 다른 추세 변동의 차이를 나타내고 있어 어떠한 물가지수를 사용하느냐에 따라 물가상승률은 다소 차이가 생겨나게 된다. 현재 우리나라에서 인플레이션을 측정하고 물가안정 목표를 설정할 때 가장 널리 사용되는 물가지수는 소비자물가지수이다. 이렇게 보면 인플레이션은 보다 구체적으로 "소비자물가지수가 매년 2~3% 이상 지속적으로 상승하는 현상"으로 정의된다.

근원인플레이션

여러 가지 물가지수 가운데 어떠한 것이 인플레이션을 측정하고 설명하는 데 가장 유용한 지표인가에 대한 논란이 이어져 왔다. 최근 인플레이션을 측정하고 물가안정 목표를 설정할 때 근원물가라는 개념이 자주 사용되고 있다. 근원인플레이션은 일시적 외부충격으로 인한 물가의 변동분을 제거한 기조적 장기 물가상승률을 의미하는데, 이는 core inflation 또는 underlying inflation이라고도 한다. 이러한 근원인플레이션은 전체 물가변동 가운데 일시적 외부충격인 석유파동 또는 농산물의 흉작에 의한 농산물 가격의 급격한 변동 등을 제거하여 추계한다. 우리나라의 근원인플레이션은 소비자물가에서 석유류와 농산물의 가격 변동분을 제외한 물가지수로 발표되고 있다. 이와 같은 근원인플레이션은 예측하기 어려운 일시

| 소비자물가와 근원인플레이션의 변동 추이 |

출처 통계청, 「소비자물가조사」, 2015.

적 충격 요인을 배제한 물가지수로 경제의 기조적 물가상승률을 나타내기 때문에 정부의 물가안정 목표치로 자주 활용되고 있다.

이상의 그림은 우리나라의 소비자물가와 근원인플레이션의 변동추이를 제시한다. 경제위기가 발생한 1997년에 소비자물가지수가 급격히 상승하였으나, 그 이후 2000년대에 들어서면서 물가상승의 폭이 다소 낮아지는 추세를 나타내었다. 또한 2008년 글로벌 금융위기 이후 물가상승률은 큰 폭의 변동을 보이다가 최근에는 1%대의 낮은 수준에 머물러 있다. 한편 소비자물가 상승률의 평균치는 4.0%이었는데, 근원인플레이션 상승률의 평균치는 3.7% 정도로 나타났다. 이를 통해 우리는 근원인플레이션의 평균적 변동 폭이 소비자물가의 변동 폭에 비해 더 작으며 다소 안정적인 변동 추이를 보이고 있음을 알 수 있다.

2. 인플레이션의 원인

물가가 오르면 정부는 흔히 농산물의 흉작에 의한 농산물 가격 상승 혹은 석유가격·임금·공공요금 등의 인상을 물가상승의 주요 요인으로 발표한다. 물가의 변동은 이러한 복잡하고 다양한 요인들에 의해 발생한다. 거시경제이론에서는 물가상승의 요인을 크게 총수요 측면과 총공급 측면으로 구분하여 설명한다.

2. 1 수요견인 인플레이션

수요충격에 의해 총수요가 증가하여 발생하는 인플레이션을 수요견인 인플레이션(demand-pull inflation)이라 한다. 총공급은 일정한 데 총수요가 증가하여 물가가 상승되었다는 뜻에서 수요견인 인플레이션이라 부른다.

우리는 제14장에서 총수요곡선과 총공급곡선이 교차하는 점에서 거시경제 균형이 달성됨을 공부하였다. [그림 17－1]을 보면 원래의 거시경

그림 17-1 수요견인 인플레이션

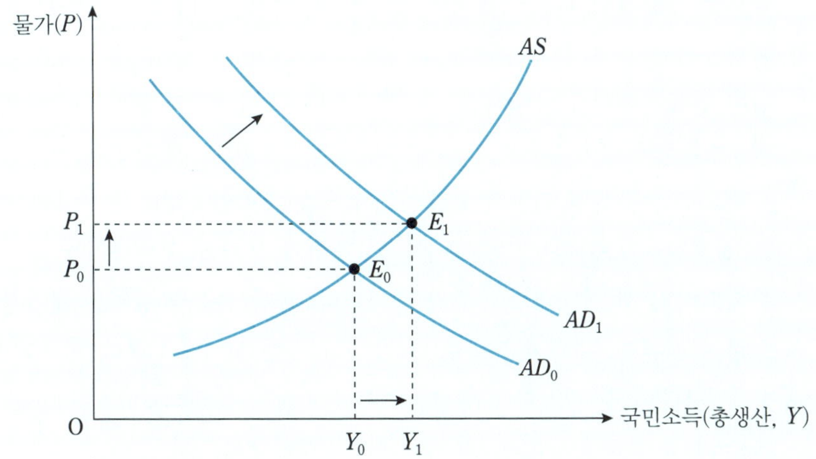

제 균형은 E_0점에서 이루어진다. 그런데 수요충격이 발생하여 총수요가 증가하면 총수요곡선이 AD_0에서 AD_1으로 오른쪽으로 이동하여 새로운 균형이 E_1점에서 이루어진다. 그 결과 물가가 P_0에서 P_1로 상승하여 인플레이션이 발생하게 된다. 이와 같이 총수요가 증가하여 총수요곡선이 계속 오른쪽으로 이동함으로써 물가가 지속적으로 상승하는 현상을 수요견인 인플레이션이라 한다. 수요견인 인플레이션은 1960년대까지 물가상승 현상을 설명하는 대표적 이론이었다.

수요견인 인플레이션이 발생할 경우 물가안정 목표를 달성하기 위해서는 긴축재정정책이나 긴축금융정책을 사용해야 한다. 즉 정부는 정부지출을 줄이거나 통화량을 감소시키는 것과 같은 긴축정책을 실시하여 총수요를 감소시켜야 한다. 이러한 총수요 억제정책으로 총수요곡선이 다시 AD_0으로 돌아오면 물가는 P_0 수준으로 떨어지고 물가안정을 이룰 수 있게 된다. 이때 국민소득은 Y_0으로 감소되지만, 이는 원래 균형점의 소득수준으로 돌아온 것이다.

이제 수요견인 인플레이션을 유발하는 수요충격에 대해 구체적으로 살펴보자. 수요충격은 통화량 증가 가설과 소비·투자·정부지출 같은 요인을 강조하는 가설로 나누어 설명할 수 있다.

첫째, 통화량 증가 가설은 인플레이션을 발생시키는 가장 근원적 요인으로 통화량의 과도한 팽창을 강조한다. 이러한 가설을 신봉하는 경제학자들을 통화주의자(monetarist)라고 하며, 이들은 통화량의 과도한 팽창이 인플레이션을 발생시킨다고 주장한다. 통화주의자들의 주장에 의하면, 통화량과 물가수준은 양(+)의 비례관계가 있기 때문에 통화량이 지속적으로 증가하면 전반적 물가수준이 상승하여 인플레이션이 발생한다. 즉 통화량이 증가하면 경제주체들이 재화와 용역을 구매하려는 욕구가 증대되어 경제 전체의 총수요가 증가한다. 결국 통화량 증가는 물가상승으로 이어진다. 대표적 통화주의자인 프리드만(M. Friedman, 1912~2006)은 "인플레이션은 언제 어디서나 화폐적 현상이다"(Inflation is always and everywhere a monetary phenomenon.)라고 주장한다.

둘째, 소비·투자·정부지출을 강조하는 가설은 총수요를 구성하는 요인들인 가계의 소비지출·기업의 투자지출·정부지출·순수출 등의 증가로 인플레이션이 발생한다고 주장한다. 예를 들어 가계가 소비지출을 과도하게 늘이거나 기업이 과잉투자 지출을 하면 경제 전체의 총수요가 증가하고 이는 물가상승으로 이어지게 된다. 또한 정부가 확대재정정책을 실시하기 위해 정부지출을 과도하게 팽창시키거나 해외 부문에서 국내 상품에 대한 수요가 증가하여 순수출이 증가하면 총수요가 증가하고, 이는 결국 수요견인 측면에서 인플레이션이 발생한다.

2. 2 비용상승 인플레이션

앞에서 설명한 수요견인 인플레이션이 물가상승의 원인으로 총수요 측면을 강조한 반면, 비용상승 인플레이션은 총공급 측면에 관심을 두고 있다. 비용상승 인플레이션(cost-push inflation)은 물가를 상승시키는 주요 요인으로 생산 비용의 상승이 총공급을 감소시켜 인플레이션이 나타나는 현상을 의미한다. 다시 말해 총공급곡선이 왼쪽으로 이동하여 물가상승이 발생할 때 이를 비용상승 인플레이션이라고 부른다.

[그림 17-2]에서와 같이 공급충격에 의해 비용이 상승하면 총공급

그림 17-2 비용상승 인플레이션

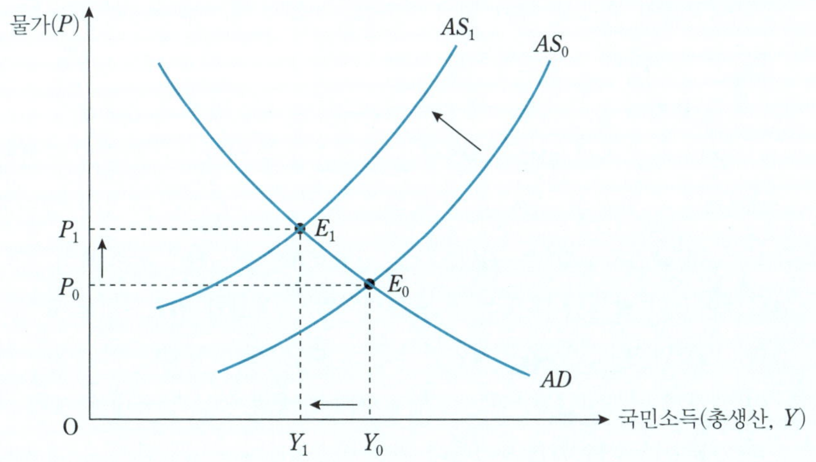

곡선이 AS_0에서 AS_1로 왼쪽으로 이동한다. 거시경제 균형은 E_0점에서 E_1점으로 변화되어 물가는 P_1로 상승하고 소득은 Y_1로 감소한다. 수요견인 인플레이션과 비용상승 인플레이션이 소득과 물가에 미친 효과를 비교하면 서로 다른 결과가 나타나는 것을 알 수 있다. [그림 17-1]에서 수요견인 인플레이션은 물가의 상승과 함께 소득을 증가시킨다. 그러나 [그림 17-2]에서 비용상승 인플레이션은 물가를 상승시킬 뿐만 아니라 소득을 감소시킨다. 그러므로 인플레이션의 경제적 비용이라는 측면에서 볼 때 비용상승 인플레이션이 수요견인 인플레이션에 비해 경제에 더 나쁜 영향을 미친다. 이와 같은 비용상승 인플레이션으로 인해 경기가 침체되었는 데도 불구하고 물가가 상승하는 현상을 스태그플레이션(stagflation)이라 한다.

비용을 인상시켜 총공급곡선을 왼쪽으로 이동시키는 공급충격으로는 원자재 가격·임금·환율·흉작에 의한 농산물 가격의 상승 등이 있다. 1973년과 1978년에 발생한 석유파동은 국제 원유와 원자재 가격의 폭등으로 인해 발생한 대표적 비용상승 인플레이션으로 알려져 있다. 또한 노동조합의 과도한 임금인상 요구는 기업의 생산비 부담의 가중과 제품가격의 인상으로 이어져 비용상승 인플레이션을 발생시킨다. 물가상승을 경험한 노동자들이 노조의 단체교섭을 통해 임금인상 요구를 다시 하게 되면 임금이 오르고 이는 다시 물가를 오르게 하는 임금－물가의 악순환(wage-price spiral)이 반복된다.

환율변동도 국내물가에 매우 심각한 영향을 미치고 인플레이션의 주요 요인이 되기도 한다. 수입상품 가격은 환율의 변동에 따라 변화하는데, 환율이 오르면(원화 절하) 원화로 표시된 수입품의 가격이 상승하므로 국내 물가가 오르게 된다. 환율 변동으로 인한 비용상승 요인으로 인플레이션이 발생한 대표적 예는 우리나라가 경험한 외환위기를 들 수 있다. 1997년 말에 발생한 외환위기는 그 다음 해에 환율을 거의 2배 가까이 급격히 인상시켰고, 이는 수입원자재 가격의 인상과 국내 물가의 상승을 가져왔다. 그 결과 1990년대 초반 이후 4%대에 머물러 있던 소비자물가가 1998년에 7.5%로 급격히 상승하였다.

비용상승 인플레이션이 발생하였을 때 총수요관리정책은 물가안정의 정책 목표를 적절히 달성할 수 없게 한다. [그림 17－2]에서 비용상승 인플레이션이 발생하였을 때 정부가 물가를 안정시키기 위해 긴축재정정책이나 긴축금융정책을 실시하면 총수요곡선은 왼쪽으로 이동하여 물가는 하락될지 모르나 국민소득과 생산량은 더욱 감소하는 부정적 상황이 나타난다.

이와 같이 국민소득과 생산량이 감소하면 경기가 침체되고 실업이 증가하는 딜레마에 빠지게 된다. 이와 같이 비용상승 인플레이션이 생겨나면 총수요 억제정책의 효과는 미미하게 나타난다.

수요견인 인플레이션 → *AD* 오른쪽으로 이동 → 물가↑·소득↑

비용상승 인플레이션 → *AS* 왼쪽으로 이동 → 물가↑·소득↓

3. 인플레이션의 경제적 효과

인플레이션이 심각한 경제문제가 되는 이유는 물가상승으로 인해 발생되는 사회적 비용 때문이다. 완만한 물가상승이 아닌 높은 인플레이션은 부의 재분배·자원배분·생산과 경제성장 등에 대해 부정적 영향을 미친다. 여기서는 인플레이션의 사회후생비용(social welfare cost)과 인플레이션으로 인한 경제구조의 왜곡문제에 대해 살펴본다.

3. 1 예상된 인플레이션

물가상승이 지속될 때 경제주체들은 미래의 인플레이션에 대한 기대와 예상을 하게 된다. 예상된 인플레이션(excepted inflation)은 경제주체들이 미래 물가상승률의 크기와 그 변동시기에 대해 정확히 예상하여 이에 대해 적절히 반응하는 현상을 의미한다. 경제주체들이 인플레이션율의 크기와 그 내용에 대해 정확한 정보를 지니고 있으며, 경제적 상황의 변화에 대해 적절히 반응을 하기 때문에 예상된 인플레이션의 사회후생비용은 그다지 크지 않다.

예상된 인플레이션의 사회적 비용이 크지 않다는 것은 피셔가설(Fisher hypothesis)에 의해 뒷받침된다. 피셔가설은 명목이자율과 인플레이션율이 같은 방향으로 변화한다는 것으로 다음과 같은 방정식으로 나타난다.

$$\text{명목이자율} = \text{실질이자율} + \text{인플레이션율}$$

위의 식은 미국의 경제학자 피셔(Irving Fisher, 1867~1947)에 의해 정형화되었으며, 이를 피셔방정식이라 한다. 여기서 명목이자율은 금융기관에서 지불하는 이자율이며, 실질이자율은 명목이자율에서 인플레이션율을 뺀 이자율이다. 피셔가설에 의하면 명목이자율이 실질이자율과 인플레이션율의 변화에 의해 결정되며, 실질이자율은 실질변수이기 때문에 통화량의 변화에 영향을 받지 않는다. 따라서 피셔가설에 의하면 인플레이션율이 1% 증가하면 명목이자율이 1% 증가한다. 이와 같이 "인플레이션율과 명목이자율이 동일한 크기로 변화하는 현상"을 피셔효과(Fisher effect)라고 한다.

피셔가설이 성립하면 예상된 인플레이션은 채권자와 채무자에게 아무런 경제적 비용을 발생시키지 않는다. 물가상승률의 크기와 시기에 대해 정확히 알고 있으므로 채권자는 돈을 빌려 준 이후에 실질이자율이 하락하는 것을 대비하기 위해 더 높은 명목이자율을 요구하고 채무자는 이에 대해 적절한 반응을 한다. 예상물가상승률을 정확히 알 수 있다면 명목이자율 설정에 물가상승률이 반영되어 인플레이션이 채권자에게 불리한 소득분배를 야기하지 않는다.

만일 예상된 인플레이션에서 경제주체들이 인플레이션에 대한 정확한 정보를 가지고 있으며 이에 대해 완전히 적응을 한다면, 실질변수의 변동이 없기 때문에 고용과 생산에 영향을 미치지 못한다. 즉 경제의 모든 부문에서 인플레이션의 비용에 대한 정확한 계산이 이루어져 이상적인 적응을 할 수 있다면, 예상된 인플레이션은 사회적 고통 없는 인플레이션(inflation without tears)이 된다.

그러나 예상된 인플레이션이라고 할지라도 지속적인 높은 물가상승은 경제적 비용을 발생시킨다. 예상된 인플레이션으로 인해 발생하는 사회후생비용은 다음과 같다.

첫째, 화폐보유에 미치는 경제적 비용이다. 정확히 예상된 인플레이션이라 할지라도 지속적으로 높은 물가상승은 화폐의 실질구매력을 떨어뜨리기 때문에 화폐 소유의 비용을 증대시킨다. 높은 인플레이션은 화폐의 실질가치를 크게 하락시키므로 사람들은 화폐를 되도록 적게 보유함으로써 인플레이션 조세(inflation tax)를 회피하려고 한다. 따라서 낮은 화폐잔고를 소지하기 위해 사람들은 은행에 더 자주 방문함으로써 인플레이션으로 인해 실질가치가 하락하는 현금 보유량을 줄이고 이자가 지급되는 다른 금융자산을 증가시키려 한다.

정부는 지출을 위한 비용을 충당하기 위해 조세·국공채·화폐발행을 이용한다. 여기서 화폐를 발행할 경우 인플레이션을 유발하므로 화폐발행을 통한 수입의 증대는 인플레이션 조세(inflation tax)를 부담시키는 경우와 동일하다.

이와 같이 예상된 인플레이션에서 "개인이 현금 보유를 줄이기 위해 은행에 더 자주 방문하는 데 따른 비용"을 구두창 비용(shoeleather costs)이라 한다. 구두창 비용이란 은행에 자주 방문할수록 구두가 더욱 빨리 닳는 비용을 비유하여 나타낸 것이지만, 실제로는 은행에 자주 방문하는 데 드는 시간 및 현금 보유를 줄여야 하는 데 따른 불편함과 같은 비생산적 비용이 발생한다는 것을 의미한다.

둘째, 예상된 인플레이션에서 물가가 급격히 상승하면 기업은 제품 가격을 자주 변경해야 하며, 기업이 가격을 자주 변경시킬 때 비용이 들게 된다. 이때 "기업이 가격을 자주 변경하는 데 드는 비용"을 메뉴비용(menu costs)이라 한다. 이는 음식점에서 물가가 오를 때마다 새로운 메뉴표를 만들어야 하는 비용을 비유하여 나타낸 것이다. 이러한 메뉴비용은 거래비용(transaction costs)의 한 가지 사례이다. 즉 물가가 급격히 상승할 때 제품의 상대가격을 정확히 유지하기 위해서 주기적으로 가격을 변경하고 새로운 메뉴를 작성해야 하는 비용이 발생하게 된다.

구체적인 예로 새로운 가격을 설정하고 제품 목록을 만드는 비용, 새 가격과 상품 목록을 판매점과 소비자에게 전달하는 비용, 가격변화에 대한 광고·홍보비용 등이 포함된다. 예상된 인플레이션이라 할지라도 기업은 생산적 투자보다 새로운 메뉴표의 작성과 같은 비생산적 활동에 시간과 자원을 할애해야 하는 메뉴비용이 발생하게 된다.

셋째, 물가상승이 없다고 할지라도 조세는 개인의 경제적 선택을 왜곡시키고 사회적 후생을 감소시킨다. 그런데 인플레이션이 발생하면 조세 왜곡에 따른 비용이 커지고 자원배분의 왜곡은 더욱 심각해진다. 그 이유는 세법에서 조세제도가 인플레이션으로 발생하는 사회적 후생의 감소를 고려하지 않기 때문이다. 정확히 예상된 인플레이션이라도 물가가 급격히 상승하면 명목소득이 증가하여 더 높은 과세구간으로 이동하게 되고 누진적 세율이 적용되어 조세부담이 크게 높아지게 된다.

인플레이션으로 인한 조세부담이 가중되는 사례로 자본이득에 대한 과세(capital gain tax)를 들 수 있다. 어떤 기업이 건축물을 10억에 구입하여 5년 후에 20억에 팔았다고 하면, 그 차액인 10억이 명목가치로 표현한 자본이득이 된다. 그런데 그 기간 동안 물가수준이 50% 올랐다면 실질가치로 측정한 자본이득은 5억이 된다. 세법에서는 물가상승률을 감안하지 않기 때문에 자본이득에 대한 과세표준은 명목소득의 증가분인 10억이 되고, 이 과세구간에 해당하는 높은 세율을 적용하여 세금을 부과한다. 급격한 인플레이션이 발생하면 기업의 자본이득은 과대평가되고, 이로 인한 조세부담이 과도하게 높아지는 문제가 발생한다. 따라서 인플레이션은 기업의 조세부담의 가중과 투자의 위축, 나아가서 장기적으로 경제성장을 저해하는 왜곡 현상을 가져온다.

예상된 인플레이션의 영향: 구두창 비용·메뉴비용·조세왜곡의 비용

3. 2 예상하지 못한 인플레이션

예상하지 못한 인플레이션(unexpected inflation)은 경제주체들이 미래의 물가상승을 정확하게 예상하지 못한 경우를 의미한다. 이때 예상 물가상승률과 실제 물가상승률이 다르기 때문에 경제주체들은 경제상황의 변화에 대해 적절히 대응하지 못하게 된다. 예상하지 못한 인플레이션은 예상된 인플레이션보다 경제에 더 많은 부정적 영향을 미친다. 그 부정적 영향을 살펴보면 다음과 같다.

첫째, 인플레이션이 발생하면 어떤 집단은 이득을 보고 다른 집단은 손실을 입게 된다. 즉 급격한 물가상승으로 어떤 집단은 더욱 부유해지고 다른 집단은 오히려 부의 감소가 나타난다. 이와 같이 인플레이션에 따른 부의 재분배 효과가 나타나는 이유는 물가가 급격히 상승할 때 사람들이 어떠한 형태의 재화와 용역을 구입하고, 또한 어떠한 유형의 자산을 소유

하고 있는가에 대한 차이 때문이다. 그 대표적인 예로 채권자와 채무자의 부의 재분배 효과를 들 수 있다. 높은 인플레이션이 발생하면 돈을 갚을 때의 실질가치가 떨어지므로 채무자는 유리하고 돈을 빌려 준 채권자는 손해를 보게 된다.

둘째, 인플레이션은 자산이나 부뿐만 아니라 소득의 재분배 효과도 가져온다. 물가가 상승할 때 명목소득이 물가상승률만큼 상승하지 않은 사람들은 손해를 보고, 명목소득이 물가상승률보다 더 많이 상승한 사람은 이득을 보게 된다. 물가상승률만큼 명목소득이 증가하지 않는 예로 정액소득자·금리생활자·연금생활자 등이 있다.

인플레이션이 금리생활자와 연금생활자에게 어떻게 손해를 끼치는지 구체적으로 살펴보자. 예상치 못한 급격한 인플레이션은 이자소득으로 생활하는 사람에게 손해를 입힌다. 어떤 사람이 연 3%의 이자(명목이자율)를 지급하는 은행저축에 가입하여 이자소득으로 생활을 하는 데 1년 동안 인플레이션율이 7%라고 하면 실질이자율은 −4%가 된다. 이는 인플레이션이 이자소득의 실질구매력을 하락시켜 금리생활자에게 불리한 소득분배를 초래한다는 것을 의미한다.

고령화 사회로 접어들면서 사람들은 은퇴 이후 연금소득으로 생활하고 있다. 대부분의 연금제도는 젊었을 때 가입하여 연금액을 납부하고 20~30년 이후 직장에서 은퇴하여 안정된 노후 생활을 하기 위한 복지제도의 한 유형이다. 그런데 연금을 납부하고 경제활동을 하는 기간 동안에 예상치 못한 급격한 인플레이션이 발생하면 퇴직 이후 받는 연금소득의 실질구매력은 떨어지게 된다. 연금지급액이 물가상승률을 반영한 물가연동제(price indexing)로 운영되지 않는 한 인플레이션은 연금생활자에게 불리한 소득재분배 효과를 가져다준다.

셋째, 인플레이션은 전반적 물가수준의 지속적 상승 현상이지만, 이때 모든 재화의 가격이 동일한 비율로 상승하지는 않는다. 특히 예상하지 못한 인플레이션이 발생하면, 가격이 오르는 재화는 큰 폭으로 상승하지만 어떤 재화는 오히려 가격이 하락하기도 한다. 즉 인플레이션으로 인해 절대적 물가수준은 상승하지만 상대가격의 격차는 더욱 커질 수 있다. 높은 물가상승으로 인한 상대가격 구조의 변화는 경제주체들의 비생산적 행위를 증대시키고 나아가 경제구조를 왜곡시키는 부정적 효과를 나타낸다.

예상하지 못한 인플레이션으로 인한 경제구조 왜곡 현상의 예로 투기(speculation) 행위를 들 수 있다. 높은 인플레이션으로 상대가격의 격차가 커지면 사람들은 가격이 많이 오를 것으로 예상되는 아파트·토지·귀금속 등의 재화를 구입함으로써 이득을 얻는 투기 행위를 하려고 한다. 이러한 투기는 상대가격의 격차에 의한 이득을 추구하는 비생산적 경제활동이다. 만일 경제 전체로 투기가 확산되면 생산적 활동은 감소하고 불로소득을 목표로 하는 비생산적 활동이 증가하여 경제구조를 왜곡시킨다.

넷째, 예상하지 못한 인플레이션은 경제주체들이 미래의 물가상승에 대한 정확한 계산과 상황의 변화에 대해 적응할 수 없게 하여 불확실성을 증대시킨다. 인플레이션으로 인한 불확실성은 소비·저축·투자에 대한 경제적 선택을 왜곡시키는 결과를 가져온다. 물가가 예상할 수 없을 정도로 빠르게 변화하면 화폐의 기능이 약화되어 경제주체들의 의사결정은 매우 어려워진다.

따라서 불확실성과 위험은 경제주체들 사이의 장기계약 체결에 장애가 된다. 기대하지 못한 물가수준의 변화는 채권자와 채무자 사이의 분배구조를 왜곡시킬 뿐만 아니라 모든 경제주체에게 위험을 증가시킨다. 사람들은 위험 회피적 속성을 지니고 있기 때문에 불확실성이 있는 상황에서 화폐를 계약단위로 하는 장기적 계약을 회피한다. 은행의 안정적 장기대출이나 기업의 장기적 투자가 불확실성과 위험으로 위축되면 경제 전체의 생산성과 경쟁력은 떨어지게 된다.

예상하지 못한 인플레이션 영향: 부의 재분배·소득의 재분배·경제구조의 왜곡·불확실성과 위험

3. 3 초인플레이션

앞에서 살펴본 것처럼 완만한 인플레이션도 여러 가지 사회적 비용

을 발생시키고 경제에 부정적 효과를 미친다. 그러나 물가가 기하급수적으로 상승하는 초인플레이션(hyperinflation)은 국민경제에 더욱 심각한 결과를 가져온다. 초인플레이션은 자본주의 시장경제와 화폐경제를 붕괴시키며 정치적 폭동까지도 유발시킨다.

초인플레이션은 "매일 물가가 1% 넘게 상승하고 한달에 인플레이션율이 50%를 초과하여 상승하는 현상"으로 정의된다. 따라서 초인플레이션이 발생하면 1년 동안 물가가 100배 이상 상승할 수 있고, 물가가 상승할 수 있는 가장 높은 수준까지 폭등하는 최악의 인플레이션이 나타난다.

역사적으로 초인플레이션의 대표적 예는 제 1 차 세계대전 직후 독일을 중심으로 한 유럽 국가에서 나타났다. 전쟁에서 패배한 독일은 1923년 10월 매일 물가가 20% 오르고 한달에 물가가 30배 이상 폭등하는 최악의 기록적 물가상승을 경험하였다. 이러한 천문학적 물가폭등은 오스트리아·헝가리·폴란드 등과 같은 유럽 국가에서도 발생하였다. 또한 1980년대 브라질·아르헨티나·볼리비아 등과 같은 남미 국가들과, 1989년에 사회주의 체제가 붕괴된 소련은 연 2,000%가 넘는 살인적 물가상승을 경험하였다. 1992년 유고의 초인플레이션은 경제사적으로 또 하나의 기록적인 물가폭등이었다.

초인플레이션이 발생하면 구두창 비용이나 메뉴비용이 엄청나게 커지며 화폐의 기능은 상실된다. 제 1 차 세계대전 이후 가구를 제작하는 기업에서 월급을 지불하기 위해 트럭이 사용되었으며, 물건 값이 시간이 다르게 폭등하기 때문에 맥주를 한 병이 아닌 두 병을 미리 주문하기도 하였다. 이러한 예는 초인플레이션의 피해를 나타내는 역사적 사례로 자주 인용되고 있다.

초인플레이션이 발생하면 화폐의 가치가 너무 급속도로 떨어지기 때문에 화폐를 보유하지 않고 미국 화폐인 달러나 실물 자산을 선택하려고 한다. 만약 시장경제의 교환기능이 완전히 상실되면 화폐는 휴지와 같은 무용지물이 되고 화폐경제는 물물교환 경제로 전환하게 된다. 더 나아가 상상을 초월하는 물가폭등은 대량 실업과 국민소득수준의 급격한 감소와 같은 극심한 경제 불황을 발생시킨다.

이와 같은 초인플레이션이 발생한 주요 원인은 전쟁·정치적 격변·국가부도 등으로 발생한 재정적자를 과도한 통화 증발로 해결하였기 때문이다. 막대한 재정적자를 해결하기 위해 중앙은행이 대규모의 화폐를 발행하면 결과적으로 물가수준이 폭등하게 된다. 특히 통화주의자들에 의하면 중앙은행이 화폐발행에 대한 통제력을 잃어 통화량을 남발한 것이 곧바로 물가폭등으로 이어지고 초인플레이션을 발생시켰다고 주장한다.

따라서 초인플레이션은 화폐개혁과 재정개혁으로 해결된다. 최악의 물가폭등의 원인이 통화 증발과 재정적자에 기인하기 때문에 통화량의 급격한 축소와 재정긴축이 초인플레이션 현상을 멈추게 할 수 있는 처방책으로 제시된다. 특히 통화주의자들은 국가 재정적자를 축소시키는 재정건전화 정책이 초인플레이션을 해결하기 위한 가장 중요한 정책이라고 강조하고 있다.

초인플레이션: 유고의 사례 1992~94년

초인플레이션은 여러 국가에서 발생하였다. 역사적으로 가장 최악의 초인플레이션은 헝가리에서 1945~46년 동안 물가가 3.8×10^{27}배로 폭등한 사례이다. 유고(유고슬라비아)는 두 번째로 높은 3.6×10^{22}배의 물가폭등을 1992~94년 동안 경험하였지만, 발생 기간과 그 심각성에서 볼 때 가장 특이한 사례로 인용되고 있다.

유고 연방에서는 국방과 치안을 담당하던 막대한 규모의 군인과 경찰 및 관료들이 있었고 이들은 정부지출 삭감을 통한 재정개혁을 하는 데 큰 걸림돌이 되었다. 내전으로 인한 전쟁경비의 증가·연금 및 교육비 증대·국유기업 적자 보전을 위한 막대한 정부지원 등은 국가재정의 적자를 크게 증가시켰다. 다음 표에서 유고의 GDP 대비 재정적자가 1991년 13%에서 1993년 34.3%로 크게 증가하였는데, 이는 정부가 심각한 정치·경제적 충격에 대응하여 적절한 재정의 조정기능이 상실된 상태를 나타낸다. 더욱이 민족 간 내분으로 비친 전쟁은 1992년 UN의 유고에 대한 경제 제재 조치(embargo)를 취하게 하였고, 이는 국민경제를 더욱 어렵게 만들었다. 유고 정부는 재정적자의 해소와 화폐수요를 충족하기 위해 막대한 통화발행을 하였고, 이는 결국 초인플레이션을 초래하였다.

유고의 초인플레이션

	1991	1992	1993
인플레이션율(%)	117.8	8,954.3	1.16×10^{14}
1인당 GDP($)	2,000	1,500	1,000
GDP 증가율(%)	- 10.9	- 31.9	- 30.8
재정적자/GDP(%)	13	21	34.3

유고의 1993년 평균 인플레이션율은 1.16×10^{14}%이었다. 위 표에는 나타나 있지 않지만 1994년 1월 인플레이션율은 기간 중 가장 높은 313백만%를 기록하였고, 암달러 시장에서 유고 화폐는 58백만% 평가절하되었다. GDP 증가율로 측정된 경제성장률은 1992년에 −31.9%, 1993년에 −30.8%로 감소하여 극심한 경제위기를 나타냈으며, 1인당 GDP도 1991년에 $2,000에서 1993년에 $1,000으로 절반 수준으로 하락하였다.

이와 같은 현상은 제1차 세계대전 직후 독일·오스트리아·헝가리 등과 같은 국가에서 경험하였던 고전적 초인플레이션(classical hyperinflation)과 비슷한 양상이었다. 그러나 다른 국가와 비교하여 볼 때 유고는 초인플레이션이 진행된 기간이 2~3년 동안이나 길게 지속되었다는 것과 그 역동적 피해 측면에서 볼 때 매우 특이한 사례라고 할 수 있다. 유고의 초인플레이션은 1994년 2월에 단행된 화폐개혁과 재정개혁으로 겨우 진정되었다.

연 | 습 | 문 | 제

1. 인플레이션의 정의는 무엇인가? 또한 정부가 근원인플레이션을 물가안정의 목표치로 설정하는 이유를 설명하라.

2. 인플레이션의 원인으로는 수요견인 인플레이션(demand-pull inflation)과 비용상승 인플레이션(cost-push inflation)으로 대별된다. 수요견인 인플레이션을 유발하는 구체적 수요충격과 비용인상 인플레이션을 유발하는 구체적 공급충격을 이용해 이상의 두 가지 인플레이션의 원인을 설명하라.

3. 구두창 비용이란 무엇인가? 높은 인플레이션으로 인해 대학생인 홍길동이 은행에 자주 방문하는 경우와 대기업 CEO인 홍길동 아버지가 은행에 자주 방문할 경우 구두창 비용이 어떻게 다른지 비교 설명하라.

4. 예상된 인플레이션과 예상하지 못한 인플레이션의 경제적 비용의 예를 한 가지만 들어라. 두 인플레이션 가운데 어느 것이 경제에 더 부정적 영향을 미치는지 설명하라.

5. 초인플레이션은 어떠한 현상인가? 또한 초인플레이션의 해결책으로 화폐개혁과 재정개혁이 실시되는 이유에 대해 설명하라.

제18장 필립스 곡선

이미 살펴본 바와 같이 실업은 개인 경제생활의 단절·가정파탄·범죄의 증가와 같은 사회적 불안을 유발시키고, 인플레이션은 분배의 왜곡·저축과 투자의 감소·불확실성과 같은 경제적 비용을 발생시킨다. 이러한 두 거시경제 변수 사이의 관계를 설명하는 필립스 곡선은 경제문제를 분석하고 거시경제 정책을 입안하는 데 중요한 의미를 지니고 있다. 본 장에서는 필립스 곡선이 무엇인가에 대해 알아보고, 최근까지 이어지고 있는 필립스 곡선의 형태와 안정성을 둘러싼 경제학자들 사이의 논쟁에 대해 살펴본다.

1. 필립스 곡선

영국의 경제학자 필립스(Aiban W. Phillips, 1914~1975)는 1958년에 실업과 인플레이션 간의 관계를 분석한 중요한 논문을 발표하였다. 그의 논문은 실업률과 인플레이션율 간의 관계를 최초로 분석한 것이었으며, 이 이론이 발표된 이후 오늘날까지 거시경제 이론에서 두 변수가 어떠한 관계에 있는가에 대한 지속적 논쟁이 이어지고 있다.

필립스는 1861~1957년의 영국의 통계자료를 활용하여 실업률과 인플레이션율 사이의 관계를 분석한 결과, 두 변수는 안정적인 음(−)의 상관관계가 있다는 사실을 발견하였다. 이러한 "실업률과 인플레이션율 사이의 상충관계"(trade-off relationship)를 나타내는 곡선을 필립스 곡선(Phillips curve)이라 부른다. [그림 18−1]에서 필립스 곡선이 우하향의 기울기를 갖는 것은 두 변수가 음의 상관관계를 지니고 있다는 것을 나타낸다. 즉 실업률이 감소하면 인플레이션율이 높아지고, 반대로 실업률이 증가하면 인플레이션율이 낮아진다.

그림 18－1 필립스 곡선

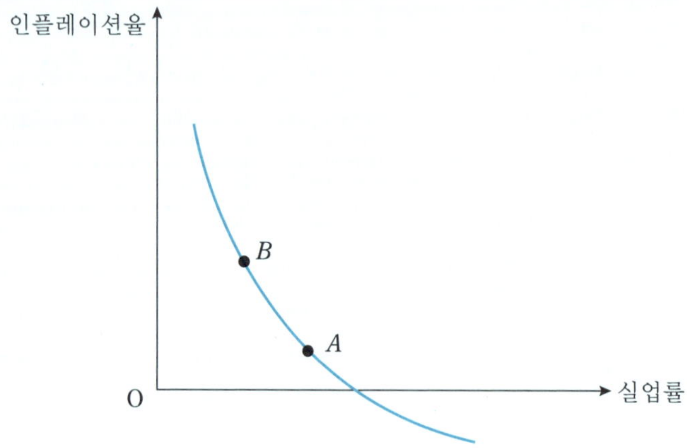

필립스 곡선이 발표된 이후 많은 국가들에서 인플레이션율과 실업률 사이에 상충관계가 존재하는 것으로 확인되었고, 두 변수 간의 음의 관계는 일반적 현상으로 받아들여졌다.

필립스 곡선이 우하향의 기울기를 갖는다는 것은 제14장에서 배운 총수요와 총공급 모형을 통해 설명할 수 있다. 만약 총수요곡선이 오른쪽으로 이동하면 물가수준과 총생산이 증가한다. 총생산의 증가는 고용을 증대시키게 되는데, 이는 실업의 감소를 의미한다. 그러므로 실업과 물가수준은 반대방향으로 변화함을 알 수 있다.

필립스 곡선은 거시경제학에서 매우 중요한 의미를 지니고 있다. 원래의 필립스 곡선은 실업과 인플레이션이 안정적인 음의 상관관계를 지니고 있다는 사실을 나타낸다. 만약 필립스 곡선이 안정적이라면, 이는 거시경제 정책 수립에 매우 유용한 도구로 활용될 수 있다. 다시 말해 필립스 곡선에 의하면, 정책 당국은 완전고용(실업률의 감소)과 물가안정(인플레이션율의 감소)이라는 두 가지 정책목표를 동시에 달성할 수 없으므로 선택의 문제에 직면하게 된다. 그러므로 필립스 곡선은 정책 당국이 선택할 수 있는 실업률과 인플레이션율의 조합을 연결한 곡선이다. 또한 필립스 곡선은 거시경제 정책의 수립에 있어 제약 요인이 존재한다는 것을 나타낸다.

다시 말해 정부는 두 가지 정책목표 가운데 어떤 것을 선택할 것인가 하는 선택의 메뉴(menu of choice)에 직면하게 된다. [그림 18-1]에서 A점은 물가안정에 우선을 두는 반면, B점은 완전고용에 우선을 두는 것을 의미한다. 만일 정부가 물가안정에 우선순위를 두면 긴축정책을 실시하고 완전고용에 우선순위를 둔다면 확대정책을 실시해야 한다. 따라서 필립스 곡선은 정부가 선택의 메뉴 가운데 한 점을 선택하고, 그 정책목표를 달성하기 위해 적절한 재정정책이나 금융정책을 실시할 수 있다는 정책적 함축성을 지니고 있다.

필립스 곡선: 실업률과 인플레이션율의 단기적인 상충관계

2. 기대로 수정된 필립스 곡선

필립스 곡선은 1960년대 초반까지 실업률과 인플레이션율의 상충관계를 설명하는 지배적 이론으로 받아들여졌다. 그러나 1970년대에 일어난 스태그플레이션 현상은 필립스 곡선의 안정성에 큰 의문을 제기하였다. 과거의 불경기에서 실업률은 증가하였지만 물가는 하락하였다. 그러나 1970년대 석유파동으로 인한 불경기에는 실업률이 높고 물가도 상승하는, 즉 두 변수 사이에 양(+)의 관계를 나타내는 스태그플레이션 현상이 나타나게 되었다. 이러한 현상으로 인해 전통적 필립스 곡선에서 주장한 실업률과 인플레이션율의 안정적 음의 관계는 큰 위협을 받게 되었다.

과거와 다른 거시경제 현상을 설명하기 위해 프리드만(M. Friedman)과 펠프스(E. Phelps)는 필립스 곡선이 단기적으로 안정적이지만 장기적으로는 안정적 관계가 유지되지 않는다고 주장하였다. 이들을 통화주의자라고 부르는데, 그들은 단기적으로 필립스 곡선이 우하향하는 안정적 형태를 유지하지만 장기적으로는 수지선의 형태가 된다고 주장하였다. 그들의 주장대로 만일 장기필립스 곡선이 수직선이 된다면, 정부의 확대

그림 18-2 장기 필립스 곡선

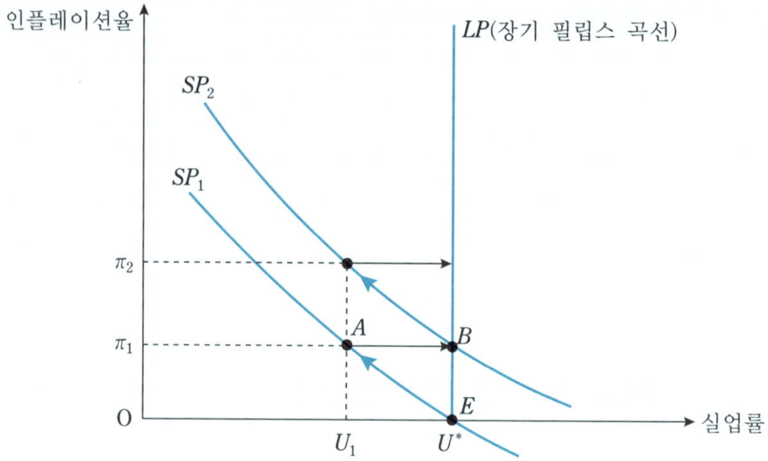

정책은 실업률을 줄이지 못하고 오히려 인플레이션율만 높이는 결과를 초래한다. 통화주의자들은 장기적 필립스 곡선이 수직선이 된다는 것을 설명하기 위해 기대로 수정된 필립스 곡선(expectation-augmented Phillips curve)이라는 새로운 개념을 도입하였다.

통화주의자들은 인플레이션의 동태적 과정에서 기대 물가상승의 역할을 강조하였다. 그들은 물가가 상승하면 기대 인플레이션이 형성되고, 이는 단기적 필립스 곡선을 상하로 이동시킨다고 주장하였다. 따라서 그들은 기대 인플레이션이 형성되면 장기적 필립스 곡선의 형태는 달라지고 실업률과 인플레이션 사이의 안정적 음의 관계는 존재하지 않는다고 제시하였다. 이러한 기대 인플레이션의 변화에 따른 단기 필립스 곡선의 이동은 다음과 같이 설명할 수 있다.

[그림 18-2]에서 초기의 거시경제는 *E*점의 안정적 균형상태에 있다고 가정하자. 이때 실업률은 U^*이고 인플레이션율은 0%이다. 그 상황에서 정부가 U^*의 실업률이 너무 높다고 판단하여 U_1로 실업률을 줄이기 위해 확대재정정책을 실시하면 단기적으로 필립스 곡선에 따라 *A*점으로 이동한다. 확대재정정책의 결과 단기적으로 실업률은 U_1로 줄어들지만 인플레이션율은 π_1로 상승하게 된다. 이때 경제주체들은 물가가 이 수준

에서 계속 상승할 것으로 예상하여 기대 인플레이션에 반영시킨다. 노동자들은 실질임금을 일정하게 유지하기 위해 물가상승만큼 명목임금의 인상을 요구하는데, 이러한 과도한 명목임금의 인상요구는 기업의 고용감소로 이어져 실업률은 다시 B점의 U^* 수준으로 돌아가게 된다.

이 과정에서 중요한 점은 경제주체들이 물가가 상승할 것이라는 기대심리가 예상인플레이션을 형성하여 단기적 필립스 곡선을 SP_1에서 SP_2로 상방 이동시킨다는 사실이다. 즉 기대 인플레이션이 일어나면 단기적 필립스 곡선 자체가 이동하여 새로운 실업률과 인플레이션율 간의 관계가 형성된다. 정부가 실업률 U^* 수준이 높다고 생각하여 다시 확대정책을 실시하면 π_2의 기대 인플레이션이 형성되고 단기적 필립스 곡선은 다시 상방 이동하게 된다. 이는 노동시장에서의 조정과정을 통해 실업률을 원래의 U^* 수준으로 돌아가게 한다. 이러한 물가상승이 예상되어지고 기대 인플레이션과 실제 인플레이션이 동일해지면 장기필립스 곡선(LP)은 수직선이 된다.

장기적으로 필립스 곡선이 수직선이 된다는 통화주의자들의 주장은 매우 중요한 정책적 함축성을 지니고 있다. 실업을 줄이려는 확대재정·금융정책은 단기적으로 효과가 있을지 모르지만, 장기적으로는 아무런 효과가 없고 오히려 물가만 상승시키는 결과를 초래하게 된다. 이때 U^*는 장기적으로 변화하지 않는 실업률인 자연실업률이므로 통화주의자들의 주장을 「자연실업률 가설」이라 한다. 정부가 자연실업률 이하의 수준으로 실업률을 낮추기 위해 경제안정화정책을 실시하면, 이는 단기적으로 효과가 있을지 모르지만 장기적으로 실업률은 낮아지지 않고 오직 물가상승에만 영향을 미친다.

그러므로 기대로 수정된 필립스 곡선은 장기적으로 수직선이 되기 때문에 단기 필립스 곡선에서 성립하였던 실업률과 인플레이션율 간의 안정적 음의 관계는 존재하지 않는다. 단기 필립스 곡선에서는 기대 물가상승률이 일정하게 주어졌지만, 장기 필립스 곡선에서는 기대 물가상승률이 소정되어 수직선의 형태가 된다. 만일 자연실업률이 6%로 주어졌을 때 정부가 완전고용 목표치를 4%로 정하고 이를 위해 확대정책을 실시하면, 장기적으로 자연실업률 이하로 실업률이 떨어질 수 없기 때문에 현실의 실업률은 6%로 유지되는 가운데 물가만 오르게 된다.

자연실업률 가설(natural rate of unemployment hypothesis): 장기 필립스 곡선이 수직선의 형태이므로 경제안정화정책이 장기적으로 실업률을 낮추지 못한다는 가설

3. 새로운 필립스 곡선

실업과 인플레이션은 거시경제 성과를 측정하는 중요한 지표이기 때문에 이 두 가지 변수의 관계를 설명하는 필립스 곡선은 중요한 연구대상이다. 1958년 필립스 곡선이 발표된 이후 경제학자들은 과거 50여 년 동안 필립스 곡선의 형태와 그 안정성에 대하여 끊임 없이 논쟁하여 왔다. 그들이 어떠한 형태의 필립스 곡선을 받아들이느냐에 따라 실업률과 인플레이션율 사이의 관계에 대한 인식론의 차이가 나타났고, 물가안정과 완전고용을 달성하는 경제안정화 정책의 유효성에 대해서도 서로 다른 견해를 보여 왔다. 특히 1990년대 후반에 전개된 신경제는 과거의 필립스 가설이 낡은 이론이며 새로운 경제 현상을 설명할 수 있는 새로운 패러다임의 필요성을 주장하였다.

1960년대 중반까지 케인즈 학파의 전성기에는 우하향의 필립스 곡선이 존재하며 물가안정과 완전고용은 거시경제 정책의 선택적 메뉴가 되었다. 그러나 1960년대 후반에 등장한 통화주의자들은 우하향하는 필립스 곡선은 단기적 현상이며 장기적 필립스 곡선은 수직이 된다고 주장하였다. 그들은 케인즈 학파의 견해를 비판하며 기대물가 심리가 형성되면, 장기 필립스 곡선은 자연실업률수준에서 수직선의 형태를 취한다고 제시하였다. 이때 정부가 자연실업률수준 이하로 실업률을 줄이려는 정책을 실시하면 장기적으로 물가상승 효과만을 가져오기 때문에 경제안정화정책은 장기적으로 효과가 없게 된다.

1970년대 합리적 기대가설(rational expectation school)은 필립스 곡선에 새로운 인식론을 제기하였다. 거시경제학의 새로운 조류를 형성하려고 시도했던 루카스(R. Lucas), 싸전트(T. Sargent) 등은 합리적 기대라는 개념을 이용하였다. 합리적 기대가설은 "경제주체들이 미래의 경제 상황이나 거시경제 정책에 대한 이용 가능한 모든 정보를 가장 효율적으로 사용하여 미래를 예측하고 합리적 경제행위를 한다"고 가정하였다.

합리적 기대에 대한 의미를 이해함에 있어 한 가지 유의할 사항이 있다. 경제주체들이 합리적으로 기대를 형성한다고 하면, 이는 경제주체들이 미래에 대해 완전한 예견능력(perfect foresight)을 갖는다는 것을 뜻하지는 않는다. 합리적 기대의 특징은 비록 미래를 예측함에 있어 실수를 할 수 있지만 동일한 실수를 되풀이하지 않는다는 것으로 요약할 수 있다.

합리적 기대를 소유한 경제주체들은 확대정책이 물가상승을 가져올 것이라고 정확히 예상하기 때문에 장기적으로는 물론 단기적으로도 적절히 반응하게 된다. 따라서 합리적 기대가설에서는 실업률과 인플레이션율 사이에 단기적인 음의 관계도 존재하지 않는다. 즉 합리적 기대가설에 따르면, 필립스 곡선은 단기에서도 수직선이 되며 정부의 경제안정화 정책은 아무런 효과가 없다. 따라서 전통적 필립스 곡선은 사라지게 되고 물가안정과 완전고용의 정책목표는 더 이상 선택의 메뉴가 되지 못한다.

필립스 곡선에 대한 경제학파 간의 견해

○ 케인즈 학파: 안정적인 상충관계

○ 통화주의자: 단기적으로 안정적이지만 장기적으로는 자연실업률수준에서 수직선의 형태

○ 합리적 기대가설 : 단기와 장기 모두 수직선의 형태

신경제와 필립스 곡선

신경제는 1995년 이후 미국과 유럽 등의 국가에서 새로운 사회·경제적 현상으로 등장하였다. 경제학자와 정책 수립가들은 정보기술(IT) 혁신을 기축으로 한 신경제(new economy)가 경제의 기본적 틀을 변화시키고 경제구조의 대변화를 가

져왔다고 주장하였다. 낮은 생산성과 낮은 기술진보로 특징지워지는 과거의 경제(old economy)와 다른 새로운 경제가 전개되었으며, 새로운 시대에 신경제 현상을 분석할 수 있는 새로운 패러다임이 필요하다는 주장도 제기되었다. 즉 전통적 필립스 곡선이나 과거의 경기변동 이론은 이미 죽은 이론이며 새로운 경제적 현상을 설명할 수 있는 새로운 패러다임이 필요하게 되었다.

신경제의 전개와 더불어 나타난 경제구조의 대전환과 새로운 경제현상을 설명하기 위해 e-경제·디지털경제·지식기반경제 등 다양한 용어들이 사용되어졌다. 이때 신경제는 "정보통신기술을 활용하여 정보와 지식을 창출하여 더 높은 생산성 향상과 경제적 번영을 이룩한 새로운 경제"라고 정의된다. 신경제는 과거의 낡은 경제에서 경험하지 못했던 새로운 경제 현상을 전개시켰다. 과거 1970년대 미국 경제에서 경험하지 못했던 높은 경제성장률·낮은 물가상승률·낮은 실업률·높은 주식수익률과 같은 새로운 경제적 현상이 나타나게 되었다.

1990년대 중반 신경제가 전개된 이후 필립스 곡선에 대해 새로운 인식론이 제기되었다. 과거 1970년대 단기적 필립스 곡선은 실업률과 인플레이션율 사이의 상충관계를 나타내는 우하향의 형태를 취하였다. 그러나 1995년 이후 미국 경제에서 실업률과 인플레이션율이 모두 지속적으로 떨어지는 현상이 나타났다. 정보기술 혁신으로 인한 컴퓨터와 인터넷 활용의 증가는 구직자와 구인자에게 유용한 정보를 제공하여 고용기회를 증진시키는 데 크게 기여하였다. 이와 같은 신경제 이후 실업률과 인플레이션율의 하락은 필립스 곡선의 형태와 위치의 변화를 가져왔다.

연 | 습 | 문 | 제

1. 전통적 필립스 곡선이 우하향하는 기울기를 갖는 이유는 무엇인가? 또한 기대로 수정된 필립스 곡선이 장기적으로 수직선의 형태가 되는 이유를 설명하라.

2. 어떤 국가에서 자연실업률이 7%로 주어졌다고 하자. 그런데 정부가 실업률이 너무 높다고 생각하여 완전고용 목표치를 3%로 설정하고 확대재정정책을 실시하면 국민경제에 어떠한 영향을 미치는지 설명하라.

3. 합리적 기대가설이 주장하는 필립스 곡선은 어떠한 형태가 되는가? 이때 정책기조에 대한 어떤 함의를 제시할 수 있는지 설명하라.

4. 물가안정이 목표일 경우 필립스 곡선의 기울기가 가파를수록 유리한 반면, 고용안정이 목표일 경우 필립스 곡선의 기울기가 완만할수록 유리하다. 논평하라.

5. 한 경제의 필립스 곡선이 다음과 같은 방정식으로 표시된다고 가정하자.

$$\pi = \pi^e - 0.8(u - 0.05)$$

위 식에서 π는 인플레이션율, π^e는 기대 인플레이션율, u는 실업률을 나타낸다. 다음의 물음을 답하라.

(1) 필립스 곡선이 시사하는 경제적 의미를 중심으로 위의 식을 해석하라.

(2) 이 경제의 자연실업률을 구하라.

(3) 사람들이 인플레이션을 예상하지 않을 때 실업률을 4%로 낮추기 위해서는 얼마만큼의 인플레이션을 감수해야 하는가?

(4) 사람들이 3%의 인플레이션을 예상할 때 실업률을 4%로 낮추고자 한다면 얼마만큼의 인플레이션을 감수해야 하는가?

(5) 이 경제의 장기 필립스 곡선을 나타내는 식을 구하고 그림을 그려라.

제 8 편

화폐와 금융

제 8 편

화폐와 금융

PART Ⅷ

제19장 화폐와 금융의 경제적 역할

현대경제에는 지금까지 공부한 생산·소득·물가·고용 등의 실물경제 부문을 유기적으로 연결시키는 화폐경제 혹은 금융부문이 존재한다. 경제를 인체에 비유한다면 화폐는 인체가 활동할 수 있게 하는 피와 같다. 그러므로 화폐경제 부문은 국민경제 안에서 상당히 중요한 역할을 수행한다. 본 장에서는 화폐와 금융의 경제적 역할 및 우리나라 금융기관에 대해 살펴본다. 또한 본 장에서는 화폐부문과 실물부문 간의 관계에 대한 고전학파 경제학자들의 견해인 화폐의 중립성과 고전적 이분성을 공부한다.

1. 화폐경제의 발전

오늘날 경제행위에서 화폐의 중요성을 인식하기 위해 우리가 사용하고 있는 화폐가 존재하지 않는다고 잠시라도 생각해 보자. 이 경우 식사를 위해 개개인이 농사를 짓고 반찬거리를 준비해야 하는 자급자족 경제체계로 돌아가야 한다. 자급자족 경제는 생산물과 생산요소의 교환이 전혀 일어나지 않는 가장 원시적인 경제 상태이다. 또한 자급자족 경제에서는 분업과 전문화의 이점을 추구하지 못하기 때문에 경제 내의 생산성의 향상은 아주 낮은 수준에 머무를 수밖에 없다는 단점이 있다.

화폐를 사용하지 않고서도 생산물의 교환이 가능할 수 있는데, 이를 원시적인 물물교환(barter) 경제라고 한다. 이러한 물물교환하에서는 거래비용(transaction costs)이 상당히 높기 때문에 거래의 범위가 한정적이고, 경제발전도 극히 제한적으로 이루어졌다. 물물교환 경제에서는 거래에 참가하는 두 당사자의 욕구가 두 가지 측면에서 일치할 경우에만 거래가 성사된다. 즉 첫 번째는 자신이 원하는 생산물을 가지고 있는 상대방을 찾아야 하고, 두 번째는 두 당사자가 교환을 원하는 생산물의 교환비율에 대한 합의가 이루어져야 한다. 이를 경제학에서는 욕망의 이중일치(double coincidence of wants)라고 명명하며, 물물교환 경제에서 거래비용이 높은 이유가 된다.

화폐의 사용으로 말미암아 거래비용이 크게 절감되면서 시장거래가 단순화되었다. 즉 화폐라는 매개물을 사용하면 판매와 구매행위가 시간적·공간적으로 분리될 수 있기 때문에 거래비용이 크게 절감된다. 물물교환 경제에서는 두 당사자가 원하는 생산물이 아니면 거래가 성사되지 않지만, 화폐경제에서는 생산품을 팔아 화폐를 받고 다시 이 화폐를 사용하여 다른 생산품을 구입한다. 화폐를 매개로 한 교환 경제가 자급자족 및 물물교환 경제에서는 경험하지 못했던 획기적인 경제발전을 이룩한 것은 그 때문이다.

화폐는 시대나 나라에 따라 특색이 있고 종류도 상당히 다양하다. 그러나 화폐는 상품화폐·금속화폐·지폐·신용화폐·전자화폐 등의 형태로 발전하였다. 상품화폐는 원시적 교환의 매개물로서, 그 재화의 용도로서도 쓰이면서 교환의 매개물로 사용된 금·은·동·소금·모피·가축·조개껍질 등을 일컫는다. 이러한 상품을 매개로 하여 교환은 급속도로 증가하였지만, 여전히 운반·저장·분할 등에 많은 불편이 있었다.

이러한 불편함으로 말미암아 여러 상품 중에서 내구성이 강하고 분할과 휴대가 편리한 귀금속만을 화폐로 선택하였는데, 이를 금속화폐라고 한다. 금속화폐의 가치는 그 무게에 따라 결정된다. 그러나 금속화폐는 교환할 때마다 무게를 측량하고 진위를 파악해야 하는 번거로움이 있었다. 이러한 불편을 해소하기 위해 일정한 양과 모양을 설정하여 주조하였는데, 이를 주화(鑄貨) 혹은 주조화폐라고 한다.

그러나 금속화폐는 유통되는 동안 마모되어 금속 함유량이 점차 줄어드는 문제점이 있다. 또한 주조권을 보유한 국가가 의도적으로 금속 함유량을 정해진 양보다 적게 넣거나 순도를 떨어뜨리는 방식으로 주조차익(seigniorage)을 얻으려는 문제점도 발생하였다. 이러한 문제점을 해결하기 위해 정부가 중앙은행으로 하여금 지폐를 발행하게 하여 화폐로 사용하였다.

초창기 지폐발행은 금을 지급준비금으로 하여 그 소지자의 요구에 따라 언제나 금으로 바꾸어 주기로 약속한 약속증서의 성격을 지닌 태환

지폐(convertible notes)의 형태를 지니고 있었다. 그러나 시장에서 수용할 공신력만 있다면 태환력의 뒷받침 없이 지폐를 발행할 수 있음을 알게 되었다. 이를 불태환지폐(non-convertible notes)라고 하며, 지폐·동전과 같은 주조화폐의 형태로 오늘날 사용되고 있다. 즉 불태환지폐는 종전의 화폐와는 달리 내재적 가치(intrinsic value)를 전혀 갖지 않는다.

경제가 발전하고 거래량이 증가함에 따라 지폐만으로는 거래의 매개물로 불충분하게 되어 수표·어음 등이 일반적 교환수단으로 인정받게 되었다. 이러한 수표·어음 등을 신용화폐라고 하며, 이는 거래 당사자 간의 신용뿐만 아니라 금융의 발전 및 은행의 공신력에 바탕을 두고 있다. 이러한 신용화폐는 임의로 금액을 기입하여 교환할 수 있으며 사회적으로 발행비용이 저렴하다는 장점이 있다. 그러나 강제적 통용력이 미약하고 수표가 부도날 경우 손실이 발생하는 단점도 존재한다.

최근에 이르러서는 IC(integrated circuit) 칩이 내장된 카드나 공중정보통신망과 연결된 전자기기에 전자기호 형태로 화폐적 가치를 저장하였다가 상품 등의 구매에 사용할 수 있는 전자 지급수단인 전자화폐의 형태로 발전하였다. 전자화폐는 가치저장 방식에 따라 크게 IC 카드형과 네트워크형으로 구분된다. IC 카드형은 IC 칩을 내장한 스마트 카드에 일정액을 저장하여 물품을 구입할 때 IC 칩 속에 있는 화폐가치를 물품판매자에게로 이전하게 하는 오프라인 형태이다. 네트워크형은 은행과 같은 금융기관이 연계된 네트워크상에서 각종 결재 행위를 행하는 방법이다.

이러한 전자화폐는 결제방식에 따라 선불카드형·신용카드형·전자수표 등으로 분류할 수 있다. 전자화폐는 제조비용이 저렴하고 금액의 분할과 결합이 용이할 뿐만 아니라 유동성·익명성이 보장되고 원격지 송금도 손쉽게 행할 수 있다는 장점이 있다. 그러나 개인정보 노출에 따른 사생활 침해, 판매자와 소비자 사이의 신뢰, 충동구매로 인한 과소비, 천재지변 또는 대형사고와 같은 재해로 인한 금융거래의 마비, 탈세와 같은 지하경제에 악용될 수 있는 문제 등은 앞으로 해결해야 할 숙제들이다.

자급자족 → 물물교환 → 화폐를 매개로 한 교환 → 신용을 내개로 한 교환

2. 화폐의 역할

화폐는 경제의 순환과 안정적인 성장을 위해 매우 중요한 역할을 수행한다. 이미 알아본 바와 같이 화폐는 거래비용을 절감시켜 경제활동의 효율성을 증가시키고 복지 증진에도 기여한다. 이제 화폐의 역할을 다음과 같은 세 가지 측면에서 좀 더 구체적으로 살펴보자.

첫째, 화폐는 교환의 매개물(medium of exchange)로서의 역할을 수행한다. 이는 상품의 거래과정에서 화폐가 일반적인 지불수단으로 사용된다는 것을 의미한다. 물물교환에서는 욕망의 이중일치가 이루어져야 거래가 형성되지만, 화폐를 매개물로 사용할 경우에는 이러한 번거로움 없이 거래가 편리해진다. 즉 우리가 재화나 용역을 구매할 때 개입하는 화폐의 일반적 지불수단으로서의 역할이 교환의 매개물로서의 기능이며, 이는 화폐의 가장 중요하고 본원적인 기능이라고 할 수 있다.

둘째, 화폐는 가치의 척도(unit of account)로서의 역할을 수행한다. 이는 각 상품의 가치가 화폐의 단위로 측정될 수 있다는 것을 의미한다. 예를 들어 A라는 상품의 가격이 5만원이고 B라는 상품의 가격이 10만원이라고 하면, 우리는 B 상품이 A 상품에 비해 2배의 가치가 있다고 여길 것이다. 이와 같이 화폐는 상품 간의 가치의 기준이 되어 비교를 손쉽게 해 주는 기능을 수행한다. 이를 회계의 단위라고 표현하기도 한다.

셋째, 화폐는 가치의 저장수단(means of store of value)이 된다. 화폐는 상품과는 달리 가치저장이 쉬울 뿐만 아니라 안전하고 편리하며 언제든지 상품과 교환할 수 있다. 즉 화폐는 구매력(purchasing power)을 지니고 있기 때문에 한 시점에서 다른 시점까지 구매력을 보관해 주는 역할을 수행한다.

화폐의 세 가지 역할: 교환의 매개물·가치의 척도·가치의 저장수단

이상의 화폐의 역할 중에서 가장 특징적인 기능은 교환의 매개물로서의 역할이다. 왜냐하면 화폐가 가치의 척도나 가치의 저장수단의 역할

인류의 발전과정에서 소금을 통한 경제활동

고대 문명의 역사를 살펴보면, 소금의 역사는 인류와 함께하였다는 기록을 쉽게 찾을 수 있다. 예를 들어 고대 이집트인들은 그들의 상징인 미이라를 만들기 위해 소금이 필요하였으며, 이를 조달하기 위해 소금을 생산하는 국가와 교역하였다. 또한 그리스의 고대 역사가 헤로도토스는 기원전에 리비아 사막에 존재하는 소금광산을 방문하였다는 기록이 있다. 성경에서도 소금에 대한 구절을 찾을 수 있다. 예수가 "소금이 없으면 무엇으로 짜게 하리오?"라고 말하며, 사람들에게 빛과 소금이 되라고 가르쳤다. 이와 같이 인류의 경제활동에 있어 소금은 매우 소중하고 필요한 상품으로 중요한 역할을 수행하였으며, 중세의 유럽에서는 '하얀 황금'으로 불리기도 했다.

따라서 고대에서 중세에 이르기까지 대부분의 국가와 시대에서 소금은 식생활에 있어 중요한 상품이었기 때문에 그 생산과 유통은 국가에서 통제하였다. 이와 같이 국가가 소금을 통제함으로써 소금의 생산과 판매를 통해 많은 세금을 쉽게 거둘 수 있었다. 예를 들어 기원전 6세기 로마에서는 세금을 많이 걷기 위해 소금의 판매권을 정부가 장악하였으며, 중국의 춘추시대에는 소금 전매제도(국가가 재정수익을 얻기 위해 특정 물품의 판매 및 생산 권리를 독점하는 제도)가 있었다.

우리나라에서도 고려시대에는 국가에서 소금 생산권을 소유하여 개인에 의한 소금의 생산 혹은 판매는 제한하였으며, 조선시대에는 소금에 대한 전매제도가 시행되기도 하였다. 비록 소금의 생산과 판매를 국가에서 장악하고 있었지만, 국가가 일정 금액을 받고 특정 사람에게 소금을 생산하거나 유통시킬 수 있는 권한을 부여하기도 했다. 이러한 권한을 부여받은 사람들은 소금을 유통시켜 엄청난 부를 축척할 수 있었다. 왜냐하면 소금 판매의 권한을 국가로부터 부여받은 사람들은 독점적 지위를 이용해 소금을 비싸게 판매할 수 있었기 때문이다. 우리나라 속담에 '평양감사보다 소금장수'란 말이 있는데, 이는 옛날 우리나라에서 소금이 권력과 부의 상징이라는 사실을 의미한다.

국가 간에도 소금은 아주 중요한 무역품이었다. 소금은 귀한 상품이었기 때문에 소금이 생산되는 곳은 외부로부터의 침략과 약탈의 대상이 되었다. 또한 화폐가 발달되지 않았던 시대에 소금은 화폐와 같은 가치의 척도로서의 역할을 수행하였다. 또한 국가 간 무역에서 소금은 교환의 매개물로서 사용되었다.

소금과 관련된 몇 가지의 흥미로운 역사적 사실이 있다. 먼저 로마시대 군인들은 소금을 급료로 받았다고 한다. 급료를 의미하는 'salary'와 군인을 지칭하는 'soldier'라는 말은 모두 소금을 뜻하며, 라틴어 'Sal'에서 유래하였다. 또한 유럽의 짤츠부르크(Salzburg)는 주위의 소금광산이 많아 '소금도시'라는 이름을 갖고 있다. 한편 최근 우리에게 친숙한 샐러드(salad)와 소스(sauce)라는 말의 어원은 야채 위에 소금을 뿌려서 먹었다는 데서 비롯되었다.

을 항상 수행할 수 있는 것은 아니기 때문이다. 화폐가 가치의 척도나 가치의 저장수단의 역할을 충실히 수행하기 위해서는 화폐의 가치가 안정적이어야 한다. 예를 들어 인플레이션이 급속히 진행되는 상황에서는 화폐가치가 불안정하기 때문에 금, 상품 혹은 다른 국가의 화폐 등이 가치의 척도로 사용되기도 하고, 귀금속이나 부동산 같은 상품이 가치의 저장수단으로서 화폐보다 더욱 선호될 수 있다. 또한 금융시장이 발전할수록 예금증서나 채권 등과 같은 금융자산은 큰 위험성 없이 이자소득을 창출하기 때문에 화폐보다 더 우월한 가치저장의 수단이 될 수 있다.

이상에서와 같이 경제 내에 화폐가 그 역할을 충실히 수행한다는 것은 경제발전의 기본적인 전제가 된다. 즉 화폐가 교환의 매개물로서의 역할을 다할 때 분업과 전문화의 이점을 살릴 수 있으며, 가치의 척도 및 가치의 저장수단을 충실히 수행할 때 자원의 배분이 합리적으로 이루어지는 경제적 효율성이 증진된다. 그러므로 화폐란 지불수단으로 통용되고 가치의 척도 및 가치의 저장수단을 가능하게 하는 자산이라고 정의할 수 있다.

3. 화폐의 중립성과 고전적 이분성

지금까지 화폐는 경제의 흐름을 원활하게 만드는 윤활유 같은 기능을 한다는 사실을 살펴보았다. 그렇다면 화폐의 수요와 공급이 주요 초점이 되는 화폐부문(monetary sector)이 생산량·고용량·소비·투자·정부지출 등과 같은 실물부문(real sector)에 영향을 미칠 것인가? 만약 화폐부문의 변화가 실물부문에 영향을 미친다면, 그 영향의 크기는 얼마나 될까?

이상의 물음에 대한 최초의 답을 제시한 고전학파 경제학자들에 의하면, 화폐는 실물부문을 단순히 감싸고 있는 베일의 역할밖에 수행할 수 없다. 이와 같은 의미에서 화폐는 베일(Money is veil.)이라 부른다. 즉 그들은 "화폐의 공급이 실물변수에 아무런 영향을 미치지 못하고 명목변수만을 변화시킨다"고 생각하였다. 이를 화폐의 중립성(neutrality of money)이라 명명한다. 예를 들어 중앙은행이 확장적인 금융정책을 실시하면, 화폐의 양은 증가하지만 산출량의 증가 없이 명목변수인 물가만 변화한다.

결국 고전학파 경제학자들은 화폐부문을 중요시 여기지 않았으며 "실물부문과 화폐부문이 각각 독립적으로 분리되어 있다"고 생각하였다. 이를 고전적 이분성(classical dichotomy)이라 부른다. 여기서 화폐의 중립성과 고전적 이분성은 다소 유사해 보이지만, 그 개념상 차이가 있다는 점에 주의해야 한다. 즉 화폐의 중립성은 실물부문의 영향이 화폐의 공급에 독립적일 수 있다는 것이지만, 고전적 이분성은 실물부문이 화폐의 수요와 공급에 의해 결정되는 화폐부문으로부터 영향을 받지 않는다는 것이다.

그러나 오늘날 화폐는 베일이라고 믿는 경제학자들은 아마도 없을 것이다. 예를 들어 1997년 7월 이후 동아시아 국가들이 경험한 금융위기(financial crisis)는 외환의 관리가 부실함에 따라 실물경제 부문이 붕괴되는 대혼란으로 이어진 사례이다. 그러므로 화폐부문과 실물부문은 서로 영향을 주고받는 것으로 이해할 수 있다. 그렇다면 고전학파 경제학자들이 화폐의 중립성과 고전적 이분성을 생각한 이유는 무엇일까? 그 답은 화폐의 역할에 대한 인식에서 비롯된다고 볼 수 있다.

고전학파 경제학자들은 화폐를 단순히 교환의 매개물로만 생각하였다. 이미 공부한 바와 같이 화폐는 교환의 매개물로서의 역할 이외에도 가치의 척도나 가치의 저장수단의 역할을 수행한다. 이러한 화폐에 대한 생각의 전환은 케인즈 이후에 형성되었다고 볼 수 있다. 화폐가 가치의 척도나 가치의 저장수단의 기능을 수행할 때 사람들은 화폐소득 중 일부를 화폐의 형태로 보관하다가 필요할 경우 실물자산이나 금융자산을 매입할 수 있도록 한다. 이와 같이 화폐소득의 전부가 실물자산의 구입에 사용되지 않으면, 생산품이 전부 소비되지 못하는 재고가 생겨날 수 있다. 재고가 늘어나면 생산이 줄어들 것이고 고용의 감소와 실업의 증가가 발생한다. 그러므로 오늘날의 경제학자들은 화폐부문과 실물부문 간의 상호연관성을 인정하고 있다.

4. 금융과 금융기관

화폐가 상품이나 서비스의 이동과는 관계 없이 화폐 그 자체의 수요·공급에 따라 유통되는 현상을 금융이라 한다. 물론 화폐가 일방적으로 유통되는 것이 아니라 장차 이자와 함께 환수될 것을 전제로 유통된다. 금융을 매개하는 기관을 금융기관(financial intermediaries)이라 한다. 여기서는 금융과 금융기관의 역할 및 우리나라 금융기관에 대해서 간략히 살펴본다.

4. 1 금융 및 금융기관의 역할

금융이란 "자금의 융통에서 유래된 것으로 자금에 여유가 있거나 창출할 수 있는 경제단위가 자금이 부족한 경제단위에 융통해 주는 것"을 의미한다. 이러한 자금의 대차거래를 통해 생산은 물론 소비의 효용을 증가시킬 수 있다.

예를 들어 두 기간(즉 청년기와 노년기)만을 사는 두 부류(즉 A와 B)의 사람들로 구성된 경제를 상정해 보자. A 부류 사람들은 청년기에만 소득이 생겨나는 반면, B 부류 사람들은 노년기에만 소득이 생겨난다고 가정하자. 이 경우 A 부류 사람들은 청년기 소득의 일부를 B 부류 사람들에게 빌려 주고 노년기에 돌려받기를 원할 것이다. 반대로 B 부류 사람들은 청년기에 A 부류 사람들로부터 소득의 일부를 빌려 쓰고 소득이 창출되는 노년기에 A 부류 사람들에게 돌려 주기를 원할 것이다. 왜냐하면 이러한 대차거래를 하지 않고서는 굶어 죽는 일이 생겨나기 때문이다. 그러므로 금융은 대차거래를 통해 경제 내의 효율성을 증가시킨다.

금융은 크게 직접금융(direct finance)과 간접금융(indirect finance)으로 구별할 수 있다. 직접금융이란 자금의 수요자와 공급자가 직접 거래하는 방식으로 주식·채권 등이 거래되는 증권시장에서 이루어진다. 간접금융은 은행과 같은 금융기관을 통해 자금의 수요와 공급이 이루어지는 방식을 의미한다. 그러므로 직접금융은 자금의 수요자와 공급자가 시장에서 직접 만나게 되지만, 간접금융의 경우 자금의 공급자는 금융기관에 자금을 예탁할 뿐 누가 빌려 가는지 알 수 없다.

간접금융에서 금융매체를 담당하는 금융기관은 자금의 수요와 공급을 중개하는 역할을 담당한다. 거시경제적 측면에서 금융기관의 활동은 화폐의 공급을 결정할 뿐만 아니라 총수요의 변화를 유발한다. 금융기관이 어떻게 화폐공급의 증가에 기여하는지는 제21장에서 상세히 공부하기로 한다. 여기서는 금융기관의 대출이 증가할 경우 경제주체들이 가용할 수 있는 자금이 많아지게 되고, 이를 화폐의 공급이 증가한 것으로 파악하면 충분하리라 여겨진다.

일반적으로 자금의 수요자는 금융기관으로부터 대출을 통해 자동차나 부동산과 같은 상품을 구입하거나 새로운 투자계획을 수립한다. 이와 같은 새로운 소비지출이나 투자지출은 총수요의 증가에 기여하게 된다. 그러므로 화폐공급의 증가는 총수요를 증가시키는 경향이 있다. 반대로 금융기관이 대출을 줄이게 되면 새로운 소비나 투자지출의 실행이 줄어들게 되어 총수요는 감소하게 된다.

이와 같은 거시경제 체계에서 금융기관의 주요한 역할은 [그림 19-1]과 같은 순환도(circular flow)를 통해 쉽게 이해할 수 있다. 먼저 생산물시

그림 19-1 순환도에서 금융기관의 역할

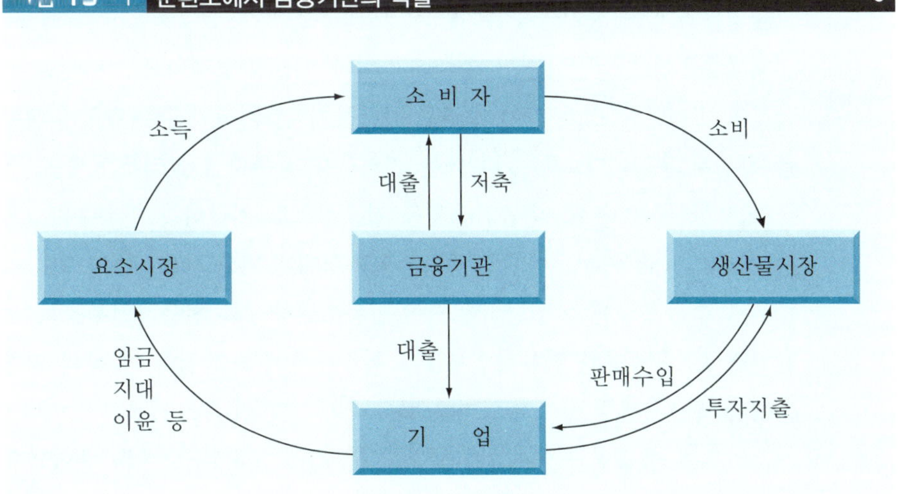

장에서 기업에게 판매수입이 전달되고 요소시장에서 경제주체들의 가처분 소득이 형성된다. 일반적으로 소비자들은 그들의 소득 중 일부를 소비하고 나머지는 저축을 하게 된다. 이 경우 금융기관은 소비자의 저축과 경제의 다른 부문에서 유래된 자금의 수요를 연결하는 데 핵심적인 역할을 담당하게 된다. 즉 소비자들의 저축은 대출을 위한 자금으로 형성된다. 그러므로 만약 금융기관이 자유자재로 대출을 증가시키거나 감소시킬 수 있다면, 어떤 원하는 수준의 화폐공급을 창출할 수 있음을 의미한다.

4. 2 우리나라의 금융기관

우리나라 금융기관의 업무특성에 따른 분류는 [표 19－1]에 요약되어 있다. 금융기관은 취급하는 금융서비스의 성격에 따라 중앙은행, 은행, 비은행 예금취급기관, 금융투자업자, 보험회사, 기타 금융기관, 그리고 금융보조기관으로 분류된다.

은행은 예금과 대출 업무를 주로 취급하는 기관으로서 은행법에 의해 설립된 일반은행과 각각의 개별법에 의한 특수은행으로 나누어진다. 일반은행은 시중은행과 지방은행 그리고 외국은행 국내지점으로 구성된다. 일반은행은 주로 예금으로 조달한 자금을 단기대출로 운용하는 상업금융업무와 함께 장기금융업무를 취급한다.

특수은행은 일반은행이 대출 재원이나 채산성의 제약으로 자금을 공급하기 어려운 특정 부문에 자금을 공급하기 위해 세워진 은행으로 대부분 정부계 은행이다. 특수은행에는 기업금융과 투자금융 업무를 주로 취급하는 한국산업은행, 수출입금융을 전문적으로 취급하는 한국수출입은행, 중소기업금융 전문은행인 중소기업은행이 있다. 그리고 농업·축산업금융과 수산업금융을 취급하는 농업협동조합중앙회 신용사업부문과 수산업협동조합중앙회 신용사업부문도 특수은행에 포함된다. 이상의 일반은행과 특수은행은 별도의 인가를 받아 은행신탁 업무를 겸영하고 있다.

비은행 예금취급기관(non-bank depositary institution)에는 종합금융회사, 상호저축은행, 신용협동기구 및 우체국예금이 있다. 종합금융회사

표 19-1 | 우리나라의 금융기관

구분	기관	세부
중앙은행	한국은행	
은 행	일반은행	시중은행
		지방은행
		외국은행 국내지점
	특수은행	한국산업은행
		한국수출입은행
		중소기업은행
		농협협동조합중앙회
		수산업협동조합중앙회
비은행 예금취급기관	종합금융회사	
	상호저축은행	
	신용협동조합	신용협동조합
		새마을금고
		상호금융
	우체국예금	
금융투자업자	투자매매중개업자	증권회사, 선물회사
	집합투자업자	자산운용회사
	투자자문일임업자	투자자문사
	신탁업자	은행, 증권, 보험, 부동산 신탁회사
보험회사	생명보험회사	
	손해보험회사	손해보험회사
		재보험회사
		보증보험회사
	우체국보험	
	공제기관	농업협동조합공제, 수산업협동조합공제, 신용협동조합공제, 새마을금고공제
기타 금융기관	여신전문금융회사	리스회사
		신용카드회사
		할부금융회사
		신기술사업금융회사
	벤처캐피탈회사	중소기업창업투자회사
	증권금융회사	
	금융지주회사	은행지주, 비은행지주
	한국무역보험공사	
	한국주택금융공사	
	한국자산관리공사	
	한국투자공사	
	한국정책금융공사	
금융 보조기관	금융감독원	
	예금보험공사	
	금융결제원	
	신용보증기관	신용보증기금, 기술신용보증기금
	한국예탁결제원	
	한국거래소	
	신용정보회사	
	자금중개회사	

출처 한국은행, 「금융생활 길라잡이」, 2012.

는 증권중개업무와 보험업무를 제외한 장·단기 금융, 투자신탁, 시설대여 등 국내 금융기관이 영위하는 거의 모든 금융업을 취급하는 기관이다. 상호저축은행(구 상호신용금고)은 지역의 서민과 소규모 기업을 대상으로 하는 여수신업무에 전문화하고 있는 금융기관이다. 신용협동기구는 조합원에 대한 여수신을 통한 조합원 상호간 상부상조를 목적으로 운영되고 있으며 직장 단위의 신용협동조합, 지역 단위의 새마을금고, 그리고 농·수협 단위조합의 농어민을 위한 상호금융을 들 수 있다. 우체국예금은 전국에 고루 분포되어 있는 체신관서를 금융창구로 활용하는 국영 금융으로서 농어촌과 도시의 소액 가계저축 예금을 주로 취급하고 있다.

금융투자업자는 직접금융시장에서 유가증권의 거래와 관련된 업무를 주된 업무로 하는 금융기관을 모두 포괄하며, 투자매매중개업자(증권회사 및 선물회사), 집합투자업자(자산운용회사), 투자자문일임업자, 그리고 신탁업자로 구성된다. 특히 증권회사는 주식·채권 등을 매개로 하여 투자자의 자금을 기업에 이전시키는 업무를 주로 담당하는 금융기관이다. 선물회사는 일반상품 및 금융상품을 대상으로 선물거래(매매계약은 현재시점에서 이루어지고 매매계약의 대상물의 인도와 대금결제는 미래의 약속된 일정시점에 이루어지는 거래) 영업을 하는 회사를 말한다. 자산운용회사는 유가증권 투자를 전문으로 하는 회사로서 뮤추얼 펀드(mutual fund)에 모인 자금을 운용하는 주식회사를 일컫는다.

보험회사는 다수의 보험계약자를 상대로 보험료를 받아 이를 대출과 유가증권, 부동산 등에 운용하여 보험계약자의 노후, 사망, 질병, 사고 시 보험금을 지급하는 업무를 영위하며, 생명보험회사, 손해보험회사, 우체국보험, 그리고 공제기관이 포함된다. 보험회사는 크게 두 가지 기능을 수행한다. 첫째는 다수 개개인의 보험료를 받아 개개인의 위험을 통합하여(pooling) 뜻하지 않은 사고에 미리 정해진 보험금을 보상함으로써 개개인의 위험을 감소시키고 분산하는 기능이다. 둘째는 취득한 보험료를 산업자본으로 전환시켜 국민경제 발전에 기여한다.

이 밖에도 기타 금융기관으로는 여신전문금융회사, 벤처캐피탈회사, 증권금융회사, 금융지주회사, 한국무역보험공사, 한국주택금융공사,

한국자산관리공사, 한국투자공사, 그리고 한국정책금융공사가 존재한다. 금융기관의 범주에 들지는 않지만 금융거래에 관련 서비스를 제공하는 금융보조기관으로는 금융감독원, 예금보험공사, 금융결제원, 신용보증기관, 한국예탁결제원, 한국거래소, 신용정보회사, 그리고 자금중개회사가 있다.

우리나라 전체 금융기관의 총자산에서 각 금융기관이 차지하는 비중은 매년 조금씩 차이는 있지만, 은행과 신탁계정을 합쳐 대체로 60% 이상을 차지하고 있다. 그 다음으로 보험회사·투자신탁회사·신용협동기구가 각각 10% 정도를 차지하고 있으며, 증권회사·우체국예금·상호신용금고등이 1~3% 정도의 비중을 나타내고 있는 실정이다. 나머지 금융기관의 총자산 비중은 1% 미만 수준이다.

연 습 문 제

1. 초인플레이션하에서는 화폐를 사용하는 데 따른 거래비용이 상당히 증가하기 때문에 화폐를 사용하지 않는 것이 바람직할 수 있다. 논평하라.

2. 화폐의 중립성과 고전적 이분성을 설명하라. 또한 두 개념의 차이점은 무엇인가?

3. 자급자족의 경제에 비해 물물교환 경제는 분업과 전문화를 통하여 생산의 효율성을 제고시킬 수 있는 장점이 있다. 그러나 물물교환 경제에서는 자급자족의 경제에서 발생하지 않는 거래비용이 발생하게 되는데, 그 구체적 예를 들어 설명하라. 또한 화폐를 매개로 한 교환 경제에서는 물물교환 경제에 비해 어떤 경제적 이익과 비용이 생겨날 수 있는지 설명하라.

4. 일반적으로 금융기관의 존재는 부유한 사람뿐만 아니라 가난한 사람들에게도 도움을 줄 수 있는 것으로 알려져 있다. 이러한 주장의 근거는 무엇인가?

5. 금융의 역할은 무엇인가? 금융은 크게 직접금융과 간접금융으로 나눌 수 있는데, 두 금융의 차이점을 설명하라. 또한 직접금융과 간접금융의 현실적인 예를 제시하라.

제20장 화폐수요이론

현실세계에서 경제주체들은 모든 재산을 화폐의 형태로 보유하지 않으며 채권·주식·부동산 등 다양한 자산의 형태로 보유한다. 화폐수요이론은 경제주체들이 자신의 재산 중 화폐의 형태로 얼마만큼 보유하려는지 분석한다. 본 장에서는 이자율 변동과 화폐수요와의 일반적 관계를 알아보고, 교환방정식과 현금잔고방정식으로 대별되는 고전적 화폐수량설과 케인즈의 유동성선호설과 같은 전통적인 화폐수요이론을 공부한다.

1. 화폐의 수요와 금융시장

우리가 화폐를 수요하는 이유는 식료품·의복·서비스 등과 같은 소비재를 구입하거나 토지·건물 등의 부동산 혹은 주식·채권 등의 유가증권을 구입하기 위해서이다. 즉 화폐를 소유한다는 것은 거의 모든 재화나 용역에 대한 청구권을 가지게 된다. 화폐의 수요를 크게 두 가지 이유로 나누어 살펴보면 다음과 같다.

첫째, 화폐의 수요는 생산물 시장에서 생산물 공급을 통해 실현될 수 있다. 즉 생산물 시장에서 재화나 용역을 수요하기 위한 수단으로 화폐를 보유한다. 이 경우 화폐수요의 크기는 지출 예상액의 정도에 의존한다. 따라서 지출 예상액이 크면 클수록 화폐를 많이 보유하려 할 것이다. 일반적으로 소득이나 재산이 많은 사람이 적은 사람보다, 대기업이 중소기업보다 예상 지출액이 크기 때문에 화폐수요가 크다.

둘째, 화폐의 수요는 금융시장에서 금융자산을 공급함으로써 실현될 수 있다. 여기서 금융시장(financial market)이란 "각종 금융이 거래되는 시장"이다. 금융시장에서 거래되는 각종 금융자산(financial assets)은 유동성과 수익성의 상대적 크기에 따라 종류가 구별된다. 여기서 유동성(liquidity)이란 "어떤 자산의 가치손실 없이 얼마나 손쉽게 현금화할 수 있는 정도"를 의미한다. 일반적으로 화폐는 유동성은 가장 높지만 수익성이 전혀 없는 반면, 장기채권은 수익성은 아주 높지만 유동성이 매우 낮다. 그러므로 거래 주체는 유동성과 수익성에 의한 효용수준에 따라 금융자산의 거래를 행한다.

모든 자산은 유동성(liquidity)과 수익성(profitability)을 가지고 있음.

○ 유동성: 어떤 자산의 가치손실 없이 얼마나 손쉽게 현금화할 수 있는 정도

○ 수익성: 어떤 자산을 보유할 때 얻을 수 있는 이익

생산물 시장에서 가격을 매개로 재화나 용역이 거래되듯이 금융시장에서는 이자율("원금에 대한 이자의 비율," 이자율=이자/원금)을 매개로 금융자산의 거래가 형성된다. 화폐보유는 아무런 수익성을 보장하지 못하지만, 금융자산을 소유할 경우에는 대부분 확정된 이자소득을 얻게 된다. 그러므로 금융자산에 의해 창출되는 이자는 화폐보유의 기회비용이 된다. 이 경우 이자율이 상승할수록 화폐보유의 기회비용이 증가하기 때문에 화폐수요는 감소한다. 즉 화폐의 수요는 이자율의 감소함수가 된다.

채권은 약정된 기간에 이자와 함께 지불하기로 약속한 유가증권이다. 예를 들어 연이자율이 10%일 때 현재의 가격이 100만원인 채권을 구입하면, 1년 후에 원래의 구입가격인 100만원과 이자 10만원(즉 100만원×0.1)의 합계인 110만원을 받게 된다. 이를 식으로 나타내면 다음과 같다.

$$\text{미래가치} = \text{현재가치} + \text{이자} = \text{현재가치} \times (1 + \text{이자율})$$

$$\text{현재가치} = \text{미래가치}/(1 + \text{이자율})$$

이와 같이 채권의 미래수익을 현재의 가치로 환산하는 것을 할인(discounting)한다고 표현한다. 이자율과 채권의 현재가치(present value) 간에는 반비례 관계가 성립하는데, 이상의 관계는 다음의 예를 통해 쉽게 확인할 수 있다.

만약 이자율(r)이 10%이고 만기가 1년인 액면가 1,000원의 현재가

치는 다음과 같이 약 909원이 된다.

$$현재가치(r=10\%)=\frac{1,000}{1+0.1}=\frac{1,000}{1.1}≒909$$

만약 다른 조건은 동일하고 이자율(r)이 20%로 상승한다면, 액면가 1,000원의 현재가치는 약 833원으로 줄어든다.

$$현재가치(r=20\%)=\frac{1,000}{1+0.2}=\frac{1,000}{1.2}≒833$$

그러므로 이자율과 채권의 현재가치는 반비례 관계가 성립한다. 여기서 이자율은 만기수익률(yield to maturity)이 되며 채권의 현재가치는 시장가격이 되므로, 만기수익률(이자율)과 채권의 시장가격은 역관계가 성립한다. 그러므로 만기수익률(이자율)이 높으면 채권의 시장가격이 낮아 현금보다는 채권을 선호하게 되고, 반대로 만기수익률(이자율)이 낮으면 채권의 시장가격이 상승하므로 채권의 선호가 감소하게 된다. 결국 이자율을 매개로 현금과 채권·주식 등의 금융자산의 선택을 결정한다.

우리나라의 금융시장

우리나라 금융시장은 전통적 금융시장·외환시장·파생금융상품시장으로 크게 대별된다. 전통적 금융시장은 통상 만기가 1년 미만인 단기금융시장과 1년 이상인 장기금융시장으로 분류된다. 단기금융시장에는 콜시장(call market)과 할인시장(discount market)이 있다.

콜시장은 최장만기가 30일 이내의 초단기 자금이 거래되는 시장으로 주로 금융기관 상호간의 일시적 자금과부족을 조절하기 위한 금융시장이다. 콜시장에서 자금의 공급자 측에서는 콜론(call loan)이라고 하고, 수요자 측에서는 콜머니(call money)라고 한다. 할인시장은 기업어음·양도성예금증서·환매조건부채권·통화안정증권 등이 거래되는 시장이다.

장기금융시장은 장기대부시장과 증권시장을 포함한다. 장기대부시장은 간접금융의 형태에 의해 자금이 거래되며 기업의 설비투자 등과 같이 장기자금이 대부되는 시장이다. 증권시장은 기업이 필요로 하는 자금을 증권발행을 통하여 조달하는 직접금융의 거래가 이루어지는 곳이다.

외환시장은 외환의 수요와 공급에 따라 외화자산이 거래되는 시장이다. 파생금융상품시장은 전통적 금융시장과 외환시장에서 생겨나는 위험을 관리하기 위해 활용되는 금융시장으로 선도계약(forward contract)·선물계약(future contract)·옵션(options)·스왑(swap) 등으로 구분한다.

이 외에도 화폐수요를 결정하는 요인으로 금융거래비용을 들 수 있다. 시간의 중요성이 강조되는 현대 사회에서 금융거래에 많은 시간이 소요된다면 화폐를 보유하려는 경향이 증가할 것이다. 이러한 시간적인 비용은 물론 금융자산을 사고 파는 데 요구되는 각종 중계료나 수수료 등도 금융거래비용이다. 결국 금융거래비용이 클수록 화폐수요는 증가한다.

2. 고전적 화폐수량설

고전적 화폐수량설(quantity theory of money)은 고전학파 경제학자들에 의해 제기된 화폐수요의 초기이론이다. 대표적으로 교환방정식과 현금잔고방정식이 있으며, 1950~60년대 프리드만(M. Friedman, 1912~2006)이 신화폐수량설로 계승 발전시켰다. 여기서는 교환방정식과 현금잔고방정식에 대해서만 살펴보기로 한다.

2. 1 교환방정식

피셔(I. Fisher)에 의해 제기된 교환방정식(equation of exchange)은 다음과 같다.

$$MV=PT$$

위 식에서 M은 화폐량, V는 화폐의 거래유통속도, P는 거래량 한 단위의 평균가격, T는 거래량을 의미한다. 구체적으로 화폐량은 저량(stock)의 개념으로 교환의 매개물로서의 화폐를 의미한다. 거래유통속도는 일정기간 동안의 모든 상품거래에서 화폐의 각 단위가 평균적으로 몇 번 사용되었는지를 나타낸다. 한편 거래량 한 단위의 평균가격은 물가수준을 의미하며, 거래량은 일정기간 동안의 총거래량을 말한다.

교환방정식에서 거래유통속도와 거래량은 일정하다고 가정한다. 거래유통속도는 장기적으로 개인의 습관·사회의 지불관습·금융기관의 발달 정도·인구 등에 의존하므로 천재지변이나 전쟁 등이 발생하지 않고서는 단기적으로 변화하지 않는 고정된 값으로 인식된다.

한편 고전학파의 전통에 의하면 가격이 완전히 신축적이므로 항상 완전고용 생산수준을 유지하게 된다. 이때 중간생산물을 제외한 최종생산물만을 고려한다면 생산량은 거래량과 동일한 의미로 사용될 수 있다. 또한 완전고용 생산수준의 생산량 혹은 거래량은 부존하는 생산요소량에 의존하게 되므로 단기적으로 고정된 값으로 가정할 수 있다.

그러므로 V와 T가 고정된 단기에는 통화량과 물가 사이에 비례적인 관계가 존재한다. 즉 통화량이 2배, 3배 등으로 증가하면 물가도 2배, 3배 등으로 상승하게 된다. 사실상 교환방정식은 통화량과 물가 간의 관계만을 제시할 뿐 화폐수요에 대한 어떠한 명시적인 결과를 나타낸 것은 아니다. 그러나 교환방정식을 다음과 같이 변형하면 화폐수요이론을 나타낼 수 있다.

$$M = \frac{1}{V}PT$$

위 식에서 화폐수요는 거래액(PT)의 일정비율($1/V$)로 결정된다는 사실을 제시한다. 그러므로 교환방정식은 교환의 매개물로서의 화폐의 기능만을 고려한 것이다.

고전적 화폐수량설과 총수요곡선

제14장에서 총수요곡선은 실질잔고효과·무역효과·이자율효과로 말미암아 우하향의 기울기를 갖는다고 공부하였다. 그러나 단순한 수학적 관점에서 고전적 화폐수량설을 이용하면 총수요곡선의 기울기가 우하향하는 이유를 간단히 알 수 있다.

최종생산물만 고려할 경우 교환방정식은 $MV=PY$가 될 것이다. 통화량 M과 화폐유통속도 V가 생산량의 명목가치 PY를 결정하므로, M이 주어지고 V가 일정할 경우 P와 Y는 반대방향으로 움직여야 등식이 성립한다. 이러한 관계에 대한 경제적 의미는 다음과 같다. 화폐유통속도가 일정하다고 가정하였으므로 경제 내의 통화량의 크기가 모든 거래의 화폐가치를 결정하게 되며, 물가수준이 상승하여 각 거래에 더 많은 화폐가 필요한 경우 생산량은 감소해야 함을 의미한다.

2. 2 현금잔고방정식

현금잔고방정식(cash balance equation)은 마샬(A. Marshall, 1842~1924)을 중심으로 한 캠브리지학파(Cambridge school)에 의해 발전된 이론으로, 이른바 캠브리지 방정식으로 불리기도 한다.

현금잔고방정식은 화폐를 단순히 교환의 매개물이 아닌 여러 자산 중의 하나로 파악하였을 뿐만 아니라 개별 경제주체들이 소득(Y) 중 얼마만큼을 화폐로 보유하려고 하는가와 같이 미시적 관점에서 출발하였다. 즉 화폐에 대한 수요(M^d)를 다음과 같이 나타낼 수 있다.

$$M^d = kPY$$

위의 식을 현금잔고방정식이라 하고, k를 마샬 k(Marshallian k)라고 부른다. 즉 k는 화폐의 소득유통속도(income velocity of money)로 명목소득 중 일부를 화폐로 보유하는 비율을 나타낸다. 이러한 k는 거래의 관습 등에 의존하기 때문에 단기적으로 일정하다고 볼 수 있다.

화폐시장의 균형상태에서는 화폐수요와 화폐공급이 일치하기 때문에 현금잔고방정식은 $M^d=M=kPY$가 된다. 그러므로 현금잔고방정식의 k는 교환방정식에서의 $(1/V)$과 동일한 맥락의 일정한 상수이다. 이렇게 보면 현금잔고방정식은 교환방정식에서의 T를 Y로 대체하고 거래유통속도의 개념을 소득유통속도로 다소 수정한 것에 불과하다.

현금잔고방정식은 교환방정식과 마찬가지로 통화량과 물가 간의 관계를 명시적으로 제시할 뿐만 아니라 화폐수요가 이자율의 변화에 거의 영향을 받지 않는다고 간주하였다. 즉 $M^d = M = kPY$에서 k가 일정하기 때문에 M이 변하면 P 혹은 Y가 변하든지 아니면 P와 Y가 동시에 변해야 한다. 그런데 고전학파의 전통에 따라 Y가 완전고용국민소득의 수준을 유지하기 때문에 통화량의 변화는 물가의 변화만을 초래하는 결과를 낳게 된다.

교환방정식과 현금잔고방정식은 통화량과 물가수준의 비례관계가 존재한다는 점에서 동일하지만, 화폐관이나 관점의 출발에서 다소 차이가 있다. 교환방정식은 화폐가 교환의 매개물로서의 역할만을 수행한다는 거시적 측면에서 파악한 반면, 현금잔고방정식은 화폐를 여러 자산 중 하나로 생각하고 얼마만큼의 화폐를 보유한다는 미시적 측면에서 출발하였다.

<교환방정식과 현금잔고방정식 비교>

		교환방정식	현금잔고방정식
공 통 점		통화량과 물가수준의 비례관계	
차이점	화폐관	교환의 매개물	여러 자산 중 하나
	관점의 출발	거시적 관점(한 경제의 통화량과 전체적 거래 규모)	미시적 관점(개인의 자산 구성)

3. 유동성선호설

이미 공부한 바와 같이 모든 자산은 유동성을 갖고 있지만 화폐의 유동성이 가장 크다고 볼 수 있다. 케인즈는 화폐의 수요를 유동성 선호(liquidity preference)로 표현하였는데, 이는 화폐를 수요하는 이유가 유동성이 크기 때문으로 파악하였던 것이다.

케인즈가 주장한 유동성 선호에 대한 개념은 다음의 예를 통해 쉽게 이해할 수 있다. 어떤 사람이 화폐와 채권의 두 가지 형태로만 자산을 보유한다고 가정하자. 화폐는 채권에 비해 유동성은 높지만 이자수익이 없고, 채권은 유동성은 낮지만 이자수익이 보장된다. 그러므로 전혀 수익이 없는 화폐를 수요하려는 이유는 유동성을 확보하기 위함이다. 이상의 이유로 케인즈의 화폐수요이론을 유동성선호설이라 한다. 케인즈에 의하면, 유동성 선호는 거래적 동기·예비적 동기·투기적 동기에 의해 결정된다. 이러한 화폐수요의 세 가지 동기를 구체적으로 살펴보자.

첫째, 거래적 동기(transaction motive)에 의한 화폐수요는 개인이나 기업이 일상의 거래를 위하여 화폐를 보유하려 함을 의미한다. 이는 화폐가 교환의 매개물이 된다는 사실을 강조한다. 케인즈는 거래적 동기의 화폐수요가 소득수준의 증가함수가 된다고 생각하였다. 즉 소득이 높을수록 화폐를 보유하려는 양이 많아진다는 것이다. 그러나 케인즈는 거래적 동기에 의한 화폐수요는 이자율 변동에 의해서는 크게 영향을 받지 않는다고 보았다.

둘째, 예비적 동기(precautionary motive)에 의한 화폐수요는 돌발적으로 생겨나는 지출의 필요성으로 말미암아 화폐를 보유하려 한다는 것이다. 이른바 비상금과 같이 예상하지 못한 지출에 대비하여 어느 정도 여유자금을 보유하려는 것은 일반적 현상이다. 케인즈는 예비적 동기의 화폐수요가 소득수준과 정비례하고 이자율과 반비례한다고 보았다. 즉 소득이 많을수록 여유자금의 수요는 증가하지만 이자율이 높을수록 여유자금을 적게 보유하려고 한다.

셋째, 투기적 동기(speculative motive)의 화폐수요는 장래에 있어서 한층 더 유리한 투자기회를 얻기 위해서 화폐를 보유한다는 것이다. 즉 금융자산의 수익률이 변화하는 상황에서 가장 유리한 시점에 금융자산에 투자하기 위해 유동성이 큰 화폐를 보유한다. 이는 화폐가 가치의 저장수단이 된다는 사실을 강조한다. 케인즈에 의하면 투기적 동기의 화폐수요는 이자율의 변동에 크게 영향을 받는다고 보았다. 예를 들어 이자율

그림 20-1 화폐수요곡선

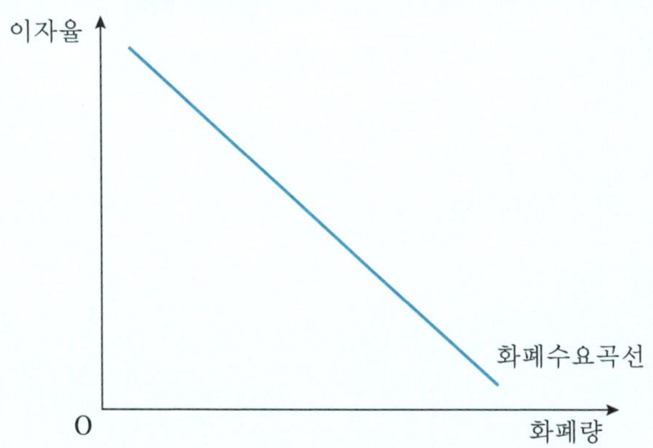

이 높으면 채권을 매입하여 투기적 화폐수요가 감소하고, 반대로 이자율이 낮으면 채권을 매각하여 투기적 화폐수요가 증가한다(왜냐하면 이미 살펴본 바와 같이 이자율과 채권의 현재가치는 반비례 관계가 성립하기 때문이다). 바꾸어 말하면 이자율이 높을수록 화폐보유의 기회비용이 증가하기 때문에 투기적 동기의 화폐수요는 감소하게 된다.

이상의 거래적·예비적·투기적 동기의 화폐수요를 종합하면, 화폐에 대한 수요는 소득수준과 이자율에 의존한다고 볼 수 있다. 그러나 유동성 선호를 설명함에 있어 케인즈는 투기적 동기의 화폐수요를 강조하였다. 또한 투기적 동기의 화폐수요는 이자율의 변동에 민감하기 때문에 케인즈는 화폐수요의 이자율 탄력성이 매우 크다고 주장하였다. 만약 소득수준이 일정하다는 가정하에 화폐수요곡선을 나타내면, [그림 20-1]에서와 같이 우하향하는 기울기를 가진 형태를 취한다. 즉 동일한 소득수준하에서 이자율이 높을수록 화폐에 대한 수요가 줄어들고, 반대로 이자율이 낮을수록 화폐에 대한 수요가 늘어난다.

오늘날 대부분의 경제학자들은 화폐수요를 결정함에 있어 소득수준과 이자율 모두 중요한 요인이 된다는 점을 인정한다. 그러나 경제학파에 따라 어떤 요인이 더 중요한 역할을 하는지에 대해서는 여전히 견해 차이를 나타내고 있다. 예를 들어 통화주의자들은 실질국민소득이 화폐수요를 결정하는 데 가장 중요한 요소이며 이자율은 큰 영향을 미치지 못한다고 주장하는 반면, 케인즈 학파는 여전히 화폐수요를 결정하는 데 가장 중요한 요소로 이자율의 역할을 강조하고 있다.

연 | 습 | 문 | 제

1. 만약 2015년 모기업의 투자 계획에 대한 순수익이 다음과 같이 예상된다면, 이자율 5% 수준에서 이러한 투자 계획을 실행하는 것이 바람직한가? 이자율이 10% 수준일 경우에 대해서도 분석하라.

연 도	순이익(단위: 만원)
2015	-5,000
2016	2,000
2017	2,000
2018	1,000
2019	1,000

2. 화폐수요곡선과 화폐공급곡선은 어떤 모양을 나타내며, 화폐시장의 균형은 어떤 경우에(혹은 조건에서) 달성되는가? 만약 화폐시장이 균형에서 벗어났을 때 어떤 조정과정을 거쳐 균형으로 회복되는지 상세히 설명하라.

3. 만기이자율이 증가할 경우 채권의 현재가치는 어떻게 변동하는가? 즉 이자율과 채권의 현재가치 간의 관계를 숫자의 예를 사용해 제시하라.

4. 고전적 화폐수량설과 관련된 다음의 물음을 답하라.

(1) 피셔(I. Fisher)의 교환방정식 $MV=PT$에서 V는 무엇을 의미하는가? 만약 국민소득이 500억원이고 통화량이 200억원이라면 V는 얼마이며, 이 수치는 어떤 경제적 의미를 가지는가?

(2) 교환방정식에서 V는 단기적으로 고정된 값으로 가정하였다. 그렇다면 장기적으로 V의 변화를 유도하는 요인은 어떤 것들이 있는가?

(3) 교환방정식을 $M^d=kPY$와 같은 형태의 현금잔고방정식으로 변형할 수 있다. 이때 k의 의미는? 또한 1년을 단위기간으로 하고 $V=2.5$일 때 k는 얼마인가?

(4) 만약 V 또는 k를 일정하다고 가정한다면, 화폐발행과 인플레이션은 어떠한 관계를 나타내는가?

5. 정보통신기술의 발달로 인한 폰뱅킹, 인터넷뱅킹, 현금자동인출기의 보급이 화폐수요와 이자율에 어떠한 영향을 미치는지 설명하라.

제21장 통화공급과 화폐시장의 균형

일반적으로 많은 사람들은 통화공급이 중앙은행에 의해 이루어진다고 믿고 있다. 그러나 통화공급은 중앙은행은 물론 일반 예금은행 및 민간과 같은 많은 경제주체의 역할에 의해 결정된다. 본 장에서는 통화공급의 개념 및 통화의 범위를 결정하는 통화지표를 논의하고, 본원통화·신용창조·통화승수 등의 개념을 이용하여 통화공급의 주체와 방식에 대해 살펴본다. 또한 화폐수요와 화폐공급을 연결시켜 화폐시장의 균형에 대해서도 공부한다.

1. 통화공급 및 통화지표

통화공급은 중앙은행과 일반 예금은행 및 민간에 의해 영향을 받게 된다. 또한 여러 가지 금융자산 중 어디까지 통화로 간주하느냐 하는 통화의 범위의 설정은 중요한 문제이다. 여기서는 통화공급 및 통화지표에 관해 살펴본다.

1. 1 통화공급이란?

현실적으로 현금뿐만 아니라 수표·어음·각종 금융자산 등이 거래의 수단으로 사용된다. 이와 같이 "경제에서 유통되는 모든 화폐"를 통화라고 부른다. 일반적으로 중앙은행은 통화량 결정에 중요한 역할을 수행한다. 즉 중앙은행은 본원통화(base money)를 발행하거나 여러 정책을 사용하여 통화공급의 크기에 영향을 미치게 된다. 그러나 중앙은행이 마음대로 통화공급을 조절할 수 있는 것은 아니다. 현실적으로 일반은행의 자기앞수표나 각종 예금도 시중에서 거래의 수단으로 사용되기 때문에 통화공급은 중앙은행에 의해 항상 외생적으로 결정된다고 단정할 수 없다. 중앙은행 이외에도 은행의 돈을 빌려 투자하거나 돈을 맡기는 가계나 기업, 이러한 대차거래를 통해 이익을 남기려는 은행의 역할이 통화공급의 크기를 결정하게 된다.

현대의 은행과 같은 금융기관은 그 기능이 다양해지고 있으며, 이를 통해 직·간접적으로 통화공급에 영향을 미친다고 볼 수 있다. 결국 중앙은행뿐 아니라 여러 금융기관의 노력으로 통화가치를 안정시킬 때 실물경제의 지속적인 발전이 가능해진다. 그러나 경제규모의 확대와 금융상품의 발전으로 통화의 안정적인 관리는 상당히 어려워지고 있다. 예를 들어 통화의 범위(즉 통화지표, measuring money)를 어떻게 한정할 것이며, 설령 통화지표가 존재한다고 할지라도 완벽히 통제하는 일은 불가능하다. 일반적으로 통화지표는 실물경제와의 연관성을 가지고 설정하게 되며, 적절한 통화지표를 설정하는 일은 정책적으로 매우 중요한 문제이다.

1. 2 우리나라의 통화지표

통화지표는 여러 가지 금융자산 중 어디까지를 통화로 간주하느냐에 따라 다양하게 정의되기 때문에 현실적으로 여러 개의 통화지표를 편제하여 병행하고 있다. 따라서 국가 간 통화지표의 명칭이 같다고 할지라도 실제 내용에 있어서는 상당한 차이가 생겨날 수 있다. 왜냐하면 국가마다 금융환경에 차이가 있을 뿐만 아니라 금융자산의 종류도 상이하기 때문이다. 여기서는 1999년 국제통화기금(IMF)이 제시한 통화금융통계 기준에 따라 2002년 3월 개편된 새 통화지표를 기존 통화지표와 비교하면서 간단히 살펴보면 다음과 같다.

먼저 2002년 3월 이전의 기존 통화지표는 크게 통화(M1)·총통화(M2)·총유동성(M3)으로 구분된다. 새로운 통화지표의 편제에 따르면 금융기관의 제도적 형태보다는 금융상품의 유동성을 기준으로 신M1(협의의 통화)·신M2(광의의 통화)로 구분된다. 기존 통화지표와 새 통화지표의 비교는 [표 21－1]에 정리되어 있다.

| 표 21-1 | 기존 통화지표와 새 통화지표의 비교

기존 통화지표	새 통화지표
통화(M1) = 현금통화 + 예금은행의 요구불예금	협의의 통화(신M1) = 현금통화 + 요구불예금 + 수시입출식 저축성예금 = M1 + 비통화금융기관 요구불예금 + 금융기관 수시입출식 저축성예금(은행의 저축예금 및 MMDA, 투신사 MMF 등)
총통화(M2) = M1 + 예금은행의 저축성 예금 + 거주자 외화예금	광의의 통화(신M2) = 신M1 + 기간물 정기예·적금 및 부금(단 만기 2년 이상 제외) + 시장형 상품 + 실적배당형 상품(단 장기금전신탁 제외) + 금융채 + 기타(투신증권저축, 종금사 발행어음)
총유동성(M3) = M2 + 비통화금융기관 예수금 + CD + RP + 표지어음 및 상업어음 일반매출 + 금융채	= M2 + CD + 금전신탁(장기금전신탁 제외) + 비통화금융기관의 단기 저축성예·적금 및 부금 + RP + 표지어음 + 금융채 − 예금은행의 장기 저축성예금 = M3 − 예금은행 및 비통화금융기관 장기 저축성예금 − 생명보험회사 보험계약준비금

주 MMDA(money market deposit account)는 수시입출금식 예금, MMF(money market mutual fund)는 단기금융상품펀드를 의미함.

출처 한국은행(http://www.bok.or.kr)

기존의 통화(M1)는 현금통화와 예금은행의 요구불예금으로 구성되는데, 이는 거래적 동기에 의하여 보유되고 언제나 현금화할 수 있다는 측면에서 유동성이 매우 크다는 특징이 있다. 한편 신M1의 경우 통화의 지급경제기능을 중시하여 현금통화, 예금취급기관의 요구불예금, 수시입출식 저축성예금으로 구성된다.

총통화(M2)는 화폐의 지급수단 및 구매력의 일시적 저장수단 기능을 중시하여 정의한 것으로, M1에 준통화(quasi money)를 포함시킨 것이다. 여기서 준통화는 통화에 준하는 금융자산으로 약간의 손실만 감수하면 언제나 현금화할 수 있는 예금은행의 저축성예금과 거주자 외화예금을 포함한다.

총통화(M2)보다 폭넓게 정의한 것이 총유동성(M3)이라는 지표이다. 이는 비은행 금융기관이 보유하는 유동성이 큰 금융자산의 중요성을 감안하여 설정한 지표이다. 즉 총유동성(M3)은 총통화(M2)에 비은행 금융기관의 예수금·양도성예금증서(negotiable certificates of deposit, CD)·환매조건부채권(repurchase agreement, RP)·표지어음(cover bill)·상업어음 일반매출 등을 포함시킨 지표이다.

여기서 비은행 금융기관의 예수금이란 비은행 금융기관([표 19-1] 참조)이 보유하고 있는 어음·기금·출자금 등을 의미한다. 양도성예금증서는 정기예금을 무기명으로 발행하여 양도성을 부가한 예금증서를 말한다. 환매조건부채권은 금융기관이 보유한 채권을 판매한 후 일정기간 경과 후에 일정한 수익을 가산하여 다시 매도할 수 있는 조건이 부가된 채권이다. 표지어음은 금융기관이 할인하여 보유하는 무역어음·상업어음 등을 근거로 어음금액을 다시 나누어 재발행하고 개인이나 기관투자가에게 다시 판매하는 어음상품을 일컫는다.

광의의 통화에 해당하는 신M2는 통화의 거래적 기능뿐만 아니라 가치저장 수단으로서의 기능까지 포괄하는 보다 넓은 의미의 통화지표이다. 신M2는 신M1에 비해 유동성은 다소 떨어지지만, 신M1 금융상품과 대체성이 높은 예금취급기관의 금융상품이 추가된다. 이러한 금융상품에는 양도성예금증서·환매조건부채권·표지어음 등의 시장형 금융상품, 만기 2년 미만 정기 예·적금 및 부금, 장기금전신탁 등의 실적배당형 상품, 유통시장에서 쉽게 팔 수 있어 환금성을 확보할 수 있는 금융채, 그 밖에 투신 증권저축과 종금사의 발행어음 등이 있다.

2. 통화의 공급

앞서 통화공급은 중앙은행뿐 아니라 일반은행 및 민간에 의해 결정될 수 있음을 알아보았다. 이제 각각의 주체들이 어떻게 통화공급에 영향을 미치는지 구체적으로 살펴보기로 하자. 이러한 통화공급의 과정을 설명함에 있어 논의의 단순화를 위해 통화지표로서 통화(M1)를 가정하고 있음을 밝혀 둔다.

2. 1 중앙은행의 본원통화 공급

중앙은행만이 독점적으로 현금을 발행할 수 있는 발권력을 가지고 있다. 이러한 현금이 통화가 되기 위해서는 시중에서 유통되어야만 한다. "중앙은행의 창구를 통해 시중에 유통되는 현금"을 본원통화라고 한다.

본원통화는 민간이나 일반 예금은행의 수중에 들어가게 된다. 민간에 들어간 본원통화는 민간보유현금 혹은 현금통화가 되고, 예금은행에 들어간 본원통화는 지불준비금이 된다. 예금은행의 지불준비금은 법정지불준비금 형태로 의무적으로 중앙은행에 예치하는 중앙은행 지준예치금과 자신의 금고에 보관하는 시재금으로 나누어진다. 현금통화와 예금은행 시재금을 합하여 화폐발행액이라 한다. 이상의 관계를 식으로 나타내면 다음과 같다.

$$\begin{aligned}\text{본원통화} &= \text{현금통화} + \text{예금은행의 지불준비금} \\ &= \text{현금통화} + \text{중앙은행 지준예치금} + \text{예금은행 시재금} \\ &= \text{화폐발행액} + \text{중앙은행 지준예치금}\end{aligned}$$

이제 중앙은행이 본원통화의 조절을 통한 통화공급을 수행하기 위해 어떠한 경로를 사용하는지 알아보자. 우선 중앙은행은 정부의 은행 역할을 수행한다. 만약 조세수입에 비해 정부지출이 많을 경우 중앙은행이 정부에 대출을 증가시킬 것이다. 이 경우 중앙은행은 정부부문을 통해 본원통화의 공급을 증가시키게 된다. 또한 중앙은행은 일반 예금은행의 은행역할을 수행하기 때문에 중앙은행이 일반 예금은행에 대출을 증가시킬수록 본원통화는 증가하게 된다.

한편 중앙은행은 법정지불준비금의 비율인 법정지불준비율의 조절을 통하여 시중에 유통되는 통화의 공급량을 조절할 수 있다. 예를 들어 법정지불준비율을 낮출수록 시중에 유통되는 본원통화는 증가하게 된다. 또한 일반 예금은행이 자금이 부족할 때 민간에게 할인해 준 어음을 중앙은행을 통해 재할인 받음으로써 본원통화가 공급된다. 이러한 중앙은행의 재할인율이 낮을수록 재할인하는 어음의 가치가 증가하기 때문에 시중에 유통되는 통화의 공급량은 증가하게 된다.

○ 법정지불준비율 증가↑(감소↓) ⇒ 통화공급 감소↓(증가↑)

○ 재할인율 증가↑(감소↓) ⇒ 통화공급 감소↓(증가↑)

2. 2 예금은행 신용창조

예금은행의 신용창조(credit creation) 과정은 몇 가지 단순화된 가정을 사용하면 쉽게 이해할 수 있다. 일반적으로 예금은행은 법정지불준비금을 조금 초과한 예금액의 일부를 가지고 있는 것이 보통이다. 이를 초과지불준비금이라 하며, 그 비율을 초과지불준비율이라 부른다. 이러한 초과지불준비금은 예금자의 예기치 못한 예금인출에 대비하기 위한 것으로, 예금은행의 위치나 계절 등에 따라 상이하게 보유한다. 예를 들어 현금인출이 상대적으로 빈번한 상가 지역이나 설날이나 추석과 같이 현금소비가 많은 시점에 보다 많은 초과지불준비금을 보유한다.

논의를 단순화하기 위해 예금은행은 예금액의 10%를 법정지불준비금으로 보유하고 초과지불준비금은 존재하지 않는다고 가정하자. 예금은행은 예금액의 10%를 제외한 나머지는 모두 대출하고(시재금은 존재하지 않는다는 가정), 또 대출을 받은 사람은 대출금 모두를 타 예금은행에 요구불예금으로 예금한다고 상정하자.

만약 중앙은행이 갑에게 본원통화 100만원을 공급하고, 갑은 이 100만원을 A 은행에 예금하였다고 하자. 이때 A 은행은 법정지불준비율 10%에 해당되는 10만원을 지불준비금으로 보유하고, 나머지 90만원을 을에게 대출한다고 가정한다. 90만원의 대출을 받은 을은 90만원 모두 B 은행에 요구불예금으로 다시 예금한다고 하자. B 은행 역시 을의 예금 90만원 중 10%인 9만원을 지불준비금으로 보유하고 81만원을 병에게 대출한다고 가정한다. 병은 다시 81만원을 C 은행에 요구불예금으로 저축하는 형태의 예금→대출→예금→대출 …… 의 과정이 되풀이 되면, 총예금창출액은 다음과 같이 계산할 수 있다.

$$\begin{aligned}\text{총예금창출액} &= 100+90+81+72.9+\cdots\cdots\cdots\cdots\cdots\cdots = 1{,}000(\text{만원})\\ &= 100+(100\times0.9)+(100\times0.9^2)+\cdots = 1{,}000(\text{만원})\\ &= 100(1+0.9+0.9^2+\cdots\cdots\cdots) = 1{,}000(\text{만원})\\ &= 100\times\frac{1}{1-0.9} = 100\times10 = 1{,}000(\text{만원})\end{aligned}$$

마지막 등식을 살펴보면, 총예금창출액은 본원통화 100만원에 법정지불준비율의 역수(1/0.1)를 곱한 값과 같다. 이러한 법정지불준비율의 역수를 신용승수(credit multiplier)라고 한다. 따라서 본원통화량이 일정할지라도 법정지불준비율이 떨어지면 신용승수가 올라가게 되어 총예금창출이 증가하게 된다. 그러므로 통화당국이 통화량을 조절하고자 할 때 종종 법정지불준비율을 변동시킨다.

한 가지 재미난 사실은 신용창조 과정에서 모든 은행에서의 지불준비금 총액은 100만원으로 본원통화량과 동등하다는 점이다. 지불준비금 총액은 법정지불준비율과는 관계 없이 언제나 본원통화량과 동등하다.

지금까지 우리는 민간이 보유하는 화폐나 예금은행이 보유하는 시재금은 존재하지 않는다고 가정하였다. 그러나 현실적으로 민간이 일정부분의 화폐를 보유하고 있으며 예금은행은 초과지불준비금을 갖게 되는데, 이상의 현상들 역시 통화량에 영향을 미치게 된다.

2. 3 본원통화와 통화승수

지금까지의 논의에서는 민간이 보유하는 현금과 초과지불준비금은 없다고 가정하였다. 이제 가정을 완화하여 민간이 통화의 일정부분을 현금으로 보유하고 예금은행은 일정 한도의 초과지불준비금을 준비한다고 할 때 본원통화와 화폐공급량, 즉 통화량 간의 관계는 어떻게 될까?

통화량(M)은 현금통화 또는 민간보유화폐액(C)과 요구불예금(D)의 합계이다.

$$M=C+D \qquad \text{또는} \qquad D=M-C$$

그런데 사람들은 통화량 중 일정비율을 현금통화로 보유하려는 성향을 갖는다. 이를 현금통화비율(z)이라 하면,

$$z=\frac{C}{M} \quad \text{또는} \quad C=zM$$

이 성립한다. 위의 두 식을 결합하여 정리하면 다음과 같다.

$$D=M-C=M-zM=(1-z)M$$

한편 법정지불준비금과 초과지불준비금의 합계를 지불준비금(R)이라 하면, 본원통화(B)는 현금통화(C)와 지불준비금(R)을 합한 값이다. 지불준비금은 요구불예금(D)의 일정비율(r)로 결정된다. 이상의 관계는 수식으로 간단히 나타낼 수 있다.

$$B=C+R=C+rD$$

이제 본원통화의 수식에 현금통화($C=zM$) 및 요구불예금($D=(1-z)M$)의 관계식을 대입해 보자.

$$B=C+rD=zM+r(1-z)M=[z+r(1-z)]M$$

그러므로 통화량은 다음과 같이 나타난다.

$$M=\frac{1}{[z+r(1-z)]}B$$

위 식을 통화공급함수라고 한다. 왜냐하면 중앙은행이 본원통화(B)를 결정하면 통화량은 민간 및 예금은행의 관행에 의해 결정되기 때문이다. 통화량을 결정하는 데 있어 본원통화의 일정비율, $\frac{1}{[z+r(1-z)]}$을 통화승수(money multiplier)라고 한다. 우리는 통화승수의 크기가 민간의 현금통화비율이나 예금은행의 지불준비율의 크기에 의존한다는 사실을 쉽게 확인할 수 있다. 예를 들어 현금통화비율이나 예금은행의 지불준비율이 증가할수록 통화승수의 값은 감소하게 된다.

여기서 현금통화비율(z)과 지불준비율(r)이 1보다 작은 양수이므로 통화승수는 항상 1보다 큰 값이 된다. 예를 들어 $z=0.5$, $r=0.1$이라 하면 통화승수는 다음과 같이 약 1.82가 된다.

$$\text{통화승수}=\frac{1}{0.5+0.1(1-0.5)}=\frac{1}{0.5+0.05}=\frac{1}{0.55}\fallingdotseq 1.82$$

따라서 중앙은행이 본원통화를 100억원 증가시키면 통화량은 약 182억원으로 증가하게 된다. 즉 본원통화는 민간과 예금은행의 활동을 통해 그 몇 배에 해당하는 예금통화를 창출하여 통화량을 통화승수만큼 증가시키게 된다. 이러한 이유로 말미암아 본원통화를 고성능 화폐(high-powered money)라고 부르기도 한다.

통화승수: 중앙은행의 본원통화가 예금은행의 신용창조 과정을 거쳐 종국적으로 증가한 통화량과 본원통화와의 비율 ⇒ 현금통화비율 증가↑(감소↓) 혹은 지불준비율 증가↑(감소↓) → 통화승수 감소↓(증가↑)

2. 4 통화공급함수

이상에서 살펴본 통화공급함수에 의하면 통화공급량, 즉 통화량의 크기는 본원통화·법정지불준비율·현금통화비율·예금은행의 지불준비율에 의해 영향을 받는다. 여기서 본원통화와 법정지불준비율은 중앙은행이 정책적으로 결정한다. 또한 현금통화비율이나 예금은행의 초과지불준비금은 사회적 관습이나 상거래상의 관행에 의해 단기적으로 일정하다고 가정할 수 있다. 그러므로 통화량은 본원통화나 법정지불준비율과 같은 정책적 변수에 의해 외생적으로 결정된다. 즉 화폐의 공급은 이자율수준과 무관한 정책적 의지에 의해 결정되는데, 이를 그래프로 나타내면 [그림 21－1]과 같다.

그러나 일부의 경제학자들은 화폐의 공급이 이자율의 증가함수라고 주장한다. 그들은 이자율이 증가할수록 민간이 현금보유액을 줄이는 대

그림 21-1 화폐공급곡선

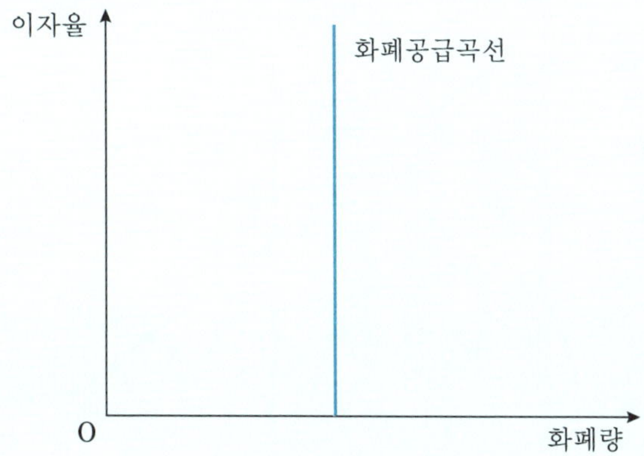

신 이자를 받기 위해 은행에 예금하려는 성향이 높아질 것으로 예상하였다. 또한 예금은행도 이자율이 높을수록 많은 대출을 통해 수익의 극대화를 꾀할 것이므로 초과지불준비금을 적게 유지하려 한다. 결국 이상의 논의의 핵심은 통화량이 본원통화나 법정지불준비율과 같은 정책변수에 더 영향을 받는지, 아니면 민간의 현금통화비율과 예금은행의 초과지불준비금에 의해 더 영향을 받는지에 의존한다.

3. 화폐시장의 균형

지금까지 화폐의 수요와 공급에 영향을 미치는 요인을 공부하였다. 즉 화폐의 수요는 소득과 이자율의 수준에 의존하고, 화폐의 공급은 대체로 중앙은행의 정책적 의지에 의해 결정된다. 그러므로 [그림 20-1]과 같이 소득이 일정하다고 가정할 경우 화폐수요곡선은 이자율에 대해 우하향하는 형태를 나타내며, 화폐공급곡선은 [그림 21-1]과 같이 이자율과 무관하므로 수직선으로 나타난다. 물론 화폐수요곡선의 기울기에

그림 21－2 화폐시장의 균형

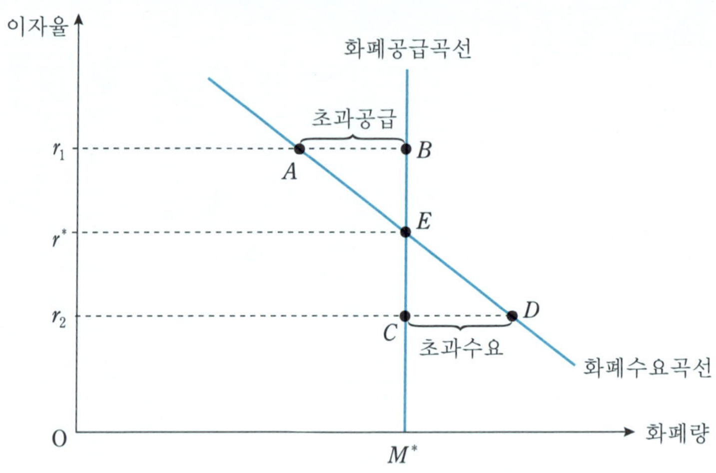

내해서는 경제학자들 사이에 이견이 존재하며, 화폐공급곡선에 대해서도 일부 경제학자들은 이자율과 화폐공급이 양(＋)의 관계에 있다고 주장하기도 한다.

화폐시장의 균형은 [그림 21－2]와 같이 화폐수요곡선과 화폐공급곡선이 만나는 E점에서 형성되며, 이때 균형이자율 r^*와 균형화폐량 M^*가 결정된다. 만약 현재의 시장 이자율이 균형이자율보다 높은 r_1 수준이라면 AB 만큼의 화폐에 대한 초과공급이 발생한다. 이 경우 화폐를 보유하면 높은 이자를 잃게 되므로(즉 화폐보유의 기회비용이 상승하므로), 화폐보유를 줄이고 이자를 창출하는 다른 자산의 보유를 증가시킨다. 예를 들어 화폐보다는 채권에 대한 수요가 증가하게 되어 채권가격이 상승하고, 이는 다시 이자율의 감소로 이어진다(그 이유는 제20장에서 살펴본 바와 같이 이자율과 채권의 시장가격은 반비례 관계에 있기 때문이다). 결국 화폐시장은 균형점 E로 되돌아가는 안정을 찾을 것이다.

만약 현재의 이자율이 균형이자율보다 낮은 r_2 수준이라면 CD 만큼의 화폐에 대한 초과수요가 발생해 초과공급의 경우와는 반대의 현상으로 이자율이 상승하여 화폐시장은 균형점 E로 다시 회복하게 된다. 또한 중앙은행이 본원통화나 법정지불준비율의 조정을 통해 화폐의 공급을 증가시킬 경우에는 화폐공급곡선 자체가 오른쪽으로 이동하게 되어 균형이자율이 하락한다.

이상에서와 같이 화폐시장에서 화폐의 수요와 공급에 의해 이자율이 결정된다는 사고는 케인즈의 유동성선호설에 근거한다. 고전학파 경제학자들은 금융시장에서 금융자산의 수요와 공급에 의해 이자율이 결정된다는 이른바 대부자금설(loanable fund theory)을 주장한다. 이러한 이자율 결정과 관련된 이론의 전개와 논의는 본서의 일관성과 간결성을 위해 생략하기로 한다.

연 | 습 | 문 | 제

1. 현금통화비율이 0.3, 예금화폐의 법정지불준비율이 0.2, 초과지불준비금은 없다고 가정하자.

   (1) 통화승수를 구하라.

   (2) 본원통화가 10억원이라면 통화(공급)량은 얼마인가?

   (3) 통화량을 2억원 증가시키려면 본원통화는 얼마나 늘려야 하는가?

2. 다음은 어떤 은행의 대차대조표이다.

자 산		부 채	
지불준비금	250억원	예 금	2,000억원
대 출 금	1,000억원	기 타 부 채	500억원
기 타 자 산	1,250억원		

   (1) 만약 법정지불준비율이 5%라면 초과지불준비금은?

   (2) 초과지불준비금이 없다면 통화공급량은 얼마만큼 증가하는가?

3. 2015년 우리나라 총통화(M2)량은 얼마인가? 이는 2014년 대비 증가 혹은 감소하였는가? 또한 우리나라의 GDP 대비 M2의 비율(M2/GDP)을 찾아보고, 이를 주요 국가의 M2/GDP와 비교해 보자.

4. 정부가 투자를 장려하기 위해 화폐시장의 균형이자율보다 낮은 이자율수준을 인위적으로 설정하면 화폐시장에는 어떤 현상이 생겨날까? 또한 이 경우 어떠한 자원배분의 왜곡이 생겨날 수 있는지 생각해 보자.

5. 법정지불준비율 혹은 초과지불준비율을 인상시킬 경우 통화공급에는 어떠한 영향을 미치는가? 또한 재할인율을 높일 경우에는 통화공급이 감소하는가?

제 9 편

경제안정화정책

제 9 편

경제안정화정책

PART IX

제22장 재정정책

경제안정화정책은 정부가 재정정책과 금융정책을 사용하여 거시경제 안정기능을 달성하는 것을 의미한다. 경제는 실업과 경기침체가 나타나기도 하고 인플레이션과 경기과열 현상을 경험하기도 한다. 이러한 극심한 경기침체나 경기과열을 억제하기 위해 정부는 적절한 거시경제 정책을 사용하여 경기조절기능을 수행한다. 정부는 조세나 정부지출을 변화시킴으로써 총수요에 영향을 미치고, 이를 통해 안정적 성장·완전고용·물가안정의 정책목표를 달성하려고 한다. 본 장에서는 재정정책이 총수요에 어떠한 영향을 미치는지 살펴보고, 경제안정화정책으로서 재정정책의 유효성에 대해 알아본다.

1. 재정정책의 의의

경제학자들은 재정의 적절한 역할과 재정정책의 의의에 대해 많은 관심을 보여 왔다. 경제적 상황의 변화와 이를 설명하려는 새로운 거시경제 이론이 나타나면서 재정의 본질과 재정정책의 적절한 기능에 대한 끊임 없는 논쟁이 이어져 왔다.

자유방임주의를 주장하였던 고전학파 경제학자들은 국가재정의 규모가 최소한에 머무르는 것이 바람직하며, 이들은 재정이 국방·치안·외교·법률 등의 공적 욕구를 충족시키는 것으로 충분하다고 주장하였다. 아담 스미스의 '보이지 않는 손'의 원리에 입각한 그들은 재정의 기능을 야경국가적 활동으로 국한하였다. 그들의 주장에 의하면 정부는 시장에 대한 간섭을 줄여야 하고, 재정은 국방이나 치안유지와 같은 최소한의 공적 욕구를 충족하는 데 머물러야 한다. 이러한 인식을 받아들이면 재정정책은 전통적 공공재를 제공하는 데 그쳐야 하며 재정의 거시경제 안정기능은 그 유효성을 상실하게 된다.

재정: 정부의 예산운영을 통한 경제활동

○ 세입(정부의 모든 수입) = 조세수입 + 세외수입

○ 세출(정부가 행하는 모든 지출) = 경상지출 + 자본지출 + 순대출

그러나 거시적 시장실패를 중요시하였던 케인즈는 정부의 경제에 대한 적극적인 개입의 필요성을 강조하였다. 케인즈는 1926년에 발표한 「자유방임주의의 종언(the end of laissez-faire)」에서 고전학파의 야경국가론적 인식론에 대한 변화를 가져왔고 대량실업과 극심한 경제 불황을 극복하기 위해 정부가 경제에 적극적으로 개입하여야 한다고 주장하였다. 케인즈는 1930년대와 같은 대불황에서 시장경제가 자동적 조절기능을 통해 거시경제 안정을 달성하지 못하기 때문에 정부가 적극적인 총수요관리정책을 활용하여 대량실업과 극심한 경기불황을 해결하여야 한다고 생각하였다. 특히 그는 재정정책을 통해 정부지출의 확대와 유효수요 창출효과를 발생시켜 국민총생산과 고용을 증대시키는 것이 중요하다고 보았다.

케인즈의 경제적 사고를 이어받은 케인즈 학파는 단기적 재정정책의 경기조정 기능을 신봉하였다. 그들은 시장경제가 원래 불안정하기 때문에 총수요 및 총공급에 충격이 발생하면 거시경제는 균형에서 이탈하며 국민소득·실업·인플레이션 등이 과도한 경기변동을 가져온다고 생각하였다. 따라서 과도한 경기변동을 적절히 억제하기 위해 정부는 '바람 부는 반대 방향'(lean against the wind)으로 경기가 과열되면 긴축정책을, 경기가 침체되면 확대정책을 실시하여야 한다. 케인즈 학파는 정부가 거시적 시장실패를 해결하기 위해 경제안정화정책을 적절히 사용하는 것이 필요하다고 역설하였다.

케인즈경제학의 전성기라고 불리는 1960년대에 각국은 케인즈적 사고를 이어받아 재정정책과 금융정책을 적절히 사용하여 완전고용·물가안정·안정적 경제성장 등을 달성하고 거시적 시장실패를 치유하려고 하였다. 케인즈 학파가 내세우는 정책은 총수요를 잠재적 산출량수준과 일

ㅣ표 22-1ㅣ 재정정책의 운용 방안

거시적 경제문제	해결 방안	정책수단
실 업	총수요 증가	정부지출 증가·조세 삭감
인플레이션	총수요 감소	정부지출 감소·조세 인상

치시켜 완전고용과 물가안정의 정책목표를 달성하는 것이다. 이를 위한 재정전략은 총수요관리정책을 실시하는 것이고, 그 구체적 정책수단은 정부지출과 조세이다.

구체적으로 케인즈 학파는 실업이 발생하면 정부지출의 증가와 조세 삭감과 같은 확대재정정책을, 인플레이션이 발생하면 정부지출의 축소와 조세 인상과 같은 긴축재정정책을 실시하여 재정의 미세조정(fine-tuning) 기능을 수행하여야 한다고 주장하였다. 이와 같이 케인즈 학파가 주장한 거시적 경제상황의 변화에 대응한 재정정책의 효과적 운영방안을 정리하면 [표 22-1]과 같다.

그러나 1970년 스태그플레이션이 나타나면서 케인즈경제학은 위기를 맞게 된다. 케인즈경제학으로 설명되지 않는 실업과 인플레이션이 중첩된 경제상황에서 전통적 재정정책의 유효성은 크게 손실되고, 경제안정화 정책으로서 재정정책과 금융정책의 유효성에 대한 비판이 제기되었다. 즉 단기적 총수요관리정책으로서의 재정정책이 경제안정화 기능을 수행하는 것이 아니고 오히려 경기변동을 증폭시키고 거시경제의 불안정을 유발하는 주요 요인이 될 수 있다. 이상의 비판은 통화주의자와 합리적 기대가설에 의해 제기되었다. 이들은 시장가격 기구의 경제문제 해결 기능을 신뢰하며 거시경제 정책의 한계를 깨닫고 최소한의 정부개입을 주장하였다.

2. 재정정책 수단

정부의 재정정책은 매년 예산의 편성과 운영을 통해 구체화된다. 예산은 세출과 세입의 두 측면으로 운영되고 있고, 세출의 주요 수단은 정부지출이며 세입의 주요 수단은 조세이다. 여기서는 재정정책 수단인 정부지출과 조세의 성격 및 그 경제적 효과에 대해 살펴본다.

2. 1 정부지출

앞에서 설명한 것처럼 케인즈는 경제에서 총수요와 총공급이 일치하는 거시적 경제균형이 자동적으로 달성되지 않는다고 주장하였다. 특히 그는 대불황과 같은 경제상황에서 총수요가 부족하여 지속적 경기침체와 대량실업이 발생한다고 생각하였다. 이러한 상황을 극복하기 위해 정부는 총수요를 확대시켜야 하는데, 그 주요 정책수단이 바로 정부지출을 증가시키는 것이다. 케인즈는 재정정책수단 가운데 정부지출이 조세보다 총수요와 균형국민소득에 더 직접적인 효과를 미친다고 보았다.

이미 제14장에서 공부한 바와 같이 정부가 정부지출을 증가시키는 확대재정정책을 사용하면 총수요 곡선이 오른쪽으로 이동하여 균형국민소득은 증가한다. 정부지출이 증가하였을 때 균형국민소득이 얼마만큼 증가할지에 대한 해답은 승수효과를 통해 설명된다. 제15장에서와 같이 정부지출승수는 $\frac{1}{1-MPC}$이다. 그러므로 한계소비성향(MPC)의 값에 따라 승수효과가 달라지는데, 한계소비성향이 클수록 승수효과는 커지게 된다.

이와 같은 정부지출 증가와 균형국민소득의 변화를 설명하기 위해 구체적인 예를 들면 다음과 같다. 가령 정부가 경기침체를 극복하기 위해 1조원 만큼의 추경예산을 편성하여 고속도로 건설·정부 조달 물자의 구입·공무원 인건비 인상 등과 같은 정부지출을 증가시켰다고 하자. 만일 한계소비성향이 0.75로 주어졌다면 균형국민소득은 $\frac{1}{1-MPC} \times \Delta G$에서 $\frac{1}{1-0.75} \times 1$조원인 4조원으로 증가하게 된다. 즉 원래의 1조원의 정부지출 증가에 승수효과를 추가한 것이 더해져서 전체 균형국민소득은 4조원으로 증가한다.

이러한 케인즈 모형은 정부지출의 직접적이고도 강력한 유효수요 증대 효과를 인정하고 있다. 원래 케인즈는 대불황을 극복하기 위해 정부지출 증가를 통한 유효수요 창출의 필요성을 역설하였다. 그런데 그의 경제적 사고를 이어받은 케인즈 학파는 정부지출 증가가 단순히 그 절대액만큼의 효과뿐 아니라 경제 전체의 파급을 통해 정부지출 승수 배만큼의 강력한 균형국민소득 증가 효과가 있다고 주장하였다.

재정지출과 정부지출은 개념상 다소 차이가 있으며, 우리가 관심을 갖는 것은 정부지출이다. 정부지출은 어떤 한 해에 생산된 최종재에 대해 지출한 것만을 의미하지만, 재정지출은 그 대상에 상관없이 정부가 지출한 모든 것을 포함한다. 예를 들어 정부가 지급한 이전지출이 재정지출에는 포함되지만 정부지출에는 포함되지 않는다.

2. 2 조 세

재정정책 가운데 조세 수단도 총수요에 영향을 미쳐 균형국민소득과 균형물가수준을 변화시킨다. 앞에서 설명한 정부지출이 세출 측면이라고 한다면 조세는 세입 측면에서 중요한 수단이다.

총수요를 증가시킬 수 있는 방법은 정부지출을 증가시키거나 조세를 감소시키면 된다. 정부가 조세를 인하하면 가계의 가처분소득이 증가한다. 가계는 활용할 수 있는 추가적 소득이 증가함에 따라 그 일부를 소비재 구입에 지출하려 한다. 결국 조세 삭감으로 인한 가처분소득의 증가는 소비지출의 증가와 총수요의 증가를 통해 총수요 곡선을 오른쪽으로 이동시킨다.

조세의 인하가 총수요 증가에 미치는 효과는 정부가 어떠한 유형의 세금을 삭감하였는지에 따라 그 영향이 달라진다. 즉 정부가 어떠한 조세를 변화시켰는지에 따라 가계의 소비가 증가 혹은 감소할 수 있으며, 기업의 투자가 변화될 수도 있다. 정부가 개인소득세를 낮추면 가계의 가처분소득이 증가하고, 이는 소비의 증가로 이어져 총수요에 영향을 미친다.

한편 법인세의 인하는 기업의 투자에 영향을 미친다. 기업의 투자는 미래의 수익률·이자율·법인세율 등에 의해 결정된다. 즉 미래의 예상 수익률이 높으면 기업은 투자를 확대하고 생산을 늘리려고 한다. 또한 이자율이나 법인세율이 떨어지면 기업은 투자로부터 얻을 수 있는 순이윤이 증가할 것으로 판단하여 투자를 증가시키고, 이는 총수요의 증대로 이어진다.

역사적으로 조세를 인하함으로써 가계의 소비지출과 기업의 투자를 활성화시켜 경기를 회복하려는 시도는 종종 이루어졌다. 1960년대 케인즈경제학이 정책입안자의 주요 논리로 활용될 때 미국의 케네디 행정부에서의 조세 삭감은 유명한 사례로 인용되고 있다. 케네디 행정부는 미국 가계의 소비성향이 높은 것을 감안하여 1963년 개인소득세와 법인세를 대폭 인하하였고, 이는 가계의 소비와 기업의 투자 심리를 활성화시켜 경기회복의 결과를 가져왔다. 우리나라도 1997년 외환위기 이후 개인소득세의 최고 한계세율을 인하하고 법인세의 누진율을 낮추어 경기회복을 시도하였다.

세금이 변동되었을 때 총수요와 균형국민소득이 변화되는 폭은 조세승수 효과의 크기에 의해 영향을 받는다. 제15장에서 알아본 것처럼 조세승수는 $\frac{-MPC}{1-MPC}$이다.

정부가 조세를 인하할 때 균형국민소득이 얼마나 변화하는지 알아보기 위해 구체적 예를 들면 다음과 같다. 정부가 경기회복을 위해 세금을 1조원 인하하면 국민소득은 얼마나 증가할 것인가? 만일 한계소비성향이 0.75로 주어졌다면 균형국민소득은 $\frac{-0.75}{1-0.75}\times(-1\text{조원})$인 3조원만큼 증가하게 된다.

앞에서 설명한 정부지출승수와 비교하여 보면 조세승수의 값이 더 작다는 것을 알 수 있다. 즉 정부지출과 조세를 동일하게 1조원 변화시키고 한계소비성향이 0.75로 같은 값일 때, 정부지출은 균형국민소득을 4조원 변화시키는 반면, 조세는 3조원 변화시키는 효과를 나타낸다. 그 이유는 총수요의 구성 항목인 정부지출의 변화는 국민소득에 직접적 영향을 미치지만, 조세는 가계의 소비지출과 기업의 투자 변화를 통해 국민소득에 간접적 영향을 미치기 때문이다.

케인즈와 재정정책

1930년대 대불황과 대량실업은 케인즈의 거시경제 이론과 재정정책의 유효성을 확립시키는 역사적 사건이 되었다. 케인즈는 당시의 극심한 대량실업이 유효수요의 부족에 기인한다고 주장하였다. 그는 대불황과 같은 상황에서 경제주체들은 재화와 용역을 충분히 구매할 수 있는 경제적 능력을 갖추지 못하고 있기 때문에 만성적 재고와 실업이 불가피하다고 보았다. 케인즈는 유효수요의 부족 문제를 해결하기 위해서 정부가 시장에 적극적으로 개입하여 완전고용과 같은 거시경제 정책목표를 달성해야 한다고 주장하였다. 특히 그는 유동성 함정이 존재하는 경제적 상황에서 정부지출과 조세를 변화시키는 재정정책이 더욱 직접적이고 강력한 효과를 갖는다고 역설하였다.

1960년대에는 케인즈의 이론적 틀과 정책 제안을 신봉하는 케인즈 학파가 주류 경제학으로 등장하였다. 미국 케네디 대통령의 정책자문 교수를 지냈던 헬러(W. Heller), 노벨 경제학상을 수상한 솔로우(R. Solow), 영국의 힉스(J. Hicks) 등과 같은 경제학자들이 이에 속한다. 이들은 케인즈의 주장을 받아들여 재정정책의 유효성을 신뢰하였으며, 과도한 경기변동을 최소화하기 위한 단기적 총수요관리정책의 중요성을 강조하였다.

3. 재정정책의 유효성

케인즈 학파는 총수요관리정책으로서 재정정책의 유효성을 강조하였다. 그러나 통화주의자들은 재정정책의 한계성을 지적하며 금융정책의 유효성을 주장하였다. 여기서는 통화주의자들이 주장하는 구축효과와 정책의 시차 문제에 대해 알아본다.

3. 1 구축효과

케인즈 학파는 정부지출을 증가시키면 국민소득은 정부지출이 증가한 것 이상의 승수 배만큼이나 더 크게 늘어난다고 주장하였다. 특히 실업이 만연한 불황기에 정부는 정부지출의 증가를 통해 유효수요를 확대시켜 일자리를 창출하고 경기회복 기능을 담당해야 한다고 역설하였다. 이러한 측면에서 케인즈 학파를 재정주의자(fiscalist)라고 부른다. 그러나 케인즈 학파의 모형은 화폐시장을 감안하지 않고 상품시장의 균형의 변화만을 분석하였다는 한계를 지니고 있다. 제 8 편에서 설명한 화폐시장을 도입하여 재정정책의 효과를 검토하면, 그 결과는 달라진다.

정부지출 증가는 상품시장에서 총수요를 증가시키지만, 이는 한편으로 화폐시장에서 화폐수요도 증가시킨다. 즉 소득이 증가하면 화폐수요가 증가하게 되며, 이는 이자율을 상승시킨다. 이와 같이 이자율이 상승하면 기업의 투자가 줄어들고, 이는 결국 총수요를 감소시킨다. 다시 말해 정부지출의 증가는 화폐시장에서 이자율을 상승시켜 기업의 투자지출을 감소시킨다. 이는 결국 총수요의 감소로 이어져 정부지출 증가의 일부를 상쇄시킨다.

확대재정정책에 의한 정부지출 증가의 효과가 이자율 상승에 따른 기업의 투자 감소로 상쇄되는 현상을 구축효과(crowding-out effect)라고 한다. 이를 그림으로 나타내면 [그림 22-1]과 같다. [그림 22-1](A)는 정부지출의 증가가 화폐시장에 미치는 효과를 나타내고 있다. 정부지출

그림 22-1 구축효과

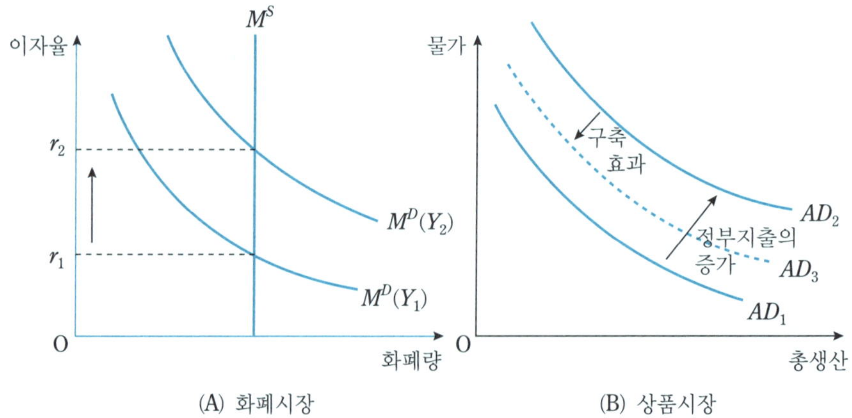

이 확대되면 소득수준이 증가하고 화폐수요가 늘어난다. 따라서 화폐수요 곡선이 $M^D(Y_1)$에서 $M^D(Y_2)$로 이동하여 이자율은 r_1에서 r_2로 상승한다. 이자율의 상승은 기업의 투자 감소로 이어질 것으로 예상된다.

[그림 22-1](B)에서 정부지출이 증가하면 총수요 곡선이 AD_1에서 AD_2로 오른쪽으로 이동한다. 그러나 이자율의 증가에 따라 기업의 투자가 줄어들면 이는 총수요의 감소를 가져온다. 즉 정부지출의 확대 효과가 기업의 투자 감소로 인해 부분적으로 상쇄되는 구축효과가 발생하면 총수요는 다시 줄어들게 된다($AD_2 \rightarrow AD_3$). 결과적으로 구축효과가 발생하지 않으면 총수요곡선은 AD_1에서 AD_2 만큼 이동하지만, 구축효과가 발생하면 총수요곡선은 AD_1에서 AD_3 만큼만 이동하게 된다.

통화주의자의 구축효과

프리드만을 중심으로 한 통화주의자들은 재정정책보다 금융정책의 유효성을 강조하였다. 그들은 재정정책의 효과는 매우 미미하며 구축효과가 발생하면 정부지출 증가로 인한 유효수요 창출효과는 거의 없다고 주장하였다. 즉 정부가 통화량의 발행 없이 국채 발행을 통해 정부지출을 증가시키면 이자율이 상승해서 기업의 투자가 줄어들게 된다.

따라서 통화주의자들은 경제안정화정책으로 금융정책의 유효성을 역설하고 있다. 그들의 주장은 경제가 완전고용수준에 가까울수록 실득력이 증가한다. 즉 그들은 경제가 완전고용수준일 경우 케인즈 학파의 확대재정정책은 총수요를 증대시키는 효과가 미미하고 물가만 상승시키는 부작용을 발생시킨다고 생각하였다.

3. 2 정책 시차

재정정책의 유효성을 비판하는 경제학자들은 그 정책이 적절한 시기에 시행되지 못할 뿐 아니라 정책의 효과도 즉각적으로 나타나지 않는 시차가 존재하기 때문에 재정정책은 효과적이지 못하다고 주장한다. 그들은 단기적 총수요관리정책이 경제안정화 기능을 수행하는 것이 아니고 오히려 경기변동을 증폭시키고 경제의 불안정을 초래하는 주요 요인으로 파악하였다.

경제학자들은 안정화정책을 실시할 때 나타나는 시차(time lag)를 내부시차와 외부시차로 구분한다. 내부시차(inside lag)는 "정책 당국이 경제상황의 변화를 인식하고 관련된 정보를 수집하여 적절한 정책을 시행하는 데 소요되는 시간"을 의미한다. 이러한 내부시차에는 경제상황의 변화에 따른 안정화 정책의 필요성을 인식할 때까지의 시간인 인식시차(recognition lag)와, 적절한 정책을 수립·시행하는 데 소요되는 시간인 시행시차(implementation lag)가 있다. 한편 외부시차(outside lag)는 "정책이 시행된 후 경제에 영향을 미쳐 경제적 성과를 나타낼 때까지의 시간"을 의미한다. 즉 재정정책을 시행해도 소비·투자 및 국민소득이 변화하는 데 시간이 걸리고 그 정책의 효과가 나타나는 데 시차가 존재한다.

재정정책은 내부시차가 긴 것이 문제가 된다. 특히 재정정책은 내부시차 가운데서도 정부지출이나 조세정책을 변화시키고 실행하는 데 소요되는 시행시차가 오래 걸린다는 문제점을 지니고 있다. 정책 당국이 정부지출이나 조세제도를 변화시키기 위해서는 복잡한 정치적 과정이 필요하다. 즉 예산을 수립하여 국회의 동의를 얻어야 하는데, 그 정치적 과정은 서서히 이루어지고 자주 지연되기도 하며 1년 혹은 그 이상의 오랜 시간이 걸리기도 한다.

이와 같이 정책 시차가 길면 길수록 재정정책의 유효성은 떨어지게 된다. 때로는 재정정책이 경제를 안정화시키는 데 적절한 수단이 되지 못할 수도 있다. 예를 들어 경제 불황기에 경기회복을 위한 확대재정정책을 실시하였는 데 여러 가지 시차로 인해 정책이 과도하게 늦게 시행되어 경제가 호황 국면에 접어들 때 확대정책의 효과가 나타나면, 재정정책은 오히려 경제를 더 불안정하게 만드는 결과를 가져올 수 있다.

그러므로 경제안정화정책으로 실시된 재정정책이 시차로 인해 경제에 오히려 역효과를 나타내어 경제의 불안정을 증폭시키는 근본적 원인이 되기도 한다.

연 | 습 | 문 | 제

1. 최근 정부 연구기관의 분석에 의하면 정부가 정부지출을 1조원 증가시킬 경우 균형국민소득이 2조원 증가하는 것으로 나타났다.

   (1) 이때 한계소비성향은 얼마인가?

   (2) 정부가 세금을 5천억원 감면하면, 균형국민소득은 어떻게 변동하는가?〔(1)에서 구한 한계소비성향을 이용하라.〕

2. 한계저축성향이 0.05일 때 정부지출승수는 얼마인가? 국민들의 절약에 대한 의지가 높아져 한계저축성향이 2배로 증가하여 0.1이 되면, 정부지출승수는 어떻게 변하는가?

3. 정부는 경기가 과열되었다고 판단할 때 긴축재정정책을 실시하게 된다. 긴축재정정책 수단으로는 정부지출 감소와 조세 인상의 두 가지가 있다. 어떠한 수단이 총수요 긴축에 더 직접적이고 강력한 영향을 미치게 되는가?

4. 구축효과는 어떠한 현상을 의미하는가? 구축효과가 발생할 때 확대재정정책이 총생산량 증가에 미치는 영향을 설명하라.

5. 정책시차란 무엇이며, 정책시차의 종류에는 어떤 것이 있는가? 또한 재정정책과 통화정책의 정책시차는 어떤 차이가 있는가?

제23장 금융정책

경제안정화 기능을 달성할 수 있는 주요 정책수단으로 금융정책은 통화량이나 이자율과 같은 정책변수를 변화시켜 총수요에 영향을 미치고 이를 통해 정책목표를 달성한다. 중앙은행이 통화량을 조절하기 위해 어떠한 수단을 이용하며, 통화량의 변화가 거시경제에 대해 어떠한 영향을 미치는가는 중요한 논쟁의 대상이 되어 왔다. 본 장에서는 금융정책의 목표와 수단을 검토하고, 금융정책수단의 변화가 거시경제에 어떠한 영향을 미치는가에 대해 알아본다. 또한 케인즈 학파와 통화주의자 사이에 전개되었던 금융정책의 유효성에 대한 논쟁에 대해서도 살펴본다.

1. 금융정책의 목표와 수단

금융정책은 통화당국인 중앙은행이 특정한 정책목표를 달성하기 위해 정책수단을 사용하는 행위를 의미한다. 오늘날 중앙은행은 경제에 유통되는 통화량을 관리함으로써 거시경제에 영향을 미치고 경제안정화 기능을 달성하고자 한다. 여기서는 금융정책의 목표와 그 목표를 달성할 수 있는 정책수단에 대해 알아본다.

1. 1 금융정책의 목표

금융정책은 일반적 경제정책에서 사용할 수 있는 정책수단을 모두 활용할 수 없기 때문에 금융정책이 달성하려는 정책목표도 제한된다. 일반적으로 금융정책의 최종 목표는 물가안정의 달성에 있다. 이와 같이 금융정책의 최종목표가 물가안정에 주어지는 것은 그 정책이 활용할 수 있는 수단이 제한되어 있고 정책 전달과정의 특수성에 기인한다. 금융정책이 선택할 수 있는 정책수단은 통화량과 이자율이고, 이와 같은 정책변수가 변화하였을 때 가장 크게 영향을 미치는 것은 물가수준이다. 이러한 측면에서 금융정책의 최종 목표는 물가안정에 있다.

금융정책은 물가안정이라는 최종 목표를 달성하기 위해 중간 목표를 설정한다. 중간 목표는 최종 목표를 달성하기 위해 적절히 관리할 수 있는 정책변수이다. 중앙은행이 금융정책수단을 사용하여 물가안정이라는 최종 목표를 달성하기까지는 상당한 시차가 존재하고 그 효과도 불확실할 수 있다. 따라서 중앙은행은 물가안정의 최종 목표를 좀 더 효율적으로 달성하기 위해 통화량·이자율·신용량 등을 중간 목표로 설정하여 이를 적절히 관리·통제하는 방법을 사용하고 있다.

1. 2 금융정책의 수단

금융정책수단은 직접수단과 간접수단으로 구분한다. 여기서는 공개시장조작·재할인율·법정지불준비율과 같은 간접수단의 내용을 중심으로 금융정책의 의의에 대해 살펴본다.

금융정책수단: 직접수단과 간접수단

○ 직접수단: 국내여신한도·금리규제

○ 간접수단: 공개시장조작·재할인율·법정지불준비율

1) 공개시장조작

금융정책수단 가운데 가장 강력하고 자주 활용되는 정책수단은 공개시장조작(open market operation)이다. 공개시장조작은 "중앙은행이 증권시장에서 국공채나 유가증권을 매입 또는 매각하여 통화량을 조절하려는 정책수단"이다. 중앙은행이 민간으로부터 국공채를 매입하면 채권대금으로 지급한 현금이 본원통화를 증가시켜 통화공급의 증가로 이어진다. 반대로 중앙은행이 국공채를 민간에게 매각하면 중앙은행이 화폐를 받아들이기 때문에 본원통화의 양이 줄어들고 통화공급이 감소한다.

공개시장조작은 통화량뿐 아니라 이자율도 변화시키는 효과를 갖는다. 중앙은행이 국채를 매입하면 국채에 대한 수요가 증가하여 국채 가격이 상승하게 된다. 국채의 가격이 상승하면 국채의 수익률, 즉 이자율은 하락하게 된다. 반대로 중앙은행이 국채를 매각하면 국채공급이 증가하여 국채 가격은 하락하고 이에 따라 이자율은 상승하게 된다.

이와 같이 공개시장조작은 통화량과 이자율을 조절하는 두 가지의 효과를 지닌 정책수단이다.

2) 재할인율

재할인율(discount rate)은 "시중은행이 중앙은행으로부터 자금을 차입할 때 지불하는 이자율"이다. 가계나 기업이 은행으로부터 자금을 빌릴 때 이자를 지불하듯이 시중은행도 중앙은행으로부터 자금을 차입할 때 이자를 지불하여야 한다. 따라서 중앙은행은 재할인율의 조절을 통해 시중은행의 자금조달 비용에 영향을 미쳐 통화량을 조절할 수 있다.

중앙은행이 통화량을 감소시키고자 할 때 재할인금리를 인상하여 시중은행이 중앙은행으로부터 차입하는 자금조달 비용을 증가시켜 차입규모를 줄이도록 유도한다. 이는 시중은행의 자금규모의 감소가 민간에 대한 대출 축소로 이어져 통화공급이 감소하는 결과를 나타낸다. 그 반대의 경우 중앙은행이 재할인금리를 인하하여 시중은행이 중앙은행으로부터 더 많은 자금을 차입할 수 있게 하면 시중은행의 대출이 확대되어 통화공급이 증가하게 된다. 이와 같이 재할인율 정책은 중앙은행이 재할인율 변화를 통해 시중은행의 대출자금 규모에 영향을 미쳐 통화량을 조절하려는 정책수단이다.

3) 법정지급준비율

법정지급준비제도(reserve requirements)는 원래 "고객의 예금인출 요구에 대비하여 은행이 예금의 일정 비율에 해당하는 금액을 지불준비금으로 보유하게 하는 제도"이다. 즉 최소한의 지불준비금을 보유하여야 한다는 중앙은행의 규제수단이다.

법정지급준비율을 인하하면 시중은행의 대출자금 규모가 확대되고, 이는 신용창조를 통해 통화공급의 증가로 이어진다. 법정지급준비율을 인상하면 시중은행의 대출자금 규모가 축소되고, 이는 신용창조를 통해 통화량의 감소로 이어진다. 따라서 중앙은행이 통화량을 증가시킬 필요가 있으면 법정지급준비율을 인하시키고 통화량 감소가 필요할 때는 법정지급준비율을 인상시킨다.

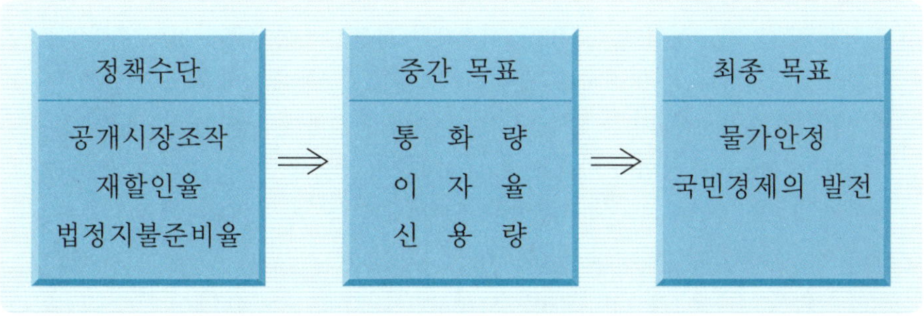

2. 금융정책의 전달경로

금융정책은 통화량이나 이자율을 변화시켜 물가안정이나 경제성장 등과 같은 최종적 목표를 달성하는 데 그 정책적 의의가 있다. 즉 금융정책의 특징은 중앙은행이 통화량과 같은 정책변수를 변화시키면 복잡한 전달경로(transmission mechanism)를 거쳐 총수요와 실물부문에 영향을 미친다는 것이다. 중앙은행이 통화량을 변화시키면 이자율에 영향을 미쳐 화폐시장의 균형이 변화하고, 이것이 상품시장의 투자와 총수요에 영향을 미쳐 국민소득을 변화시킨다.

이와 같이 정책 당국이 통화량과 같은 변수를 변화시켰을 때 최종적으로 국민소득과 같은 실물부문에 영향을 미치게 되는 단계별 과정을 금융정책의 전달경로라고 한다.

우리나라의 금융정책

우리나라의 금융정책은 한국은행에서 수립·집행한다. 정부의 은행으로 불리는 한국은행의 가장 중요한 기능은 효율적 금융정책의 집행을 통해 물가를 안정시키는 것이다. 즉 우리나라의 중앙은행인 한국은행은 통화의 양과 흐름을 적절히 조절하여 물가안정과 경제안정에 기여하는 것을 설립 목적으로 하고 있다.

현재 한국은행에서 우리나라 금융정책의 주요 내용과 방향을 결정하는 기관은 금융통화위원회이다. 금융통화위원회는 전체 7인의 위원(한국은행 총재, 부총재, 기타 위원 5명)으로 구성되어 있으며, 정기적으로 거시경제 상황을 분석·검토하여 이자율이나 통화량과 같은 정책변수를 조절하고 물가안정의 정책 목표를 달성하려고 한다. 최근 정책회의를 통해 논의되는 주요 금융정책의 운영목표는 기준금리이다. 한국은행은 경제상황의 변화와 물가의 변동에 적절히 대응하기 위해 기준금리를 신축적으로 조절하여 경제안정을 달성하려고 한다. 즉 경기침체기에는 실물경제의 회복을 위해 기준금리를 인하시키고, 경기가 과열국면에 접어들어 인플레이션의 압력이 나타날 때는 기준금리를 인상시키는 정책을 결정한다.

금융정책의 전달경로와 경제의 적응과정에 대한 분석은 최종 목표를 달성하는 데 있어 매우 중요한 의미를 지니고 있다. 금융정책의 전달경로를 강조하는 경제학자들은 통화공급의 변화가 직접적으로 국민소득에 영향을 미치는 것이 아니라 화폐시장에서 이자율 변화를 통해 투자 및 총수요에 영향을 미쳐 실물경제의 변화를 유도한다고 생각한다. 중앙은행이 통화공급을 조절하면 일차적으로 화폐시장에서 이자율이 변화하고, 이는 다시 이차적으로 투자지출에 영향을 미치기 때문에 승수효과를 통해 국민소득에 영향을 미친다. 정책 당국이 통화공급(통화량)을 증가시키는 확대금융정책을 시행할 때 금융정책의 전달경로는 다음과 같다.

금융정책의 전달경로: 통화량 증가 → 이자율 하락 → 투자 증가 → 국민소득 증가

[그림 23-1]에서 경제는 화폐시장과 상품시장으로 구성되어 있고 화폐시장의 균형은 [그림 23-1](A), 상품시장의 균형은 [그림 23-1](B)에 나타나 있다. 이때 중앙은행이 통화량을 증가시키면 어떠한 경로

그림 23-1 금융정책의 전달경로

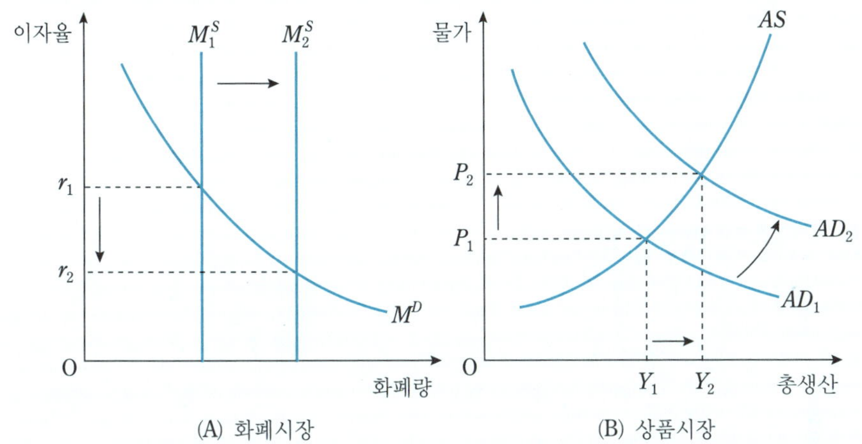

를 통해 국민소득의 변화로 이어지는지 알아보자.

이미 제21장에서 공부한 화폐시장의 균형은 [그림 23-1](A)와 같다. 여기서 화폐시장의 균형은 화폐의 수요곡선(M^D)과 화폐의 공급곡선(M_1^S)이 교차하는 점에서 이루어지고, 이때 균형이자율은 r_1이 된다. 만약 중앙은행이 통화공급을 증가시키면 화폐공급곡선이 M_1^S에서 M_2^S로 오른쪽으로 이동한다. 이에 따라 화폐시장에서 초과공급이 발생하여 균형이자율은 r_1에서 r_2로 하락하게 된다. 즉 금융정책의 일차적 전달경로는 통화공급의 증가가 이자율을 하락시킨다는 것이다.

[그림 23-1](B)에서 상품시장의 균형은 총수요곡선과 총공급곡선이 교차하는 점에서 이루어지며, 이때 균형국민소득과 균형물가는 각각 Y_1과 P_1이 된다. 앞에서 설명한 화폐시장에서 통화공급의 증가로 인한 이자율의 하락은 그 다음의 전달경로를 통해 상품시장에 영향을 미친다. 즉 이자율의 하락은 기업이 자금을 차입하는 비용을 낮추게 하여 투자지출을 증가시키는 효과가 있다. 이러한 기업의 투자확대는 승수효과를 통해 총수요를 크게 증가시키고, 그 결과 총수요곡선은 AD_1에서 AD_2로 오른쪽으로 이동한다. 새로운 균형에서는 국민소득이 Y_2로 증가하고 물가도 P_2 수준으로 상승하게 된다.

이와 같이 금융정책은 화폐시장에서 이자율을 변화시키고 다시 상품시장의 투자에 영향을 미쳐 국민소득을 증가시키는 복잡한 정책의 전달경로를 통해 그 효과가 나타나게 된다.

3. 금융정책의 유효성

금융정책은 중요한 경제안정화 정책의 한 유형으로 사용되어 왔다. 각국의 중앙은행은 통화량이나 이자율 같은 정책변수를 변화시켜 물가안정과 적정한 경제성장을 도모하였다. 그 과정에서 금융정책이 과연 최종목표를 달성하는 유효한 수단인가에 대한 많은 논쟁이 이어져 왔다. 특히 케인즈 학파와 통화주의자들은 금융정책의 유효성에 대한 상반된 시각과 정책의 전달경로에 대한 인식의 차이를 보였다.

3. 1 케인즈 학파

케인즈 학파는 대량실업과 극심한 불황기와 같은 특수한 상황에서 유동성 함정이 존재하기 때문에 통화량을 변화시키는 금융정책은 실물부문에 큰 영향을 미치지 못한다고 주장하였다.

유동성 함정(liquidity trap)은 "화폐수요의 이자율 탄력성이 무한대로 커서 화폐수요 곡선이 수평선의 형태를 갖는 경우"를 의미한다. 만일 경제가 유동성 함정에 처해 있으면 통화공급의 변화는 이자율에 아무런 영향을 미치지 못한다. 즉 통화공급이 증가해도 사람들은 증가된 화폐잔액을 현금으로 보유하려고 하기 때문에 통화공급을 아무리 증가시켜도 이자율은 하락하지 않게 된다. 이렇게 되면 확대금융정책을 통한 통화량의 증가가 이자율을 변화시키지 못하여 기업의 투자지출과 총수요에 아무런 효과도 미치지 못한다. 만일 케인즈 학파가 주장한 것처럼 화폐수요의 이자율탄력성이 매우 크다면 금융정책은 효과를 나타내지 못한다.

또한 케인즈 학파는 금융정책의 전달경로가 매우 복잡하고 불확실하기 때문에 정책효과가 없다고 주장한다. 만약 유동성 함정이 존재하면 화폐시장에서 통화량의 증가가 이자율에 변화를 주지 못하기 때문에 이는 기업의 투자지출에 영향을 미치지 못한다. 즉 경제가 극심한 불황에 처해 있을 때 기업의 투자는 이자율에 대해 비탄력적 성향을 나타내기 때문에 이자율이 떨어져도 투자는 증가하지 않는다. 이러한 경우 미래의 기대 수익이 증가하거나 다른 정책변수가 변화하지 않는 한 투자와 총수요는 증가하지 않고, 금융정책은 실물부문에 아무런 영향을 미치지 않는다.

따라서 케인즈 학파는 금융정책보다 재정정책이 더 직접적이고 강력한 정책효과가 있다고 주장하였다. 즉 그들은 정부지출의 증가가 승수효과를 통해 곧바로 총수요를 증가시켜 총산출량과 국민소득을 확대시킨다고 보았다. 또한 케인즈 학파에 의하면 조세감면은 가계의 가처분소득을 증가시켜 소비지출의 증대로 이어지고, 이는 총수요에 영향을 미쳐 국민소득을 증가시킨다. 그러므로 그들은 경기회복을 위해서 정책효과가 불확실하고 전달경로도 복잡한 금융정책보다 총수요에 직접적이고 확실한 영향을 미칠 수 있는 재정정책을 사용하여야 한다고 역설하고 있다.

3. 2 통화주의자

1960년대 프리드만을 중심으로 등장한 통화주의자들은 케인즈 학파의 논리를 비판하면서 국민경제에서 화폐의 역할과 금융정책의 중요성을 강조하였다. 통화주의자들은 통화량의 변화가 물가와 실물변수에 중요한 영향을 미친다고 생각하였다. 즉 그들은 "화폐가 중요하다."(Money matters.)라는 가설을 신봉하였다.

통화주의자들은 교환의 매개수단인 화폐의 역할을 강조하면서 화폐수요함수가 안정적이라고 생각하였다. 이들은 케인즈 학파가 주장하는 통화정책의 전달경로는 잘못된 인식이라고 비판하였다. 우하향하는 안정적 화폐수요함수를 가정하면, 통화량의 변화는 총수요에 영향을 미치며 나아가 실물경제에도 영향을 미치게 된다. 통화주의자들은 화폐수요의 이자율 탄력성이 케인즈 학파의 주장과 다르게 비탄력적이며 오히려 화폐수요가 소득수준에 크게 영향을 받는다고 보았다. 이 경우 통화량이 변화하면 이자율이 크게 변화하지 않아도 총수요에 영향을 미칠 수 있다. 즉 통화량의 증가가 금융정책의 전달경로를 거치지 않고도 총수요를 증가시키는 효과가 있다. 통화주의자들은 케인즈 학파가 이러한 금융정책의 유효성을 간과하고 있다고 지적하였다.

금융정책의 유효성을 받아들이면서도 통화주의자들은 케인즈 학파의 과도한 미세조정(fine-tuning) 기능에 대해 비판하였다. 이하에서 설명하게 될 금융정책의 시차와 불확실성 문제가 있기 때문에 그들은 금융정책의 한계에 대해서도 스스로 인정하고 있다. 즉 통화주의자들은 잘못된 금융정책의 실시는 경제안정화 기능을 달성하는 것이 아니라 오히려 경제를 교란시키는 요인이 될 수도 있다고 생각하였다. 이에 대한 해결책으로 통화주의자들은 경제안정화정책으로 금융정책을 과도하게 활용하는 것을 포기하라고 권고하고 있다. 즉 장기적으로 통화공급 증가율이 실질경제성장률과 동일하게 되도록 금융정책의 규칙을 설정하고 이 규칙을 지속하는 것이 필요하다.

한편 통화주의자들은 정부지출을 확대하는 재정정책이 구축효과 때문에 별로 효과가 없다고 주장하였다. 즉 그들에 의하면 정부지출을 증가시켜 총수요가 약간 증가하고 단기적인 경기회복 효과가 나타나도 기업의 투자가 위축되어 경제 전체의 자본축적이 저해되는 경제적 비용이 발생한다. 따라서 그들은 재정정책의 무용론을 강조하면서 경제에서 화폐와 금융정책의 중요성을 역설하고 있다.

3. 3 시차와 불확실성

거시경제 정책은 정책시차와 불확실성 문제가 존재한다. 즉 정책의 필요성이 인식되어 실행되고 정책의 효과가 나타나기까지는 상당한 시간이 소요되며 그 정책효과도 불확실한 경우가 많이 있다.

금융정책도 복잡한 정책의 전달경로 때문에 정책의 시차가 존재하며, 그 효과도 불확실하다는 문제를 지니고 있다. 일반적으로 금융정책은 재정정책에 비해 짧은 내부시차와 긴 외부시차의 특징이 있다. 즉 우리나라의 경우 중앙은행의 금융통화위원회에서 금융정책을 결정하는데, 그 정책을 결정하고 시행하는 기간이 비교적 짧은 시간에 이루어져 내부시차가 작게 된다. 그러나 금융정책은 화폐시장의 변화가 이자율과 투자와 같은 매개변수의 변화를 통해 실물 부문으로 최종적 효과를 전달하기까지 오랜 시간이 걸리기 때문에 정책의 외부시차가 길다는 문제점을 지니고 있다. 즉 금융정책이 실행되어 정책효과가 나타날 때까지는 짧게는 6개월에서 최장 2년까지의 시차문제가 존재한다고 지적되고 있다.

잘못된 금융정책의 실시는 경제의 불안정을 가중시키는 문제를 가져올 수도 있다. 예를 들어 기업의 투자가 과연 이자율에 의해서만 영향을 받는 것인지 아니면 미래의 기대 수익이나 기업가의 동물적 직감에 의해 결정되는 것인지는 불확실하다. 또한 금융정책이 통화주의자들이 주장하는 효과가 있는 것인지도 불확실하다. 이와 같은 시차와 불확실성이 존재할 때 금융정책의 적절한 역할이 무엇인가 하는 문제는 해결해야 할 과제로 남아 있다.

- 내부시차: 정책 당국이 경제상황의 변화를 인식하고 관련된 정보를 수집하여 적절한 정책을 시행하는 데 소요되는 시간
- 외부시차: 정책이 시행된 후 경제에 영향을 미쳐 경제적 성과를 나타낼 때까지의 시간

- 재정정책: 내부시차 > 외부시차
- 금융정책: 내부시차 < 외부시차

연 | 습 | 문 | 제

1. 금융정책의 최종 목표와 중간 목표를 설명하라. 또한 재정정책과는 다르게 금융정책에서 중간 목표를 설정하는 이유를 설명하라.

2. 한국은행이 공개시장을 통해 1조원의 국채를 매입하려고 한다. 이와 같이 중앙은행이 국채를 매입하면 통화량과 이자율은 각각 어떻게 변동하는가? 또한 금융정책의 전달과정이 효과적일 때 총수요와 실물 부문에 어떠한 영향을 미치게 되는가?

3. 우리나라의 중앙은행인 한국은행의 주요 목표는 경제안정에 있다. 만약 경제상황이 다음과 같다면 한국은행은 어떻게 대응해야 하는가?

(1) 인플레이션율이 높고 경기가 급격한 과열국면으로 접어들 때

(2) 극심한 경기 침체기에 경기회복의 필요성이 있을 때

4. 케인즈 학파는 왜 금융정책의 유효성이 없다고 주장하였는가? 또한 통화주의자는 왜 금융정책이 유효하다고 주장하는가?

5. 일반적으로 금융정책은 재정정책에 비해 외부시차가 길고 그 정책 효과도 불확실한 이유를 설명하라. 또한 정책시차에 대한 케인즈 학파와 통화주의자의 견해를 제시하라.

제24장 경제안정화정책 논쟁

과거 수십 년 동안 경제안정화정책이 어떻게 운영되는 것이 바람직하며 과연 유효한 것인가에 대한 논쟁은 끊임없이 이어져 왔다. 본 장에서는 경제안정화정책의 유효성과 운용방식에 대한 두 가지 논쟁에 대해 살펴보기로 한다. 첫째는 정부가 경제안정화를 위해 적극적 역할을 할 것인가 아니면 소극적 역할을 할 것인가에 관한 논쟁이다. 둘째는 경제안정화정책이 경제상황의 변화에 따라 자율재량적으로 실시해야 하는지 아니면 준칙에 의해 실시해야 하는가에 대한 문제이다.

1. 자율재량과 준칙에 의한 정책

적극적 정책(active policy)을 주장하는 경제학자들은 시장기능이 본래 불완전하며 거시적 시장실패가 나타날 수 있기 때문에 정부가 경제에 적극적으로 개입하여 재정·금융정책을 효율적으로 활용해야 한다고 생각한다. 이는 케인스 학파의 견해로서 경제를 안정화시킬 수 있는 정책수단의 선택이 가능하기 때문에 정부가 시장에 적극적으로 개입하여 거시적 경제안정을 달성해야 함을 의미한다.

이에 반해 소극적 정책(passive policy)을 신봉하는 경제학자들은 경제안정화를 위한 정부 개입에 비판적이며 정부는 되도록 경제에 간섭하지 말고 소극적으로 대처하는 것이 바람직하다고 주장한다. 특히 통화주의자들은 시장가격 기구가 자기조정적 기능을 지니고 있기 때문에 정부의 잘못된 경제안정화정책은 오히려 왜곡된 경기변동을 발생시킨다고 경고하였다.

최근 경제안정화정책의 주요 논쟁은 자율재량 정책과 준칙에 의한 정책에 그 초점을 맞추고 있다. 자율재량 정책(discretionary policy)은 "정책 당국이 경제상황의 변화에 따라 적절한 정책을 선택하여 재량적으로

운영하는 것"을 의미한다. 즉 정책 당국은 경기가 과열된 호황 국면에 접어들면 긴축재정·금융정책을 실시하고, 경기가 극심한 불황 국면에 있다면 확대재정·금융정책을 운영한다. 정부는 '바람 부는 반대 방향'으로 실업이 극심한 불황기에는 확대정책을, 인플레이션이 과도한 호황기에는 긴축정책을 실시해야 한다.

이러한 자율재량 정책은 경기변동 상황을 정확히 예측할 수 있고, 이를 완화시킬 수 있는 안정화정책의 선택이 가능할 때 그 유효성을 갖는다. 앞에서 설명한 케인즈 학파는 단기적 총수요관리정책의 미세조정 기능을 신봉하기 때문에 경제안정화정책이 적극적인 동시에 자율재량적 성격을 지녀야 한다고 주장한다.

준칙(rule)에 의한 정책은 "정책 당국이 어떠한 정책을 어떻게 시행할 것인가를 미리 밝히고 경제상황의 변화와 관계 없이 공포한 규칙에 따라 정책을 시행하는 것"이다. 준칙에 의한 정책을 제안하는 배경에는 앞에서 설명한 시차와 불확실성 및 정책결정자에 대한 불신에 기인한다. 대부분의 경제안정화정책은 내부시차나 외부시차와 같은 정책시차가 존재하고, 또한 정책의 효과도 상당히 불확실한 속성을 지니고 있다. 즉 정책시차가 길고 정책효과가 불확실한 경우에 잘못된 자율재량 정책은 경제안정화 기능을 달성하기보다 오히려 경제를 불안한 상태로 이끌 가능성이 높아진다. 또한 정책입안자가 경제에 대한 정확한 지식이 없으며 경제안정을 달성할 수 있는 정책수단도 없기 때문에 자율재량 정책이 유효하지 않다.

통화주의자들은 준칙에 의한 경제정책을 역설하였다. 그 구체적 예로 통화공급의 준칙을 들 수 있다. 프리드만은 자율재량적 금융정책이 시차나 불확실성과 같은 문제로 인해 오히려 경제를 교란시키는 요인이 될 수 있다고 비판하였다. 따라서 그를 중심으로 한 통화주의자들은 금융정책이 준칙에 의해 실시되어야 한다고 주장하였다. 즉 정책 당국은 장기적인 실질 경제성장률에 대응하는 수준으로 통화공급을 증가시키는 준칙을 세우고 경기변동에 관계 없이 일관된 정책을 실시해야 한다. 이는 $k\%$ 준칙($k\%$ rule)으로 알려져 있다. 그들은 준칙에 의한 경제정책이 경제주체들의 정책 당국에 대한 신뢰를 형성시켜 시장기능을 회복하게 함으로써 장기적으로 경제안정화정책의 유효성을 높일 수 있다고 주장하였다.

경제정책을 집행함에 있어 미리 정한 규칙에 따라 안정적이며 누구나 예측 가능한 방식으로 실행할 때 준칙(rule)에 의한 정책이라 한다. 또한 모든 상황을 감안해 규칙을 만들기란 불가능하므로 그 때의 상황에 따라 재량껏 처리하는 것을 재량(discretion)에 의한 정책이라 한다.

2. 새고전학파경제학

1970년대의 스태그플레이션 현상으로 케인즈경제학은 위기를 맞게 된다. 기존의 주류 경제학을 형성하였던 케인즈 이론은 현실을 설명하는 데 설득력을 잃게 되어 새로운 패러다임이 등장하게 되었다. 루카스(R. Lucas), 싸전트(T. Sargent), 왈라스(N. Wallace) 등과 같은 경제학자들이 합리적 기대(rational expectation)라는 새로운 개념을 거시경제이론에 도입하였다. 그들은 개별 경제주체들이 이용 가능한 모든 정보를 효율적으로 활용하여 최적화의 목표를 달성한다고 보았다.

또한 그들은 시장에서 수요-공급의 변화와 가격과 임금의 신축적 조정기능을 통해 시장청산(market clearing)이 즉각적으로 이루어진다고 생각하였다. 케인즈 모형이 비시장청산(non-clearing market)을 암묵적으로 가정하는 반면, 합리적 기대가설은 시장청산을 가정한 고전학파의 균형이론에 기초하고 있다. 이와 같이 그들의 이론적 틀이 고전학파 경제학에 기초하여 새로운 이론을 구축하였다는 측면에서 이들을 새고전학파경제학(new classical economics)이라 부른다.

새고전학파경제학이 지닌 가장 중요한 특징은 합리적 기대의 가정이다. 그들은 경제주체들이 자신이 이용 가능한 모든 정보를 최적으로 사용하여 기대를 형성하고 경제활동을 한다고 주장하였다. 이때 합리적 기대가 평균적으로 옳디면 경제주체들은 미래의 경제 상태를 정확히 예상할 수 있게 된다. 예를 들어 정부가 확대금융정책을 실시하면 미래의 물가상승에 대한 정확한 예상을 할 수 있고 경제주체들은 이에 적합하게 가격이나 임금을 인상시키려고 한다. 즉 예상된 정책은 학습효과를 통해 모든 경제주체들이 정확한 기대를 형성할 수 있게 하여 가격과 임금 결정에 반영된다. 결과적으로 경제주체들이 정부정책과 경제상황의 변화에 관련된 모든 정보를 가지고 있으며 합리적으로 예상할 수 있다면 확대정책은 단기에도 효과가 없게 된다.

따라서 새고전학파경제학에서는 경제주체들이 합리적 기대를 형성한다면 확대금융정책이 장기뿐만 아니라 단기에도 실물 경제에 영향을 미치지 않는다고 주장하였다. 이와 같이 예상된 거시경제 정책은 단기에도 산출량·고용 등과 같은 실물변수에 영향을 미치지 않는다는 사실을 정책무력성 명제(policy ineffectiveness hypothesis)라고 한다. 만일 새고전학파경제학자들이 주장한 것처럼 재정정책이나 금융정책과 같은 총수요관리정책이 단기에도 효과가 나타나지 않는다면 케인즈경제학은 큰 타격을 입게 된다.

이상의 이론의 주장에 의하면 예상된 금융정책은 단기에도 실질적인 효과가 나타나지 않으며, 오직 경제주체들의 예상하지 못한 금융정책만이 일시적으로 효과가 있다. 그러나 경제주체들이 예상하지 못한 충격적 금융정책을 정부가 지속적으로 사용한다면 단기적으로 효과가 있을지 몰라도 장기적으로는 정책의 신뢰성이 떨어지고 불확실성과 비효율성이 커지는 문제가 발생한다. 즉 경제주체들이 예상하지 못한 정책은 경제적 비용을 발생시키며 경제의 불안정을 가중시키는 근본적 원인이 된다.

3. 새케인즈경제학

앞에서 설명한 새고전학파경제학은 합리적 기대라는 개념을 도입하며 거시경제학의 새로운 변화를 일으키려고 하였다. 그러나 1980년대 이후 새케인즈경제학(new Keynesian economics)이라 불리는 일련의 경제학자들은 케인즈경제학의 틀 안에서 거시경제학을 새롭게 인식하려는 시도를 하였다. 맨큐(G. Mankiw), 로머(D. Romer), 써머스(L. Summers) 등이 새케인즈경제학자들인데, 이들은 시장이 항상 즉각적으로 청산되어지는 것이 아니고 임금과 물가가 경직성을 지니고 있다고 보았다.

새케인즈경제학은 개인들이 합리적 기대를 하더라도 정보가 불확실하거나 가격을 변화시키는 데 비용이 소요된다면, 임금과 물가의 경직성이 발생하여 시장이 항상 청산되지 못하는 불균형 상태에 처할 수 있다고 주장하였다. 그들은 합리적 기대 이론의 방법론을 받아들이면서 임금과 물가가 경직되는 현상을 설명하기 때문에 케인즈경제학을 기초로 하여 발전하였다.

새케인즈경제학에서 임금과 물가가 경직성을 갖는 중요한 요인으로 메뉴비용(menu costs)을 들고 있다. 여기서 메뉴비용이란 "가격을 변화시킬 때 발생하는 모든 비용"을 뜻한다. 만일 메뉴비용이 존재한다면 기업은 수요가 조금씩 바뀔 때마다 즉각적으로 가격을 변화시키지 않고 어느 정도 시간이 지난 이후에 가격을 바꾸게 된다.

또한 새케인즈경제학에 의하면 정보의 불확실성도 가격의 경직성을 가져오는 중요한 이유가 된다. 시장이 불완전경쟁적일 때 특정 기업의 가격은 다른 기업의 가격 결정에 민감하게 반응하게 된다. 따라서 특정 기업은 다른 기업의 가격책정 원리에 대한 정보가 필요한데, 이러한 정보는 매우 불확실하다. 정보의 불확실성이 존재하면 기업은 불완전 경쟁시장에서 한계비용보다 높은 가격을 결정하고 일단 결정된 가격을 쉽사리 변화시키지 않는다. 이러한 정보의 불확실성과 불완전 경쟁시장에서 가격의 경직성은 새케인즈경제학이 주장하는 임금과 물가의 경직성을 설명하는 주요 요인으로 사용되었다.

새케인즈경제학이 주장하는 임금과 물가의 경직성이 나타나면 시장은 외적 충격이 발생할 때 즉각적으로 청산되지 않고 서서히 균형으로 이동하게 된다. 그들은 임금과 물가가 신속하고 완전하게 변하지 않기 때문에 현실경제는 불안정하며 불균형 상태가 지속될 수 있다고 보았다. 현실경제가 대량실업과 극심한 불황과 같은 경제상황에 처해 있을 때 시장가격 기구의 단점을 보완하기 위해 정부가 적절한 거시경제 정책을 실시해야 한다. 즉 경제안정화와 거시경제 균형을 달성하기 위한 적극적인 정부의 역할이 필요하다.

전통적 케인즈경제학은 대불황을 배경으로 제한된 가정에서 정부의 경제안정화정책의 필요성을 주장하였다. 이에 반해 새케인즈경제학은 보다 현실적이고 객관적인 이론의 틀을 사용하여 정부 개입의 필요성을 설명하였다는 측면에서 두 이론은 차이를 보이고 있다.

새고전학파경제학의 특징: 합리적 기대, 시장청산, 임금과 물가의 신축성, 정책무력성 명제

새케인즈경제학의 특징: 비시장청산, 임금과 물가의 경직성, 메뉴비용, 불완전 경쟁

공급중시경제학

공급중시경제학(supply-side economics)은 독자적 이론의 틀을 갖추지는 않았지만 1980년대 초반 미국 레이건 행정부의 경제정책과 거시경제학에 중요한 영향을 미쳤다. 공급중시경제학의 대표적 학자로 알려진 래퍼(A. Laffer)는 세율을 낮출수록 오히려 조세수입이 증가하게 된다는 래퍼곡선(Laffer curve)을 주장하였다. 이러한 공급중시경제학은 레이건 대통령이 받아들인 경제정책으로 널리 알려져 있는데, 이를 레이거노믹스(Reaganomics)라고 한다.

공급중시경제학은 다음과 같은 세 가지를 전제하였다. 첫째, 높은 세율은 노동의욕을 감소시킨다. 그들은 조세의 유인기능을 강조하며 세율이 너무 과도하게 높아지면 열심히 일할 의욕을 잃게 된다고 주장한다. 둘째, 낮은 세율이 더 많은 조세 수입을 가져다 줄 수 있다. 즉 세금을 낮추면 더 열심히 일할 유인이 생겨 생산이 증가하고 경제가 활성화되므로 장기적으로 조세수입이 증가하게 된다. 셋째, 정부의 개입은 최소화되어야 하며 사적 부문의 생산적 활동을 증대시켜 공급 측면의 능력을 증대시켜야 한다.

케인즈경제학자들은 정부지출의 증대가 총수요를 확대시켜 산출량을 증대시킨다고 생각했다. 이에 대해 공급중시경제학은 정부의 확대가 생산적 자원을 사적 부문에서 공공부문으로 이전하게 하여 경제 전체의 생산능력을 둔화시키고, 오히려 해악을 가져온다고 비판하였다.

공급중시경제학은 세율의 인하가 노동자와 기업의 생산의욕을 자극하고 경제

적 후생을 증가시키며 조세수입도 증가시킨다고 역설하였다. 더 나아가 그들은 세율 인하로 인한 총공급 확대는 장기적으로 경제성장을 증대시키고 물가안정을 달성하는 강력한 효과를 갖는다고 주장하였다. 그러나 주류 경제학자들은 공급중시 경제학자들이 주장한 조세 인하의 경제적 유인효과가 매우 작으며, 특히 경제성장이나 물가안정에 미치는 효과가 거의 없다고 비판하였다.

연 | 습 | 문 | 제

1. 자율재량적 정책과 준칙에 의한 정책의 장·단점을 비교하여 설명하라.

2. 새고전학파경제학은 어떠한 이론적 특징을 지니고 있는가? 또한 그들이 주장하는 정책무력성 명제란 무엇인가?

3. 전통적 케인즈경제학은 단기적 총수요관리정책의 미세조정 기능을 신뢰하였다. 이에 대해 새고전학파경제학은 어떠한 비판을 하였으며, 그 이론적 근거는 무엇인가? 이러한 비판에 대응하여 새케인즈경제학은 어떠한 옹호론을 주장하였는가?

4. 새케인즈경제학에서 주장하는 임금과 물가의 경직성의 원인은 무엇인가? 그들의 이론과 전통적 케인즈 학파 이론의 차이는 무엇인가?

5. 메뉴비용이란 무엇인가? 현실적으로 물가가 변하였음에도 불구하고 식당에서 가격을 바꾸지 않는 경우가 종종 있는데, 그 이유를 설명하라.

제10편

새로운 경제학의 모색

제10편

새로운 경제학의 모색

PART X

제25장 새로운 성장 축으로서 디지털 경제

정보통신과 컴퓨터 기술의 눈부신 발전은 사회·경제의 모습을 급격히 변화시켰다. 정보통신기술의 비약적 발전과 인터넷을 통한 경제의 네트워크화가 진행되면서 디지털 기술을 이용한 생산·소비·유통 등 제반 경제활동의 방식이 근본적으로 바뀌었다. 이로 인해 새로운 경제 시스템으로서의 디지털 경제에 대한 연구의 필요성이 커지고 있는 상황이다. 본 장에서는 새로운 성장 축으로서 디지털 혁명과 지식경제학에 대해 공부한다. 또한 새로운 성장 및 발전 이론과 지속가능한 발전 모형에 관해서도 살펴본다.

1. 디지털 혁명과 지식경제학

정보통신기술의 비약적인 발전과 인터넷을 통한 경제의 네트워크화가 진행되면서 새로운 경제 패러다임으로 디지털 경제에 대한 연구의 필요성이 높아지고 있다. 네트워크로 연결된 디지털 경제에서는 상품구상·거래·경제적 가치창출의 원천이 제조업을 중심으로 한 전통경제와는 근본적으로 차이가 있다.

1. 1 디지털 경제

디지털 혁명이란 "정보와 지식의 생산·유통·소비가 디지털 방식으로 이루어짐으로써 경제 및 사회 시스템의 작동 원리가 근본적으로 바뀌는 것"을 의미한다. '손가락으로 꼽아 숫자를 센다.'라는 의미를 가진 디지털(digital)이라는 말은 인식 가능한 모든 대상을 수치로 표현하는 기술적 방식을 지칭한다. 오늘날 컴퓨터를 비롯한 정보기기와 인터넷을 비롯한 네트워크를 통해 디지털 방식이 다양한 영역으로 확산되어지면서 경제와 사회의 패러다임이 빠르게 바뀌고 있다.

디지털 경제의 특징은 네트워크 경제로 언제 어디서나 누구와도 필요한 정보를 상호 교환할 수 있다는 특징을 지닌다. 따라서 디지털 경제는 지식이나 정보가 네트워크로 연결되어 쉽게 활용되는 경제 시스템이라고 할 수 있다. 디지털 경제가 정보 네트워크를 제공하는 만큼 경제활동에서 지식이나 정보의 중요성이 더욱 커진다. 지식기반 경제의 핵심은 지식의 축적·확산·활용이며, 이 모든 과정에서 가장 중요한 사회적 인프라는 지식을 공유하여 규모의 경제 효과와 외부효과를 극대화시킬 수 있는 네트워크라고 할 수 있다.

또한 네트워크를 활용하기 위한 기술적 변화는 디지털 기술을 근간으로 한 정보통신 부문의 발전에 의해 주도되고 있다. 이렇게 볼 때 인터넷의 급속한 확산, 정보통신의 발전, 그리고 이들을 근간으로 한 새로운 상품과 서비스의 출현 등은 모두 지식기반 사회로의 전환을 더욱 촉진시키는 계기가 될 것이다.

산업혁명과 디지털 혁명

증기기관의 발명으로부터 시작된 산업혁명이 인류의 문명을 농경사회에서 산업사회로 바꾸어 놓는 데 기여하였다면, 디지털 혁명은 산업사회를 지식기반 경제로 전환시키고 있다. 그리고 핵심적 생산요소가 자본에서 지식으로 변화하게 되었고, 그 변화속도가 산업혁명 때보다 매우 빠르게 이루어지고 있다. 또한 디지털 혁명은 국가마다 시차를 두고 일어났던 산업혁명과는 달리 전세계적으로 동시에 진행되고 있다는 특징을 가지고 있다.

	산업혁명	디지털 혁명
기술적 추동력	증기기관의 발명	정보기술(IT)의 확산
경제 패러다임 전환	농업사회 → 산업사회	산업사회 → 지식기반 경제
핵심 생산요소 변화	토지(지주) → 자본(자본가)	자본(자본가) → 지식(지식인)
주도 국가	영 국	미 국
변화 속도	20~100년 소요 국가마다 시차를 두고 진행	5~10년 소요 전세계적으로 동시 진행

디지털 경제는 각종 정보단말기들이 인터넷과 같은 세계적인 정보네트워크를 통해 연결됨으로써 형성되고 발전한다. 따라서 네트워크 외부성(network externality)은 디지털 경제를 이해하기 위한 가장 중요한 경제 원리이다. 네트워크 외부성은 어떤 재화들이 서로 연결되어 사용될 경우 그 재화들로부터 얻을 수 있는 효용이 변화하는 것을 의미한다. 다시 말해 네트워크 외부성은 인터넷이나 휴대전화와 같이 실제의 네트워크가 이루어질 경우 가입자가 많아질수록 개별 가입자가 얻을 수 있는 효용이 커지는 현상이다.

네트워크 외부성(혹은 망외부성)은 "어떤 재화를 사용하는 사람이 많아질수록 개별 사용자의 효용이 증가하는 현상" — 영화·방송·통신·게임·각종 컴퓨터 운영 및 소프트웨어 등과 같이 디지털화하거나 컴퓨터화할 수 있는 정보재에서 강하게 나타남.

디지털 경제에는 네트워크, 특히 인터넷을 통한 사이버(cyber) 세계가 새로운 산업영역으로 부상한다. 사이버 경제는 "디지털화된 정보를 기반으로 인터넷과 같은 정보네트워크상에서 행하는 경제활동"으로 정의할 수 있다. 물론 사이버 경제가 발전한다고 해서 기존의 산업들이 소멸되지는 않는다. 이는 온라인 신문이 발전된다고 해서 오프라인의 신문이 사라지지 않는 것과 마찬가지이다. 그러나 디지털 경제의 시대에는 부의 창출체계가 변화함에 따라 새로운 고부가가치 창출분야가 나타나 경제발전을 이끄는 핵심 산업이 변화하게 된다. 디지털 경제의 시대에서는 서비스 산업, 특히 컴퓨터·정보통신·콘텐츠 산업 등 이른바 제 4 차 산업이 핵심산업이 될 것이다.

또한 인터넷을 통한 정보교환은 완전경쟁시장이 형성될 가능성을 제공한다. 전자상거래시장의 경우 잠재적인 공급자는 별다른 비용 없이 시장에 진입하거나 탈퇴할 수 있다. 또한 소비자들도 거의 무한정의 제품정보를 얻을 수 있기 때문에 다수의 공급자와 다수의 소비자가 완전한 정보를 가지고 경쟁하는 것이 가능해진다. 디지털 시대의 주요 상품들은 대부분 초기의 연구개발 비용이 매우 큰 반면, 단위 생산에 필요한 비용은 매우 작은 특성을 갖고 있다. 즉 상품을 1단위 추가적으로 생산하는 데 소요되는 한계비용이 거의 영(0)에 가깝다.

디지털 경제가 확산될수록 경제활동의 세계화는 더욱 빠르게 진행된다. 왜냐하면 인터넷 등을 통해 정보의 흐름이 시간과 공간의 제약 없이 이루어지고 기업 활동은 별다른 추가적인 거래비용 없이 세계를 대상으로 이루어질 수 있기 때문이다. 또한 정보의 공유가 자유롭게 이루어지는 만큼 규제완화·민영화·자유화 등을 통해 효율을 높일 수 있는 가능성도 커지고 있다.

따라서 기업 간의 경쟁이 이루어지는 시장의 범위도 과거의 국내시장 중심에서 세계 전체로 확대되는 글로벌 경제체제가 형성되고 있다. 글로벌 경제체제가 확대 심화될수록 민족국가의 역할과 중요성은 줄어드는 대신 기업의 세계시장을 대상으로 한 경쟁으로 무게중심이 이동하고 있다.

그러나 디지털 경제는 경제활동의 분화신성이 기존 경제에서보다 더욱 심화될 수 있다는 문제점을 지니고 있다. 왜냐하면 경제활동 자체가 실시간으로 움직이게 됨에 따라 경제주체가 인식해야 할 대상이 너무 광범위해졌기 때문이다. 정보의 홍수 속에서 정보의 가치를 정확히 평가하기란 매우 어려운 일이다. 그리고 경제의 움직임이 빨라짐으로 인해 지식이나 정보의 양과 질의 소유에 따라 새로운 불평등이 발생하게 된다. 따라서 경제의 불확실성과 디지털 격차(digital divide)를 최소화하는 문제가 디지털 경제의 시대에 중요한 과제로 떠오르고 있다.

디지털 격차(digital divide): 사회가 정보를 보유한 계층과 정보를 보유하지 못한 계층으로 분리되는 현상

1. 2 디지털 경제와 지식경제학

지식경제는 지식과 정보의 원활한 획득과 뛰어난 활용능력을 바탕으로 성장하는 경제를 의미하며, 이러한 지식과 정보의 획득·유통·축적은 컴퓨터나 인터넷과 같은 디지털 기술의 발달이라는 물리적 기반을 전제

로 한다. 즉 디지털 경제와 지식경제는 전자가 후자의 물리적 기반이 된다는 관계가 성립한다.

지식경제학은 지식을 경제재로 간주한다는 특징을 가지고 있다. 따라서 그 분석 영역에는 지식의 소유, 역사적 조건, 기술 그리고 이를 사용하는 방법을 결정하는 제도들이 포함된다. 그러므로 지식경제학은 불완전한 정보하에서 경제적 선택의 문제들을 배제하고 '지식'에 특별한 관심을 기울인다. 여기서 지식의 핵심적인 속성은 그 자체가 새로운 지식을 창출한다는 것이다. 그리고 지식의 생산과 획득체계는 연구와 교육이며, 지식경제학은 이러한 체계가 경제성장과 어떤 관계에 있는지 연구한다.

지식은 인식능력을 의미하는 것으로 정보와 구별된다. 지식은 새로운 지식과 정보를 창조하고 이를 추론하거나 일반화할 수 있는 능력이 있다. 이론적·실천적 지식을 보유한 사람은 그 분야의 새로운 지식이나 정보를 생산할 수 있다. 따라서 지식은 근본적으로 학습능력과 인식능력을 가지고 있지만, 정보는 주어져 있는 형식화되고 구조화된 자료에 불과하므로 정보 자체로는 새로운 정보를 창출할 수 없다. 인터넷상에 있는 수많은 정보가 스스로 새로운 정보를 창출할 수 없는 논리와 마찬가지이다.

따라서 지식의 재생산과 정보의 재생산은 전혀 다른 의미이다. 전자는 학습능력을 통해 이루어지고 후자는 복제를 통해서 이루어진다. 그러므로 지식은 경제재이고 정보는 공공재의 성격을 지니고 있다. 왜냐하면 정보의 재생산 비용은 거의 영(0)에 가깝고, 정보의 표현과 보호라는 문제 때문에 공공재의 일종으로 볼 수 있기 때문이다.

1. 3 경제학이 직면한 새로운 문제점

정보와 지식에 의한 경제 패러다임의 변화를 연구하는 과정에서 새로운 문제점에 직면하게 된다. 첫째, 정보와 지식의 생산이 특정한 주체나 제도에 의해 특화되어진다는 전제로부터 출발한다. 구체적으로 기업 차원의 연구개발과 지식산업만을 연구대상으로 국한함으로써 지식과 정보의 생산과 관련된 다른 수체들을 배세하였다는 문제점을 가지고 있다. 따라서 사회 전체의 지식기반 경제를 총체적으로 파악하는 데 한계가 있다.

둘째, 기업에서 생산되는 지식을 모두 공식적인 연구활동의 소산으로 볼 수는 없다. 왜냐하면 재화나 용역의 생산과 사용은 학습을 동반하고 지식을 창출할 수 있기 때문이다. 다시 말해 의도적으로 지식의 생산을 목표로 하지 않는 활동들로부터도 지식은 생산될 수 있다. 이를 지식생산의 비의도적 형태라고 하며, 실행학습(learning by doing)과 사용학습(learning by using)으로 나뉜다. 전자는 생산과정의 내부에서 노동생산성의 향상을 통해 이득을 창출할 수 있게 하는 지식을, 후자는 사용자가 사용을 통해 새로운 기술이 현장에 도입되는 상황을 통제할 수 있도록 만들어 주는 지식을 보유할 수 있도록 해준다. 그러나 학습을 통해 생산되는 지식을 측정하기란 현실적으로 매우 어렵다는 문제점이 있다.

또한 지식경제의 도래는 어떤 특화된 부문의 연속적인 확대가 아니라 경제의 모든 부문에서 지식집약적 활동들이 왕성하게 이루어지는 것을 의미한다. 이런 경우에도 지식의 경제적 효과를 측정하기란 매우 어렵다. 특히 지식의 가격을 산정하기란 다음의 이유로 한계가 있다. 첫째, 지식을 양도할 때 판매자는 그 지식을 자신으로부터 분리시킬 수 없다. 둘째, 구매자는 특정한 지식을 반복하여 사용하기 위해서 사용할 때마다 동일한 지식을 구매할 필요가 없다. 셋째, 구매자는 특정한 지식을 실제로 획득하지 않고서는 그것을 평가한다는 것이 현실적으로 불가능하다. 따라서 지식의 가격은 거래될 때마다 큰 편차를 보일 수 있다. 그리고 많은 지식들이 거래의 대상이 되지 않은 채 경제주체들의 네트워크 속에 축적되어진다.

2. 디지털 경제와 새로운 성장 및 발전이론

디지털 혁명으로 인하여 새로운 경제 패러다임이 요구되는 상황에서 디지털 경제 혹은 지식기반 경제를 설명할 수 있는 새로운 신성장이론과 인적자본이론이 주목받게 되었다. 또한 경제지상주의에 의해 하나뿐인 지구의 환경이 심각하게 파괴되면서 지속가능한 발전 개념이 국제적인 화두로 등장하게 되었다.

2. 1 신성장이론과 인적자본이론

신성장이론은 경제성장의 동력으로 새로운 기술과 인적자본에 대한 투자에 기초한 지식축적에 초점을 맞추고 있다는 특징이 있다. 내생적 성장이론이라고도 불리는 신성장이론은 기술혁신을 내생변수로서 취급하고 기술혁신의 근본요소로서 지식을 들고 있다. 여기서 지식이란 "아이디어·경험·인적자본에 대한 투자·조직 내 축적된 노하우·기계 및 설비에 체화된 기술 등을 포괄하는 개념"이며, 기술진보를 가능케 하는 요소를 말한다.

그리고 이런 지식의 생산과 전파는 사회적 특징과 밀접한 관련이 있다. 생산된 지식은 사회의 조직형태에 많은 영향을 주며, 사회의 조직형태는 다시 지식의 생산과 분배 과정에 영향을 준다. 지식의 생산비용은 많이 들지만 사용비용은 거의 들지 않으며 오히려 지식의 사용을 통해 더 많은 지식을 갖게 되는 수확체증의 현상이 발생한다. 지식 생산자는 다른 사람의 이익을 위해 지식을 생산하지는 않았으나 결과적으로 다른 사람들에게 도움을 주게 된다.

이러한 외부성은 지식 생산자의 의욕을 저하시킴으로써 지식생산이 부진하게 되는 결과를 초래할 수 있다. 누구나 모든 지식을 다 갖고 있는 것은 아니며, 한 사회 내에서 지식은 양과 질적인 면에서 사람에 따라 서로 다르게 보유하기 때문에 지식의 전파 방법과 속도에 따라 지식보유의 불평등성이 발생하게 된다. 그리고 이러한 지식보유의 불평등성이 21세기 경쟁에서 빠른 자와 느린 자를 구분하는 척도가 될 것이라고 토플러(A. Toffler)는 자신의 저서인 「권력이동」에서 주장하였다.

이처럼 신성장이론에서는 생산요소로서의 지식이 노동·자본과 같은 물적 생산요소와는 달리 비경합성과 외부성을 가지고 있기 때문에 물적 생산요소가 가진 물리적 한계, 즉 수확체감이라는 제약을 극복할 수 있다고 주장한다. 즉 지식의 공공재적 성격과 수확체증의 특성 등으로 인하여 지식의 창출·확산·활용이 순전히 시장 메커니즘에 의해 효율적으로 이루어질 수 없음을 의미한다.

따라서 신고전학파에서 말하는 전형적인 시장실패가 지식의 생산과 전파과정에서 나타날 수 있기 때문에 이에 대한 정부 개입이 요구되어진다. 21세기 무한경쟁시대에 세계 각국들이 기술개발을 위해 막대한 국가재정을 지출하고 자국의 첨단기술의 해외유출을 엄격히 통제하는 것들이 이와 무관하지 않다. 특히 기업들이 국제경쟁력 우위를 위해 신기술개발과 지적재산권 보호에 최우선 순위를 두는 이유도 지식이 성장의 원천이라는 사실에 근거한다.

신성장이론과 밀접한 이론적 관련을 갖고 있는 인적자본론은 기술진보가 물적자본의 축적·인적자본에 대한 투자·연구개발 등에 의해 내생적으로 일어난다는 점을 강조한다. 이 이론에서는 개인이 인적자본 투자의 주체임을 강조한다는 점에서 물적자본론에서 기업을 투자의 주체로 강조하는 점과는 대비된다. 개인의 입장에서 본다면 교육투자에는 단기적으로 적지 않은 기회비용이 발생하므로 투자에 어려움이 있지만, 장기적으로 미래의 예상수익을 고려한다면 기꺼이 투자할 만한 가치가 있다고 판단하여 인적자본에 대한 투자가 이루어진다.

인적자본론에서는 개인의 교육과 훈련의 함수인 노동수요를 검토함으로써 개인 소득의 변화와 수준을 설명한다. 이때 교육과 훈련 투자에 의해 형성되는 인적자본은 여러 가지 면에서 물적자본·금융자본과 유사한 자본으로 간주된다.

이와 같은 인적자본에 대한 투자가 지속적으로 일어나면 한 경제에 있어서 인적자본이 많아져 기술진보에 의한 생산성의 향상과 더불어 생산경험과 학습효과 등의 확산효과(spillover effect)를 낳게 된다. 이상의 이유로 인해 개별 노동자의 인적자본 축적에는 수확체감이 발생하지만 경제 전체로는 수확체증이 발생할 수 있다. 따라서 인적자본에 대한 투자가 증가할수록 장기적으로 경제성장률이 높아지게 된다. 이러한 관점에 따라

산업화된 국가들은 우수 인재를 확보하기 위해 대학교육 제도를 개혁하며 고급인력을 유치하려 자국의 노동시장을 개방하는 정책 등을 도입하고 있다.

따라서 우리가 중요하게 생각해야 할 점은 디지털 경제에서 부의 생산이 자본과 노동에 의존하기보다는 지식에 크게 의존한다는 사실이다. 즉 산업자본주의 시대의 낮은 지식에서 이제는 높은 지식이 부의 생산체계의 원천으로 변모하였다. 또한 저부가가치 생산에서 고부가가치 생산으로의 경제구조 이행이 바로 지식경제로의 진입을 의미한다. 그러므로 현대 경제에서 정보기술의 이용과 응용은 필수적이다. 새로운 기술과 시스템을 사회변화의 내적 요인으로 활용하기 위해서 정보기술에 대한 과감한 사회적·문화적·경제적·정치적 투자가 이루어져야만 한다.

한편 정보기술 혹은 정보혁명은 결코 경제발전의 결과이지 원인이 아님을 인식해야 한다. 경제발전의 진정한 원인은 인적 자산과 제도적 규범의 결합이다. 즉 정보화 시대의 전제조건인 사회적 제도의 창출을 위해서는 정치적·경제적·사회적 인식의 전환이 무엇보다 중요하다.

지식경제의 발전으로 지식집약형 산업이나 서비스 산업의 비중이 높아지고, 제품에 있어서도 패션성이 강조되며 컴퓨터에 있어서는 하드웨어보다 소프트웨어의 매상이 증가하는 등 다양한 형태로 지식이나 서비스의 요소가 나타나고 있다. 결국 경제의 소프트화와 정보화로 산업구조의 고도화가 이루어지고 있다.

2. 2 지속가능한 발전이론

1992년 브라질 리우데자네이루에서 열린 유엔환경개발회의에서 지구헌장이라고 불리는 「환경과 발전을 위한 리우선언」을 채택하였다. 이 선언에서 지구환경 보전을 위한 기본원칙을 천명하면서 이를 환경적으로 건전하고 지속가능한 발전으로 정의하였다.

> "지속가능한 발전은 미래 세대의 욕구를 충족시킬 수 있는 능력을 위태롭게 하지 않고 현 세대의 욕구를 충족시키는 발전을 의미한다."

오늘날 우리는 경제활동이 양적·질적으로 확대될수록 경제개발과 환경보존이 단순히 상충관계에 있다고 환경문제를 간주해서는 안 된다는 것을 인식하게 되었다. 즉 한정된 지구의 자원을 어떻게 활용하는 것이 인류의 복지와 형평을 고려한 적절한 개발인지를 설명하기 위한 연구가 진행되어 왔으며, 그 가운데 하나가 지속가능한 발전의 논리이다.

지속가능한 발전의 핵심개념에는 경제적인 지속가능성과 자연적인 지속가능성, 그리고 인간의 공리적 복지 개념을 포함하는 사회적 지속가능성이 자리하고 있다. 따라서 이 개념은 자연환경이 갖고 있는 수용능력이 바로 생산 및 경제성장의 근본적 한계이기 때문에 이 범위 안에서 인류의 경제활동이 이루어지도록 통제되어야 한다는 전제조건을 가지고 있다. 결국 지속성이란 생산의 지속가능성과 소비의 지속가능성을 자연환경의 바탕에서 고려해야 한다는 것을 의미한다.

또 하나의 중요한 지속가능한 발전의 핵심개념은 세대 간의 형평성을 지향하고 있다는 점이다. 이 형평성의 개념은 국가내뿐만 아니라 국가 간 형평성을 포함하는 개념으로 확장해서 이해해야 한다. 현실적으로 부유한 계층과 가난한 계층 사이의 빈부격차와 부유한 국가와 가난한 국가 사이의 소득격차가 지구자원의 고갈과 환경오염을 가속화시키고 있다. 따라서 범지구적인 지속가능한 발전을 위해서는 개발도상국의 성장과 발전을 위해 산업화된 국가의 지원이 요구될 뿐만 아니라 대량생산·대량소비에 의한 환경파괴적인 성장에 대한 반성도 요구된다. 이처럼 지속가능한 발전은 다음 세대의 욕구도 보장하자는 취지에서 재생산 가능한 에너지와 재생산 불가능한 에너지를 나누어 사용하고, 국가 간의 소득격차를 줄여야 한다는 점을 강조하고 있다.

지속가능한 발전을 위해서는 경제성장과 함께 환경을 보전하기 위한 자연자원의 이용에 대한 새로운 사고가 요구된다. 즉 단순한 명령규제적 방식이 아니라 시장유인적 방법의 활용과 효율적인 자원 활용이 강조된다. 환경과 발전 사이의 균형을 추구하는 지속가능한 발전 개념은 자연생태계의 자정 능력과 수용 능력을 고려하면서 발전을 추구하는 것이다. 따라서 이러한 발전전략은 사회 생태계와 자연 생태계 사이의 균형을 유지하기 위한 통제된 발전을 말한다.

이러한 개발전략은 단순히 자연보전에 대한 고려·환경오염 규제의 기준 강화·에너지 보존 규제의 기준 강화 등 공공 의사결정에 있어서 환경에 대한 관심의 비중을 높여 성장과 보존의 조화를 꾀하자는 소극적인 개념으로 국한해서는 안 된다. 오히려 환경한계용량 내에서의 개발을 의미하는 것으로 현재 환경용량의 확대를 지향하는 환경창조의 개념으로 확대 해석해야 한다.

1992년 리우선언에서 처음으로 명시된 지속가능한 발전을 위한 기본원칙을 살펴보면 다음과 같다. 첫째, 세대간 형평의 원칙(principle of intergenerational equity)은 천연자원의 발전과 이용에 있어서 현 세대와 미래 세대 간에 그 양과 질의 형평을 유지함으로써 동등한 환경의 혜택을 향유할 수 있어야 한다는 것을 의미한다.

둘째, 지속가능한 이용의 원칙(principle of sustainable use)은 천연자원의 이용에 있어서 합리적 기준을 설정하여 적정한 탐사와 이용의 수준을 유지해야 한다는 것을 의미한다. 이 원칙은 최근에 생물다양성협약과 기후변화협약 등을 마련하는 초석이 되기도 한다. 또한 유럽연합의 출범을 결정한 1992년 마스트리히트 조약에서 지속가능하고 환경을 고려한 (인플레이션이 없는) 성장의 증진을 유럽연합의 새로운 목표로 설정하였다.

셋째, 공평한 사용의 원칙(principle of equitable use)은 어느 한 국가에 의한 자원의 사용과 환경의 이용은 다른 국가들의 필요를 감안해야 한다는 것을 말한다. 이 원칙은 산업화된 국가들이 천연자원을 사용함에 있어 독점적 지위 때문에 개발도상국들의 자원사용 권리가 불공평하게 되어짐에 따라 빈곤의 악순환이 지속된다는 점을 분명히 한 것이다.

넷째, 통합의 원칙(principle of integration)은 환경적 고려가 경제적인 것과 다른 발전계획·프로그램·사업계획에 통합될 것을 요구하고, 발전의 필요성은 환경적 목표를 적용하는 데 있어서 반드시 고려되어야 한다는 것을 의미한다.

연 | 습 | 문 | 제

1. 산업혁명과 디지털 혁명의 차이는 무엇인가? 또한 디지털 경제에서 나타나는 외부성(즉 네트워크 외부성)을 설명하라.

2. 인터넷을 이용한 상품의 거래는 완전경쟁시장의 형태에 가깝다고 볼 수 있다. 그 이유는 무엇인가? 또한 오프라인에서의 상품거래와 비교하여 인터넷을 이용한 상품 거래의 장·단점을 설명하라.

3. 정보통신기술의 발전을 통한 디지털 경제의 확산은 시장정보에 대한 탐색비용 및 거래비용을 줄여 경제주체들 사이의 정보의 비대칭성을 완화시킬 수 있다. 그렇다면 디지털 경제의 확산이 정보의 비대칭성 때문에 생겨나는 역선택과 도덕적 해이를 어떻게 줄일 수 있는가?

4. 신성장이론에서 지식이 노동과 자본의 물적 생산요소와 다른 점은 무엇인지 설명하라.

5. 인적자본론이 물적자본론과 다른 점을 설명하고, 인적자본론에서 확산효과가 어떠한 방식으로 생겨나는지 설명하라.

제26장 글로벌 경제의 출현

정보통신의 발전으로 지구의 모든 자본과 재화의 이동속도가 증대되면서 국경은 허물어지고 민족국가의 의미는 점점 퇴색해가고 있다. 경제영역을 중심으로 진행되는 세계화는 자본주의 생산 및 교환의 기본단위가 되는 기업 조직과 경영의 공간적 범위가 전 지구적으로 확대되는 것을 그 핵심으로 하고 있다. 이와 같이 세계적 차원에서 전개되는 무한경쟁에 효과적으로 대처하기 위해서는 국가 단위의 총체적인 경쟁력 강화방안이 중요한 과제로 등장하게 된다. 본 장에서는 글로벌 경제와 국가경쟁력에 대해 살펴본다.

1. 글로벌 경제와 국가경쟁력

세계경제의 글로벌화(globalization)는 그 개념이 명확하지는 않지만 「이코노미스트」(The Economist, 1992)에 의하면 "글로벌화는 팽창하는 국제무역·다국적 사업의 성장·국제적 합작 모험사업의 증가·자본흐름을 통해 증가하는 상호의존을 포함하는 여러 가지 일들을 설명할 수 있다"고 정의한다. 이 과정에서 나타난 가장 뚜렷한 현상의 하나는 경제활동이 일국의 범위를 넘어서 전 세계적 혹은 전 지구적으로 확대되는 것이다. 따라서 글로벌 경제는 국경의 장벽과 차별적인 보호를 철폐하는 한편 경제에 대한 인위적인 국가 개입을 대폭 줄임으로써 시장의 외연과 논리의 확대 강화를 그 내용으로 하고 있다. 즉 시장을 범지구적으로 확대하고 그 속에서의 무한경쟁을 통해 효율을 극대화하여 세계경제를 발전시킨다는 내용을 담고 있다.

이와 같은 글로벌 경제의 특징은 다음과 같이 요약할 수 있다. 첫째, 범지구적인 무역 시스템과 금융 시스템이 존재한다. 세계경제 안에서 각 국가들을 포함한 세계무역기구(WTO), 국제통화기금(IMF) 등과 같은 범지구적 경제시스템을 통해 경제활동의 연계성을 높이고 있다. 둘째, 초국적기업(transnational enterprise)들에 의한 네트워크의 형성이다. 현재 3개국 이상에서 활동하고 있는 약 4만 개의 초국적기업들이 전 세계 부의 2/3를 차지하고 있으며, 이들은 세계자유무역을 위해 과감한 규제의 철폐를 주장한다. 셋째, 세계 금융자본의 출현이다. 세계 금융자본은 전자통신망을 통해 초 단위로 수익을 좇아 지구 구석구석을 돌아다니는 국제펀드들이 한 나라의 경제정책에 막강한 영향력을 행사하는 위력을 발휘하고 있다.

글로벌 경제 안에서 각 국가들은 WTO와 같은 범지구적 경제시스템으로 국가 간 경제활동의 연계성이 인위적으로 강화되고, 국가 간 발전 정도나 사회적 환경을 무시한 채 획일적으로 시장개방과 정부규제 철폐 등이 강제되고 있다. 이로 인해 국가 간 갈등은 물론 사회계층 간 대립이 증대되고 있어 다양한 경제 가치관에 대한 인식이 더욱 중요해지고 있다.

이러한 새로운 국제환경 속에서 국가경쟁력(international competitiveness)은 매우 중요한 개념으로 부각되어진다. 일반적으로 국제경쟁력은 일국의 한 산업이 세계시장에서 일정수준 이상의 수익성을 획득하며 경쟁상대보다 우월한 위치를 차지하는 것을 말한다. 따라서 국제경쟁력이 있고 생산성이 높은 산업을 많이 확보하거나 이러한 산업을 개척하고 유지할 수 있는 사회적 능력이 바로 경쟁력의 원천이라고 할 수 있다.

포터(M. Porter)는 경쟁력의 원천으로 요소조건(인적자원, 자본시장, 사회간접자본 및 정부·기업 간의 투자로 생겨나는 창출 요소)·기업의 전략, 구조 및 경쟁양상·관련 및 지원 산업·수요 조건(시장규모 및 질) 등을 제시하고 있다. 이 밖에도 외생적인 변수로 정부와 외부충격을 고려할 수 있다. 그러나 정부의 역할은 국제경쟁력이 강화될수록 그 역할이 계속적으로 줄어들며 정부가 직접 국제경쟁력을 강화할 수 없다는 입장을 견지하고 있다. 이런 의미에서 국가경쟁력은 결국 기업경쟁력과 다름이 없다. 포터의 분류에 따르면 국가경쟁력의 발전단계는 요소－투자－혁신－부 주도형의 4단계로 나뉜다. 국가경쟁력의 발전단계와 그 특징을 살펴보자.

중앙집권적 계획경제에 의해 자원을 배분함으로써 한정된 자원의 효율성을 높이거나 생산요소의 외연적 투입증가로 생산성을 높이는 요소주도형 단계에서는 수입대체형 산업이 발달하게 된다. 그러나 투자주도의 단계에 접어들게 되면, 사회간접자본이 창출되고 숙련 노동자와 기술자의 공급이 증대되어 기업과 개인의 높은 동기 부여를 통해 경제 마인드가 확산된다. 점차 국내시장의 수요가 늘어남에 따라 규모의 경제가 가능해질 뿐 아니라 국제시장으로의 진출이 확대되어 비교우위에 의한 수출산업이 경쟁력을 가지게 된다. 생산의 국제화가 빠르게 진척되고 경제가 규모경제에서 범위경제로 이행하게 되면 혁신이 경쟁력을 주도하는 단계에 진입하게 된다.

이 단계에서는 기업의 세계화 전략과 혁신에 의한 새로운 산업의 개척이 매우 중요하게 된다. 정부의 역할도 장기적인 계획인 투자주도형에서 신산업의 육성을 지원하는 간접적인 정책인 고급 생산요소의 창출과 국내 수요의 질적 개량을 꾀하는 방향으로 전환하게 된다. 부 주도형 단계에 도달하면 노동의 사회적 의미가 하락하고 동기 부여가 쇠퇴하여 발달된 산업집군이 쇠퇴하기 시작하면서 경쟁력은 다시 약화되어진다. 따라서 혁신주도의 발전단계가 계속되기 위해서는 혁신을 주도하는 정보와 지식의 경제적 활용이 중시된다.

IMD 국가경쟁력 지수

스위스 소재 국제경영개발원(International Institute for Management Development: IMD)은 2015년 5월 전 세계 61개 국가를 대상으로 국가경쟁력을 평가한 '2015 IMD 세계 경쟁력 연감'을 발표하였다. 미국이 조사대상 61개 국가 중 국가경쟁력이 가장 높게 평가되었으며, 전년도 4위였던 홍콩이 2위로 상승하고 싱가포르, 스위스, 캐나다가 각각 3, 4, 5위를 기록하였다. 우리나라는 61개 국가 중 25위로 평가되었으며, 이는 2014년 26위보다 1단계 상승한 순위이다. 또한 인구 2천만 명 이상인 국가 중에서 9위, G20 국가 중에서는 7위를 차지하였다.

IMD는 경제성과·정부효율성·기업효율성·인프라구축과 같은 4개 부문별로 국가별 순위를 발표하였다. 우리나라의 부문별 순위는 경제성과 15위, 정부효율성 28위, 기업효율성 37위, 인프라구축 21위를 기록하였다. 따라서 2015년 우리나라는 정부효율성과 기업효율성의 경쟁력이 경제성과와 인프라구축의 경쟁력에 비해 다소 열악한 것으로 나타났다. 특히 4대 분야 중 경제성과 분야의 경쟁력 상승이 2015년 우리나라의 국가경쟁력 순위의 상승을 견인한 것을 알 수 있으며, 나머지 부문은 소폭 조정된 수준이다. 우리나라의 2009~2015년 동안 4대 부문별 경쟁력 순위는 다음의 표를 통해 확인할 수 있다.

| 우리나라의 4대 부문별 순위 |

구 분	2009년	2010년	2011년	2012년	2013년	2014년	2015년
경제성과	45	21	25	27	20	20	15
정부효율성	36	26	22	25	20	26	28
기업효율성	29	27	26	25	34	39	37
인프라	20	20	20	20	19	19	21

출 처 기획경제부 보도자료, 2015.

2. 글로벌 경제의 현안과제

21세기로 접어들면서 글로벌 경제가 급속히 확산된 가운데 다음의 몇 가지 현안문제가 대두된다.

첫째, 글로벌 경제의 확산에 의한 세계 경제활동 간의 높은 연계성을 들 수 있다. 즉 개별국가나 국제기구가 취하는 경제정책이나 활동이 다른 국가뿐만 아니라 세계경제에 영향력을 미칠 수 있다. 이런 새로운 국제환경 속에서 가장 중요한 현안은 안정적인 세계경제의 성장을 지속하는 일이다. 이를 위해 각 국가들이 인플레이션·공공부채·국제수지·환율 등에 관해 긴밀한 협조체제를 구축해야만 한다. 왜냐하면 글로벌 경제가 급격히 확산되면서 개별국가의 정책만으로 정책의 목표달성이 더욱 어렵게 되었기 때문이다. 초국적기업의 영향력이 확대되고 세계 금융자본의 힘이 막강해진 상황에서 국가의 입지는 축소될 수밖에 없기 때문에 국가 간 협력은 절대적으로 필요하다.

둘째, 안정적인 글로벌 경제를 위해 진정한 의미의 국제화폐(international currency)를 개발하고, 그 규모를 확대하는 방안이 중요하다. 그동안 국제무역의 결제수단으로 사용된 달러는 미국의 국제수지 적자로 인하여 충분히 공급할 수 없다는 점 때문에 세계경제의 불안정 요인으로 받아들여지고 있다. 따라서 세계무역의 안정적인 성장을 위해서는 달러를 보완하거나 대체할 수 있는 국제화폐의 개발이 필요한 실정이다.

셋째, 환율의 불안정성을 들 수 있다. 국제수지가 상품의 거래에 의한 경상계정에서 결정되기보다는 자본의 이동에 의한 자본계정에 의해 결정되는 상황에서 환율은 매우 불안하게 움직일 수밖에 없다. 특히 국제금융시장을 교란시키고 있는 헤지펀드(hedge fund)와 같은 대규모 투기성 자금의 이동은 글로벌 경제에 심각한 위험으로 작용하고 있다. 이러한 국제금융자본의 활동은 근본적으로 환율이 실물경제 안에서 균형을 찾을 수 없도록 함으로써 환율의 불안정성을 높여 국제무역의 안정적 성장을 가로막고 있다.

마지막으로, 국제무역에 따른 국가 간 불평등의 심화이다. 이미 세계경제에서 경쟁력을 확보하고 있는 국가나 초국적기업들은 세계시장에서 자유무역이 더 없이 좋은 조건이지만 경쟁력이 없는 개발도상국들은 자국의 시장을 송두리째 내 주어야 할 처지에 몰려 있다. 따라서 강대국 중심의 국제무역 규범을 개발도상국들에게 획일적으로 강요해서는 안 될 것이다. 국가별 경제발전 단계에 따라 다양한 가치관과 경제이념들이 충분히 고려된 규범이 국제적으로 수용될 때 글로벌 경제는 국제적 공감대를 얻을 수 있다.

글로벌 경제의 현안: 국가 간 협력 필요·국제화폐의 개발·환율의 안정성 유지

이러한 문제들은 글로벌 경제가 안고 있는 불안정한 요인인 동시에 글로벌 경제의 안정적 발전을 위해 해결해야 할 과제들이다. 이제 글로벌 경제는 우리에게 있어서 더 이상 선택의 문제가 아니다. 이제 세계는 글로벌 경제라는 공유된 체제 안에서 유기적으로 연계되어져 더욱더 강하게 작용하는 원칙과 규범으로 움직이게 될 것이다. 이런 의미에서 현재 우리가 살아가는 세계는 과거의 세계와 다른 규범과 행동원칙을 요구하고 있다. 우리 모두는 이런 변화를 공감하고 이해함으로써 보다 더 건강한 국민경제를 창조할 수 있다.

연 | 습 | 문 | 제

1. 글로벌 경제가 출현하게 된 배경과 특징에 대해 설명하라.

2. 다음의 표는 A국과 B국의 1인에 대한 1단위 생산량을 나타낸다.

	자동차	쌀
A국	1	8
B국	2	10

(1) A국과 B국의 절대우위 및 비교우위를 결정하라.

(2) 두 국가는 무역을 통해 이익을 향유할 수 있는가?

(2) 이상의 답이 가능한 전제조건(혹은 가정조건)을 제시하라.

3. 글로벌 경제가 확산됨에 따라 나타나는 몇 가지 현안문제는 무엇인가? 또한 글로벌 경제로 인해 국가 간 소득격차가 생겨날 수 있는 이유는 무엇인가?

색 인

ㄱ

ㄴ

ㄷ

ㄹ

ㅁ

ㅇ

ㅈ

ㅊ

기타

[공저자 약력]

김의섭

Ph.D. in Economics(영국 University of Leicester)
한남대학교 경제학과 교수
"중국의 재정분권화와 중앙·지방재정 관계의 변화"(『한국지방재정논집』, 2006)
『한국의 재정지출팽창』(한남대학교 출판부, 2002)

민완기

경제학박사(서울대학교)
한남대학교 경제학과 교수
"국내 IT SoC산업의 기술추격"(『기술혁신학회지』, 2006)
『중국 첨단산업단지의 기술상용화』(공저, 한남대학교 출판부, 2006)

박상진

Ph.D. in Economics(미국 Univ. of California, Santa Barbara)
한남대학교 경제학과 교수
Determination of Black Market Exchange Rates for US dollars in Korea 외 다수

송태복

경제학박사(서울대학교)
한남대학교 경제학과 교수
『유럽경제사』(한남대학교 출판부, 2001) 외 다수

정명기

Ph.D.(독일 Marburg University)
한남대학교 중국통상학과 교수
"한국의 대중국 직접투자 결정요인에 관한 연구"(『경제발전연구』, 2005)
Globalization or Regionalization of the American and Asian Car Industry(공저, Palgrave Macmillan, 2003)

황진영

Ph.D. in Economics(미국 Vanderbilt University)
한남대학교 경제학과 교수
"Women's Education and the Timing and Level of Fertility"(*International Journal of Social Economics*, 2014)
『경제발전과 소득분배』(도서출판 학림, 2014)

제 3 판

경제학 등대지기

2007년 1월 20일 초판 발행
2010년 2월 20일 제 2 판 발행
2016년 2월 10일 제 3 판 발행
2019년 2월 20일 제 3 판 2쇄 발행

공저자 김의섭 외 5인

발행인 이원일

발행처 學林

136-101 서울시 성북구 정릉 1동 16-69
등 록 2009년 8월 17일 / 제25100-2009-000026호
전 화 02)941-7898 FAX 02)931-7868

ISBN 979-11-86422-04-5
정가 23,000원